GONGCHENG
ZAOJIA GAIGE
YANJIU CHENGGUO
JINGBIAN

工程造价改革系列丛书

工程造价改革
研究成果精编

● 广东省工程造价协会 | 主编

中国建筑工业出版社

图书在版编目（CIP）数据

工程造价改革研究成果精编/广东省工程造价协会
主编. —北京：中国建筑工业出版社，2022.4（2022.6重印）
（工程造价改革系列丛书）
ISBN 978-7-112-27277-8

Ⅰ.①工… Ⅱ.①广… Ⅲ.①工程造价-经济改革-
成果-汇编-广东 Ⅳ.①F285

中国版本图书馆CIP数据核字（2022）第058247号

责任编辑：周娟华
责任校对：赵 菲

工程造价改革系列丛书
工程造价改革研究成果精编
广东省工程造价协会 主编

*

中国建筑工业出版社出版、发行（北京海淀三里河路9号）
各地新华书店、建筑书店经销
北京科地亚盟排版公司制版
北京建筑工业印刷厂印刷

*

开本：787毫米×1092毫米 1/16 印张：19¼ 字数：480千字
2022年5月第一版 2022年6月第二次印刷
定价：**120.00**元
ISBN 978-7-112-27277-8
（39089）

本书编委会

主　　审　卢立明　许锡雁

主　　编　孙　权　李忠宝

副 主 编　史春燕　吕潘婷

编 制 人（按章节顺序）

潘多忠　何小芳　胡　广　赵文靖　班方俊　陈少伟

黄国超　王　琳　叶炳能　史达明　曾煜凯　潘响涛

江　涛　曹　聪　张晓玲　胡桂英　曹绿章　江志潮

彭志勇　黄兴声　许　怡　黎　湛　庄桐凯　周舜英

王圣祥　梁春梅　吴影玲　李　燕　李美云

审 核 人（排名不分先后）

查世伟　高　峰　苏惠宁　彭　明　顾伟传　王　军

杨　玲　丘　文　黄凯云　张艳平　陈曼文　黎华权

陈金海　章拥军　王　巍　黄华英　吴慧博　马九红

张思中

参编单位（排名不分先后）

广东拓腾工程造价咨询有限公司

广联达科技股份有限公司

中国能源建设集团广东省电力设计研究院有限公司

广州南沙开发区建设科学技术委员会办公室

深圳市首嘉工程顾问有限公司

中港建设项目管理研究中心

深圳华仑诚工程管理有限公司

广州中咨城轨工程咨询有限公司

广东天栋建设管理有限公司

广东建伟工程咨询有限公司

广州尚晋工程咨询有限公司

广东飞腾工程咨询有限公司

广东明润工程造价咨询有限公司

永道工程咨询有限公司

深圳市中建达工程项目管理有限公司

广东省国际工程咨询有限公司

前　言

　　习近平总书记在深化党和国家机构改革总结会议上的讲话中强调，"形势在变、任务在变、工作要求也在变""把关系经济社会发展全局的改革、涉及重大制度创新的改革、有利于提升群众获得感的改革放在突出位置，优先抓好落实"。住房和城乡建设部高度重视工程造价市场化改革工作，近年来，先后印发了《关于进一步推进工程造价管理改革的指导意见》《关于加强和改善工程造价监管的意见》和《工程造价改革工作方案》等系列改革文件。

　　《工程造价改革研究成果精编》系广东省工程造价协会组织有关专家，在由广东省建设工程标准定额站面向社会征集到的各类涉及工程造价改革研究成果中，选取有代表性并符合工程造价市场化、国际化、信息化和法制化改革方向的部分获奖成果精编而成，也是工程造价改革系列丛书之一。

　　作为中国改革开放再出发的重要战略举措，粤港澳大湾区建设为广东省提供了重大发展机遇。广东省有信心走在改革前列，先行先试，接轨国际，提供有中国特色的工程造价管理范式，为实现中国工程造价管理国际化、推动中国建造走向国际市场提供坚实支撑。相信本书的出版能够为工程造价改革带来一定的启发，也能为造价学术界提供相关研究的参考素材，同时也能够为工程造价改革的政策制定提供一定的理论依据。

　　由于工程造价市场化改革牵一发而动全身，涉及方方面面，编者水平和时间有限，书中难免有不当之处，敬请读者批评指正。

目　录

前言

一、量价规则篇

第一章

深圳莲塘/香港香园围口岸工程经济技术指标对比分析研究

(深圳市首嘉工程顾问有限公司 中港建设项目管理研究中心)

第一节 口岸建设与对比分析研究简述

莲塘/香园围口岸项目（以下简称"本口岸"），是深港两地规划建设的第七座跨境陆路口岸（已有罗湖、文锦渡、皇岗、福田、深圳湾、沙头角等口岸）。该口岸为货检和旅检综合性陆路口岸，承担中国香港与深圳东部、惠州以及粤东、赣南、闽南之间的跨界货运兼顾客运，是实现深港跨界交通"西进西出、东进东出"总体格局的东部重要口岸。该口岸项目先后列入《国家"十二五"发展规划》《珠三角地区改革发展规划纲要（2008－2020）》《粤港合作框架协议》等重要计划，既是国家、广东省、深圳市的重点建设项目，也是粤港合作的重点项目之一，是继"广深港高铁"和"港澳珠大桥"后又一个粤港基建工程，在深港两地有着极大的影响。莲塘口岸的工程建设先后获得多个奖项，包括国家鲁班奖、中国建筑工程装饰奖等。

有关建设与开通深港两地的第七座跨境陆路口岸——莲塘/香园围口岸建设的呼声已久。2008年9月，香港特别行政区政府（以下简称香港特区政府）及深圳市人民政府联合公布将在位于香港新界东北及深圳罗湖的莲塘/香园围兴建新口岸，以服务来往香港及深圳东部的跨界货运和客运交通。2013年11月，莲塘口岸动工建设，2020年5月，莲塘口岸通过国家验收，2020年8月26日16时，莲塘口岸正式开通。

深港合作设计、建设的莲塘/香园围口岸是连接深港东部的过境通道。目前，深圳已有六座跨境陆路综合口岸，其中港深东部的客货流主要由文锦渡和沙头角两个口岸承担。虽然自2007年深圳湾及福田口岸相继落成使用缓解了各口岸的压力，但东部口岸因地理环境的限制及跨界通行能力、服务水平远低于西部口岸，因此港深东部的日通行量基本已经超越其实际通行能力，运输流量仍处于比较紧张的状态。新口岸不但能分流文锦渡及沙头角口岸的客货运车流，在满足城市空间的布局要求，改善跨境车辆的拥堵情况的同时，将形成"东进东出，西进西出"的总体格局，利用东、西两端口岸疏导跨境运输压力，以应对未来东部跨境运输量的增长。而且，通过完善深港东部发展轴线上的跨境通道系统，将香港与粤东、粤东北地区联系起来，进一步扩大深圳的"桥头堡"作用，这将有力地促进双城发展空间的整合，进一步提升两地的区域辐射力和竞争力。

2017年6月，深圳市土地投资开发中心发出《基于莲塘/香园围口的深港工程项目管理对比分析研究》招标公告，由中港建设项目管理研究中心与深圳大学组成的联合体中标，承接此课题研究工作。2017年10月初，组建"深港建设项目管理对比研究组"，成立"课题编委会"，由陈广言任主编，潘多忠任主审，汇集了宋博通、陈劲松、朱清先等深圳和香港两地的项目管理机构、企业、学校、专业技术专家组成的联合体。2018年9月，"课题研究组"完成了两份研究报告，即《香港与深圳工程建设管理体制对比分析研究》《深圳莲塘/香港香园围口岸工程经济技术指标对比分析研究》，送交专家组评审并获通过。本章内容来自于上述第二个研究报告的相关数据，由潘多忠总结和编写完成。

在口岸建设过程中，从中央到地方两地政府均全力支持，两地政府建立了新型工作对接和协调模式，双方技术人员克服两地社会制度、法律体系、设计施工验收规范、边境作业，以及管理和投资方面的各种困难和技术壁垒，充分吸收各方意见，在社会各界的关注和监督下，顺利推进项目进展。

第二节 口岸旅检大楼设计方案竞赛

香港土木工程拓展署联同深圳市建筑工务署于2010年12月21日宣布，莲塘/香园围口岸联检大楼概念设计国际竞赛正式展开，呼吁公众积极参与，为新口岸的联检大楼以及横跨深圳河的四座行车桥提出设计概念。

2011年5月31日，香港土木工程拓展署和深圳市建筑工务署联合发布消息，莲塘/香园围口岸联检大楼概念设计国际竞赛第一轮评审结果揭晓，评审委员会共从159件参赛作品中评出专业组和公开组各10名入围作品，从6月1日至7月5日，入围作品在香港及深圳两地进行公开巡回展览并征集社会公众意见。为确保评选质量，活动主办方共同组成以中国工程院何镜堂院士为主席的竞赛评审委员会，评审委员会成员包括香港建筑署署长、香港工程师学会会长、香港建筑师学会会长、中国建筑设计研究院总建筑师等国内外知名专家。

深港莲塘/香园围口岸联检大楼概念设计比赛，反应热烈，组织单位收到逾159份来自世界各地的参赛作品，包括来自美国、英国、法国、希腊和荷兰等不同国家和地区的参赛作品。在专业组夺冠的设计作品是《光影·流·岸》，是由香港设计师张惟诚及其匈牙利拍档Daniel Santos共同设计的。该设计以挡阳板造成的倒影，形成水流感觉。时任香港发展局局长表示，获奖的作品概念在两地政府日后为大楼作详细设计时，将会提供极为有用的参考。

2011年9月，香港特区政府与深圳市政府的时任主管领导主持颁奖典礼，公布竞赛结果（图1-1和图1-2）。同年12月31日，深港双方联合举办的莲塘/香园围口岸联检大楼概念设计国际竞赛圆满结束。深港双方同意将参照竞赛得奖作品作为联检大楼设计方向，并积极筹划联检大楼的详细设计工作。同时，港深双方各自推进口岸建设的各项前期工作。

图 1-1　夺冠的设计作品《光影·流·岸》效果图 1

图 1-2　夺冠的设计作品《光影·流·岸》效果图 2

评审委员会于第一轮评审中在每个组别选出十个入围作品。入围作品安排在香港及深圳两地公开展览并在竞赛网站上收集意见。评审委员会在第二轮评审时认真考虑所收集的公众意见并选出得奖作品。口岸大楼的设计参照得奖作品,由吕元祥建筑师事务所进一步深化落实。

第三节　口岸建设经济指标对比

(一)莲塘口岸投资概算

莲塘口岸工程总用地面积 174532m²,总建筑面积 128143m²。其中,旅检大楼总面积约为 94471m²,其中地下 2 层,面积约为 30979m²,地上 5 层,面积约为 63492m²,建筑高度 30.85m,属于多层公共建筑,框架结构,耐火等级为一级,抗震设防烈度为 7 度,设计使用年限为 50 年。各层功能:地下 1 层、2 层为地下停车库及设备用房,其中地下 1 层包含 6000m² 的公交出租车接驳场地;地面 1 层为货检区入境货车缓冲车场,2 层为旅检区入境区,3 层为出境区,4 至 5 层为办公用房。

根据深圳市发展和改革委员会于 2014 年 7 月 26 日发布的《关于深圳莲塘口岸工程项目总概算的批复》(深发改〔2014〕971 号)文件,批复的概算总额约为 15.45 亿元,其中:工程建筑安装工程费(以下简称建安费)约 13.7 亿元,工程建设其他费约 1.02 亿元,工程预备费约 0.74 亿元。其中,工程建安费包括建筑工程费约 8.36 亿元、市政路桥工程费约 4.46 亿元、智能化费约 0.88 亿元,详见表 1-1。

实际招标后结果：工程建安费 10.43 亿元，工程建设其他费 1.03 亿元，总计 11.47 亿元。

莲塘口岸工程项目总概算汇总表　　　　　　　　　　表 1-1

序号		项目费用名称	建筑面积（m²）	单位造价（元/m²）	概算投资（万元）	占总投资比重（%）
一		建筑安装工程费用			137002	88.66
	（一）	建筑工程	149583	5587.05	83572.71	54.08
	1	土建工程	149583	4751.85	71079.64	46.00
	2	安装工程	149583	621.13	9291.07	6.01
	3	室外配套工程			3202.00	2.07
	（二）	市政路桥工程			44642.70	28.89
	1	场地及道路工程	120649	1099.37	13263.73	8.58
	2	桥梁工程	17542	7058.82	12382.52	8.00
	3	跨境桥工程	4629	10144.33	4695.80	3.04
	4	声屏障工程	24562	1977.27	4856.55	3.14
	5	岩土工程			2187.37	1.42
	6	交通工程			1131.37	0.73
	7	电力通信迁改工程			6125.36	3.96
	（三）	智能化工程			8786.59	5.69
二		工程建设其他费用	按可研批复		10162	6.58
	1	建设单位管理费			744.06	0.48
	2	设计费			3021.52	1.96
	3	勘察费			906.46	0.59
	4	施工图预算编制费			302.15	0.20
	5	施工图技术审查费			255.32	0.17
	6	工程监理费	包括设计监理和施工监理		2356.59	1.53
	7	建设单位临时设施费			1205.30	0.78
	8	工程安全监督费			120.53	0.08
	9	工程保险费			120.53	1.08
	10	招标投标交易费			145.98	0.09
	11	白蚁防治费			24.33	0.16
	12	前期工作费	包含项目建议书、可研（社会稳定风险评估）编制		169.84	0.11
	13	环境影响咨询费			21.19	0.01
	14	水土保持咨询费			33.37	0.02
	15	旅检楼方案国际咨询费			200.00	0.13
	16	高可靠性供电费			130.32	0.08
	17	BIM 咨询及课题研究费			404.80	0.26
三		预备费			7358	4.76
	1	基本预备费	（一+二）×5%		7258	4.70
		项目总概算	一+二+三		154522	100.00

（二）香园围口岸投资概算

经香港立法会多次讨论和公众咨询后，香港香园围口岸的相关工程共有 9 项，总投资约 346 亿港元，除口岸建筑和相关市政工程实际签约 88.119 亿港元外（换算人民币约为74.46 亿元），另外 8 项工程总投资约 258 亿港元，详见表 1-2。

实际招标后，以上总费用为港币 82.72 亿元，换算人民币为 70.31 亿元。

香园围口岸工程项目总概算汇总表　　　　　　　　　　　　表 1-2

序号	工程费用名称	港元金额（百万元）	换取人民币（百万元）（1港元＝0.845人民币）	占总建设费用的比重（%）
1	工地工程	17.6	14.87	0.200
2	打桩	559	472.36	6.344
3	建筑工程	3267.80	2761.29	37.084
4	屋宇装备	834.8	705.41	9.473
5	渠务工程	69.2	48.41	0.785
6	外部工程	378.8	320.09	4.298
7	高架道路	292.2	246.90	3.315
8	人行天桥的内部装修工程	28.2	23.83	0.320
9	额外的节能、绿化及循环使用装置	35.8	30.25	0.406
10	家具和设备	750	633.75	8.511
11	顾问费 （1）合约管理、工地监管及工料测量费 （2）管理驻工地人员费	131.4 （123.9） （7.5）	111.03	1.491
12	驻工地人员的薪酬	89.7	75.80	1.406
13	应急费用	645.5	545.45	0.085
	小计	7100.00	5999.50	1.018
14	价格调整准备	1711.90	1446.55	19.427
	总计	8811.90	7446.06	100.00

（三）总概算总投资额对比

基于同一时间的"香港与深圳建筑工人工资对比表（表 1-3）""香港与深圳建筑材料价格对比表（表 1-4）"等资料，结合以上相关的投资造价数据，得出本口岸投资总价对比表 1-5。

香港与深圳建筑工人工资对比表　　　　　　　　　　　　表 1-3

职业工种	香港价格		深圳价格人民币（元）	香港价格∶深圳价格	香港价格为深圳价格的倍数
	港币（元）	折合人民币（元）			
普通工人	1012.9	860.96	179.00	1∶0.21	4.81
混凝土工	1911.2	1624.52	279.00	1∶0.17	5.82

续表

职业工种	香港价格		深圳价格	香港价格：深圳价格	香港价格为深圳价格的倍数
	港币（元）	折合人民币（元）	人民币（元）		
砌砖工	1371.0	1165.35	278.00	1：0.24	4.19
地渠工	1621.1	1377.94	258.00	1：0.19	5.34
砌石工	1216.4	1033.94	292.00	1：0.28	3.54
钢筋绑扎工	2166.7	1841.70	288.00	1：0.16	6.39
金属工	1251.4	1063.69	300.00	1：0.28	3.55
普通焊接工	1396.6	1187.11	279.00	1：0.25	4.25
结构钢架子工	1542.5	1311.12	310.00	1：0.24	4.23
钢材焊接工	1517.8	1290.13	354.00	1：0.27	3.64
索具、金属模板工	1631.9	1387.11	310.00	1：0.22	4.47
木模板工	1927.3	1638.20	300.00	1：0.18	5.46
细木工	1244.3	1057.65	355.00	1：0.36	2.98
水管工	1425.0	1211.25	256.00	1：0.20	4.73
建造机械技工	1316.8	1119.28	265.00	1：0.24	4.22
机械设备操作工	1211.4	1029.69	265.00	1：0.26	3.89
重型车辆驾驶员	901.5	769.25	227.00	1：0.30	3.39
道路沥青工	1026.2	872.27	293.00	1：0.34	2.98
木竹架子工	1863.7	1584.15	310.00	1：0.20	5.11
抹灰工	1355.0	1151.75	258.00	1：0.22	4.46
玻璃工	1378.1	1171.38	276.00	1：0.24	4.24
油漆及装饰工	1239.0	1053.15	265.00	1：0.25	3.97
找平工	1351.8	1149.03	258.00	1：0.22	4.45
大理石工	1414.2	1202.07	292.00	1：0.24	4.12
电气装配工	1194.6	1015.41	258.00	1：0.25	3.94
机械打磨装配工	952.8	819.88	265.00	1：0.32	3.09
空调制冷设备技工	1000.7	850.60	271.00	1：0.32	3.14
消防设备技工	1159.9	985.92	256.00	1：0.26	3.85
电梯及自动扶梯技工	834.0	708.90	193.00	1：0.27	3.73
屋宇设备保养技工	907.2	771.12	159.00	1：0.18	4.85
强电流电缆接驳工	1076.9	915.36	271.00	1：0.30	3.38

注：1. 香港的工人工资是根据香港特区政府统计处公布的《从事公营建筑工程的工人每日平均工资（2017年12月）》而定。表中的普通工人包括杂工、挖土工、混凝土杂工、砌砖杂工、抹灰杂工、起重工及潜水员帮工。公营建筑工程包括建筑署、土木工程拓展署、渠务署、环境保护署、机电工程署、路政署、房屋署及水务署有关工程项目。

2. 深圳的工人工资是根据深圳市建设工程造价管理站公布的《建设工程劳务用工价格（2017年12月）》而定。深圳上述价格不含专业承包单位相应的管理费、利润、税金，但包含基本工资、工资性补贴、生产工人辅助工资、职工福利费、生产工人劳动保护费，以及应缴纳的住房公积金与社会保险费等内容。

3. 港币折换人民币按2017年12月公布的汇率：1港元折合0.85元人民币计算。

4. 表中香港价格特指香港工人工资，深圳价格特指深圳工人工资。

香港与深圳建筑材料价格对比表　　　　　　　　　表 1-4

建筑材料名称	单位	香港价格		深圳价格	香港价格：深圳价格	香港价格为深圳价格的倍数
		港币（元）	折合人民币（元）	人民币（元）		
1. 碎石	t	61	51.85	150	1：2.94	0.35
2. 沥青	t	6550	5567.50	3950	1：0.71	1.41
3. 柴油：工业用（轻质）	桶 200L	2173	1847.05	764	1：0.41	2.42
4. 汽油	L	10.55	8.96	9.71	1：1.08	0.90
5. 平板玻璃（5mm 厚）	m²	157	133.45	65	1：0.49	2.05
6. 地砖（防滑砖）200mm×200mm	m²	170	144.50	45.42	1：0.31	3.18
7. 镀锌软钢：钢板	t	10997	9347.45	6290	1：0.65	1.49
8. 角钢	t	17397	14787.45	5243	1：0.35	2.82
9. 扁钢	t	12224	10390.40	5325	1：0.51	1.95
10. 金属模板（钢板 4mm 厚）	t	5741	4879.85	5540	1：1.14	0.88
11. 乳胶漆	kg	53	45.05	37.50	1：0.83	1.20
12. 普通水泥	t	695	590.75	564	1：0.95	1.05
13. 砂	t	125	106.25	136	1：1.28	0.78
14. 钢筋软圆钢条 φ6～φ20	t	5880	4998.00	5241	1：1.05	0.95
15. 高拉力钢筋 φ10～φ40	t	5035	4279.75	5437	1：1.28	0.79
16. 木模板：夹板 19mm 厚	m²	75	63.75	64	1：1.00	0.99
17. 杂木	m³	4654	3955.90	1918	1：0.48	2.06
18. 镀锌钢管 φ20	m	52	8.36	12.0	1：1.44	0.70

注：1. 香港建筑材料价格是根据香港特区政府统计处公布的《特选建筑材料平均批发价格（2017 年 12 月）》而定。
　　2. 深圳建筑材料价格是根据深圳市建设工程造价管理站公布的《部分建筑材料参考价格（2017 年 12 月）》而定。价格包含：材料原价、材料运杂费、运输损耗费、采购及保管费和税金等，运至施工现场指定点的各项费用。
　　3. 港币折换人民币按 2017 年 12 月公布的汇率：1 港元折合 0.85 元人民币计算。
　　4. 表中香港价格特指香港建筑材料价格，深圳价格特指深圳建筑材料价格。

投资总价对比表　　　　　　　　　表 1-5

序号		项目	深方	港方		差额（人民币万元）	造价比例（港方/深方）	备注
			金额	金额（港币万元）	金额（人民币万元）			
1	直接工程费	人工费	23879					
2		材料、设备费	52785					
3		机械费	4013	453970	385874	299837	4.5	
4		利润	1956					
5		税金	3404					
6	其他直接费	安全费	383	8407	7146	6763	18.6	港方独立列项目报价，有详细条例
7		管理费、建筑物检测费	0	1893	1609	1609		
8		文明施工费（含环保费）	483	2038	1732	17860	12.2	文明施工费用
9		工程排污费	307					
10		临时设施费	958	23060	19601			
11		脚手架费	1956	8149	6927	4971	3.5	
12		企业管理费	2393	48902	41556	39173	17.4	

续表

序号	项目		深方 金额	港方 金额（港币万元）	港方 金额（人民币万元）	差额（人民币万元）	造价比例（港方/深方）	备注
13	规费	社会保险及住房公积金	4457	4517	3839	−618	0.9	
14		优质优价奖励费	160			−160		
15	政府管理费	政府派驻人员费用（建设单位管理费）	675	8970	7625	6923	10.9	
16		工程安全监督费	27					
17	工程建设其他费用	设计费	3022	22363	19009	15987	6.3	
18		勘察费	906	6750	5738	4831	6.3	
19		施工图预算编制费	809	3083	2621	1812	3.2	
20		施工图技术审查费	255					
21		前期工作费	170					
22		环境影响咨询费	21	12334	10484	7976	3.2	
23		水土保持咨询费	33					
24		旅检楼方案国际咨询费	200					
25		工程监理费	1828					
26		BIM咨询及课题研究费	405	—	—	—	—	港方没有支出
27		预备费	4745	194739	165528	160783	34.9	
28		运输安排费	—	6125	5207	5207	—	港方地盘偏远
29		承办商设计费	—	2611	2220	2220	—	
30		其他	4415	19273	16382	11967	—	
31	总造价合计		114656	827184	7032106	588450	6.1	

注：1. 表中深方特指深圳方面承建的莲塘口岸项目，港方特指香港方面承建的香园围口岸项目。

2. 莲塘/香园围口岸建筑面积：港方面积为 188199m²，深方面积为 128143m²，港方面积为深方面积的 1.47 倍。

3. 深方设计为地下室 2 层、地上 5 层，港方设计无地下室，地上 3 层的旅检大厅和 2 层交通运输枢纽。

第四节　对比分析与结论

本节内容基于以上莲塘/香园围口岸投资建设的实际情况，从工程经济综合指标、分项指标及两地工程造价管理三方面进行了对比。为了让大家更容易理解，以下用深方、港方分别代表深圳方面、香港方面所对应的对比指标以及相关事项。

（一）综合对比分析与结论

（1）港方旅检大楼采用地上 3 层主楼加 2 层附属地上停车场，深方旅检大楼采用地上 5 层主楼（其中 3 层为旅客通道，2 层为办公区域）加地下 2 层停车场。几乎同样的占地面积，两地的设计理念和功能布局不同。港方设计没有地下室，深方设计有 2 层地下室。港方的总建筑面积超过深圳，但深方的办公面积不够，在另外的地方又增加 1.1 万 m²。港方有职员高架走道及罩盖工程，确保部分建筑单体以及旅检大楼之间人员行走的舒适性、人性化、安全性等，深圳方面没有这样的考虑。另外，港方有多个保安亭。港方所用的钢结构占比较大。

（2）港方地基工程采用"施工单位深化设计＋建造"模式，总计使用约 2400 根嵌岩式 H 型钢桩 305mm×305mm×223mm；深圳设计单位一次性设计到位，出施工图，总计使用约 500 根的旋挖灌注桩。两地桩基设计标准的差异导致造价差异较大，约 15.6 倍。

（3）两地空调工程造价差异较大，约 17.5 倍。主要原因为：

1）设计标准不同，港方设备功率更高；

2）采用设备品牌不同，港方使用国际品牌，价格比内地品牌较高。

（4）电气和给水排水系统的造价差别同样较大，分别为 11.5 和 10.6 倍。

（5）港方设计有饮水机直饮水系统，深方没有。

（6）从旅检大楼所使用的主材可以看出，由于两地使用的设计和施工规范不同，港方在桩基础方面的投入很大。港方的钢材相对较便宜，加工费贵一些，但在模板方面的材料和质量均高于深方，这正是近几年国内逐步推广使用铝模板的原因。另外，港方使用的钢结构较多。钢结构是绿色材料，相比而言，港方用量远远大于深方。港方的脚手架材料和体系不同于深方，我们用传统钢管脚手架。

（7）相比而言，港方工程的主材价占比并不贵，但辅材、安装工程的材料和安装费用比深方大很多。

（8）在设计方面，除正常功能性建筑外，港方设计有职员高架走道及罩盖工程，确保各建筑单体以及旅检大楼之间人员行走的舒适性、人性化、安全性等。另外，有多个保安亭。

（9）港方建设过程有严格的程序和工作细则及要求，这是多年来一直坚持的标准和原则。港方的法律体系非常严格，不论是政府的派驻人员，还是设计师、顾问工程师、测量师、承包商、监测检查人员等，法律均有严格的要求，任何人任何机构的违法行为，其代价是相当大的，甚至破产或坐牢。

（10）港方的工人收入远远大于深方。主要原因是港方的工人必须持证上岗，在开始工地工作前，必须先接受政府专业部门的技术培训并取得相应的合格许可证（绿色证件），承包商不可以使用没有许可证的工人，否则双方均会被监控并受到法律的制裁。

（11）港方在整个建设过程中，不论从大的设计方案，还是细小的装饰装修，在没有正式定案前，反复修改提出各种咨询意见，但一旦方案定了以后，一般情况下不会轻易变更和修改，更不会因为某些个人意志而随便改动，完全是由建筑师负总责，顾问公司全力配合建筑师，建筑师权力很大，责任也大。同样可以看出，港方不会刻意赶超进度，项目均有合理的进度计划和各方面的安排，返工、停工的现象很少，否则承包商的索赔非常大，政府必须付出大的代价。

（12）除了桩基工程及机电工程等由于设计规范不同导致港方造价偏大外，人工及材料价格差异并不大，大部分的投资差异集中在诸如政府管理团队费用及顾问费、设计费、开办费、安全文明措施费、质量管理费用等，港方远高于深方。

（13）港方各类技术人员和工人的素质和水平高于深方，港方均要求工人持证上岗，专业顾问公司和专业人员门槛高，监管严，权责大，费用高。

（14）港方关键负责人的责任大、权力大、薪水高。

（15）港方对质量监测检验机构的管理非常严格。

（16）港方严格按计划执行，计划一旦被批准，不会轻易改动。

（17）港方对法律法规的要求和执行非常严格，否则其代价相当可怕。

（18）在设计方面，港方的整体布局和功能设计占明显优势，表现在以下方面：

1）不设地下室大大减少成本（部分原因是港方没有人防设计要求，而深方的人防设计面积要求为近 5000m²），即使如此，深方的地下室面积为 30979m²，远大于人防功能需求，这导致成本增加，垂直运输费增加，非常不利于人流量交通疏散。

2）室外高架走廊的设置安排实现人车分流，提高了人行及车行疏散速度，同时避免了行人日晒雨淋，提高行人舒适度。

3）港方设计人性化（运输枢纽室内化，主要建筑物之间全部架设人行天桥，人、车分流科学引导，港方建筑物层高较深方高 21.9%～28%，电气和空调投入大）。

（二）分项数据对比分析与结论

（1）港方在安全文明施工方面的专项费用很大，较深方大得多，该费用有力支持现场做好安全文明施工所要求的各种措施和必要的设备，值得深方深思和学习。

（2）香港特区政府配备（聘请）的专项人员数量多、素质高、薪酬更高，他们从技术、质量、安全、法律法规等方面各负其责，真正起到监督检查和加强管理的作用；

（3）香港特区立法会批准的预备费比较高。它作为用于合约签订时尚未确定或者不可预见的所需材料、设备、服务的采购，施工中可能发生的工程变更、合约约定调整因素出现时的工程价款调整，以及发生的索赔、现场签证确认等的费用，这是预备的费用，建设中不一定会动用（可能会有部分动用），这样就会避免事后申请追加投资困难的问题。

（4）港方给的开办费远远大于深方的临时设施费，这是考虑能确保施工现场有良好、舒适、整洁、文明及现代化的施工场地和办公条件，现场的布置和实物都比深方漂亮和先进，这样的投入有利于建设的顺利进行。

（5）港方在勘察设计、顾问和测量师的费用远远超过深方，这说明港方体系很重视设计和第三方技术人员的工作，也说明顾问公司和测量师在全过程技术顾问和管理中发挥的作用非常大，类似于深方目前大力推广的全过程咨询＋项目管理（监理）＋造价咨询，在确保和提升工程质量、安全、进度、控制投资方面有一套系统的要求和做法，从项目立项到竣工移交全过程参与，而该做法港方已经运行了许多年。港方的设计并没有达到施工图深度，大量的施工图深化设计工作是由承包商自己完成后再由设计师和顾问公司确认，这也是英联邦体系的标准规定。

（6）港方的企业管理费较深方更高。从企业管理费的内容可知，它包括：管理人员工资、办公费、差旅交通费、固定资产使用费（管理和试验部门及附属生产单位使用的属于固定资产的房屋、设备、仪器等的折旧、大修、维修或租赁费用）、工具用具使用费、保险费、检验试验费、职工教育经费等，港方在企业管理方面做足费用。

（三）深港两地工程造价管理的比较及启示

1. 深圳工程造价管理现状

我国政府部门对工程造价进行分段管理：其中发展改革委负责项目前期的估算、概算管理，以及结算审批等；深圳市住房和建设局（或者深圳市工务署）负责项目实施期的预算、结算管理；财政部门负责政府工程的财政评审、拨款工作；审计部门负责政府工程的审计管理。

在我国，不论是政府投资工程还是非政府投资工程以及部分外资投资工程，基本上都是以政府造价管理主管部门编制和发布统一的工程消耗量定额（或综合价格）为依据，按统一的计价规范和"综合价格"（"定额"）编制工程造价，并以此为基础，实行在一定的幅度范围内确定中标价方式。

2. 深圳工程造价管理机构和职能定位

（1）我国工程造价监管体制涉及多部门、多层级，分设了不同管理权限和职责范围。住房和城乡建设部标准定额司在全国范围内行使工程造价监管职能，组织制定并监督指导全国统一经济定额和本部门经济定额实施。

（2）广东省住房和城乡建设厅对全省各市工程造价进行管理。

（3）深圳市建设工程造价管理站属于政府公益一类事业单位，负责贯彻国家、省、市工程建设技术标准与定额相关的法规、政策和技术标准、规范，开展工程建设技术标准与计价办法的研究和推广应用工作，承担深圳市工程建设计价依据与综合价格的编制等具体工作，收集、监测、整理、发布建设工程造价市场信息；调解建设工程造价纠纷，负责工程造价行业诚信管理体系建设等。

3. 香港特区政府投资项目工程造价管理现状

香港实行自由和开放的制度，政府对各种经济活动的管理施行"积极不干预"政策。对于工程建设，香港主要借鉴英国的管理模式，并在长期的实践和探索中形成了一套独具特色的政府工程与私营工程分开管理的模式和制度。这套管理制度非常有效地管理着香港持续几十年的基本建设活动。

4. 香港工程造价管理机构和职能定位

（1）香港的工程项目分为两大类：一类为政府工程，另一类为私营工程。政府投资项目的工程造价管理机构主要是香港特区政府财政司。财政司是香港特区政府采购的主管机构，主要负责制定政府采购的规章和政策，以及政府采购的管理。

（2）工程建设由财政司的下属部门——发展局负责管理。发展局作为香港特区政府投资项目的业主，对项目进行管理，当项目建完后再移交给具体的使用部门。

（3）不论政府工程还是私营工程，一般都采用招标投标的承包方式，完全把建筑产品视为商品，按商品经济规律办事。

（4）工程招标报价一般都采取自由报价方式，测量师或承包商都有自己的经验标准，主要是考察以往同类型的项目单价，再结合当前市场材料价格与劳工工资水平的变化调整而定。

（5）工程量计算按照《香港建筑工程标准计算方法》进行。

5. 香洪特区政府投资项目管理方式

（1）香洪特区政府投资项目由律政司、政务司和财政司管理，不受"建筑条例"管理（受豁免）。

（2）建设某项工程时，由有关署准备好可行性研究、设计文件、技术资料、招标合约等，并向立法委提出申请，由立法委的"工务小组"认可为"可以招标"的工程后，方可以招标。招标按一定的程序进行，承包合同给予最低标价者。质量标准属于招标文件之一，标价和合同就是按这一质量标准签订的。

（3）所有工程由各署依照合同对整个工程进度、质量和造价进行严格的监督，建设和施工双方均有权向对方追讨违约造成的损失。

（4）香港有成熟的法律体系，对于最低价中标者，有一套完善的制度，约束建设过程的每个细节，承包商一旦有风险或任何问题，均受到严格的制约，这值得深方认真思考和学习。

6. 香港私营投资项目管理方式

香港私营投资工程受政府的"建筑条例"管理。工程的设计和施工一般都是由业主委托建筑师和测量师代办设计、编制招标文件、监理施工等工作。政府规定，建筑师必须是在"建筑条例执行处"有登记的，设计方案需经屋宇署等政府机构按建筑条例和法规审查后，方可建设。建筑师、测量师、包括现场监理均必须是政府批准的专业人士，分等级不同而开展工作。施工承包商由业主自定，造价自定，只要不违反"建筑条例"，政府是不加干预的，如业主与施工承包商有纠纷，可进行自我调解或由法院解决。

第五节　深港两地工程造价管理思考

（一）香港同业成功做法与经验

（1）在工程造价全过程管理中，工料测量师占据了极其重要的地位，发挥了不可替代的作用。

（2）在进行各个阶段工程造价确定时，所采用的计价依据更为简捷、科学、合理和准确。

（3）在进行各阶段准确计价与有效控制工程成本时，所采用的具体措施与方法有成功的做法。

（4）在工程造价全过程管理中，能广泛应用现代管理理论与方法。

（二）对深圳造价管理问题的解决对策与建议

（1）完善健全工程造价管理程序与法规，提升从业人员综合素质，充分发挥作用并保证应有的地位。完善管理程序与健全严格的法规就是要按照程序和法规制度办事，不能逾越和简化程序，更不能用人为的主观臆造来代替客观实际与科学。

（2）加强造价信息的收集、整理和研究，建立科学、合理、简便、高效的计价依据体系。

（3）借鉴先进成熟的经验，进一步健全和完善工程造价管理与控制的有效方法。

（4）加强工程造价管理前沿理论和方法的研究、开发与应用，真正做到与时俱进。

（三）结论

我国内地的造价业务与香港特区的造价业务相比，仍存在一定的差距，仍需进一步完善，以期尽快与国际惯例接轨。

（1）应借鉴香港特区清单计价规范的先进经验，不断提高服务水平，规范服务行为。

（2）国家相关主管部门应适应建筑市场快速发展的需求，由注重具体的管理工作转变为加强服务及正确引导监管方面上来。

（3）深港两地造价学科的专业人才需要建立更加紧密的合作与交流，以促进学科的不断完善、发展和人才水平的整体提升。

（4）中国建设工程造价管理协会和香港测量师协会也应增加交流。

第二章

电力典型工程造价及指标研究

（中国能源建设集团广东省电力设计研究院有限公司）

第一节　电力工程造价构成分析

根据国家能源局发布的《电网工程建设预算编制与计算规定》，电网项目建设总费用由建筑工程费、安装工程费、设备购置费、其他费用、基本预备费和动态费用构成。其中，建筑工程费、安装工程费、设备购置费、其他费用、基本预备费之和称为静态投资。电网项目建设总费用构成情况如图 2-1 所示。

（一）变电站工程造价构成

通过对各电压等级新建变电站工程投资情况进行统计，按电力工程造价构成要素进行分析，从数据统计来看，不同电压等级工程的各项费用占比有一定的差异，相同电压等级的各个工程，其各项费用占比同样也有一定的差异，但差异在一个较小的区间。将各个样本数据按电压等级进行区分，分别统计各电压等级的样本工程各费用构成及总投资的平均值，得到的各构成要素占比从高到低依次为：设备购置费（32%～47%）、建筑工程费（24%～32%）、其他费用（17%～21%）、安装工程费（11%～13%）、基本预备费（2%）。

设备购置费在变电站工程造价中占比最高，这与变电站工程的技术特点和功能

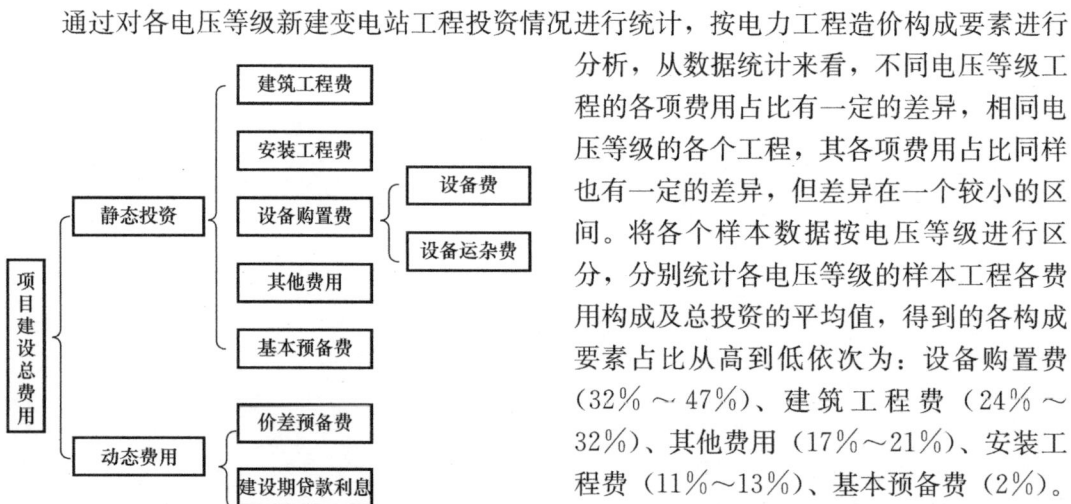

图 2-1　电网建设项目总费用构成

是相符的。变电站的主要功能是变换电压、接收和分配电能、控制电力的流向和调整电

压。变电站起变化电压作用的设备是变压器，通过变压器将各级电压的电网联系起来。变电站内除变压器外，还有各级配电装置、继电保护装置、调度通信装置、防雷保护装置等各种电气设备，高电压、大容量电气设备价格较高，因此变电站工程中设备购置费普遍较高。

建筑工程费在变电站工程造价中占较高比重。建筑工程主要包括用于监控、保护、通信等系统的生产综合建筑物，以及大量电气设备的基础、沟道、构（支）架等各种构筑物。其中，110kV、220kV变电站中建筑工程费占比最高，则是由于这两个电压等级的设备布置形式采用户内的比例较大，一般而言，户内布置的变电站，其建筑工程费要高于户外敞开式布置的变电站。

其他费用在变电站工程中也占较高比重。电网工程其他费用是指为了完成工程项目建设所必需的，但不属于建筑工程费、安装工程费、设备购置费的其他相关费用，包括建设场地征用及清理费、项目建设管理费、项目建设技术服务费、生产准备费、大件运输措施费。电网工程其他费用包含的内容较多，高电压等级的电网工程需要电气设备监造、前期工作、研究试验、设计、评审、检测、监测、生产准备、变压器等大件设备的运输措施等各项费用，另外，电网工程有一定的特殊性，如大量电气设备的布置必须满足相应的带电距离要求等，占地面积较大，需要较高的场地征用及补偿费用，因此，变电站工程所需的其他费用较高。

变电站工程中安装工程费占比不大。电气设备安装工艺，包括设备安装、接线、调试以及各种线缆的敷设等较为成熟，电网公司也在大力推行标准设计和设备品类优化，电气设备的调试、验收等标准化工作，以及电气设备的安装都在变电站内，受外部环境的影响也较小等因素，变电站安装工程费所占总投资比重不大。

基本预备费所占比重很小，电网工程基本预备费是指因设计变更（含施工过程中工程量增减、设备改型、材料代用）增加的费用、一般自然灾害可能造成的损失和预防自然灾害所采取的临时措施费用，以及其他不确定因素可能造成的损失而预留的工程建设资金。如上所述，目前电网公司大力推行标准设计、设备品类优化等标准化管理，投资管理和控制也越来越规范，基本预备费的控制比较严格，初设阶段基本预备费分别按330kV及以上电网工程2%，220kV及以下电网工程2.5%计列。

各电压等级和500kV变电站工程造价构成情况分别如表2-1、图2-2所示。

变电站工程造价构成情况表（单位：万元） 表2-1

项目		建筑工程费	设备购置费	安装工程费	其他费用	基本预备费	静态投资
500kV	投资	7188	11952	3161	5872	562	28735
	占比	25.0%	41.6%	11.0%	20.4%	2.0%	100%
220kV	投资	3661	4613	1382	2502	304	12462
	占比	29.4%	37.0%	11.1%	20.1%	2.4%	100%
110kV	投资	1259	1270	499	844	93	3965
	占比	31.8%	32.0%	12.6%	21.3%	2.3%	100%
35kV	投资	297	568	129	202	24	1220
	占比	24.3%	46.6%	10.6%	16.5%	2.0%	100%

（二）架空线路工程造价构成

架空线路工程的造价构成与变电站工程有较大的不同，其静态投资由安装工程费、其他费用和基本预备费构成。通过对各电压等级架空线路工程投资情况进行统计，按电力工程造价构成要素进行分析。从数据统计来看，不同电压等级工程的各项费用占比有一定的差异，相同电压等级的各个工程，其各项费用占比同样也有一定的差异，但差异不大或在一个较小的区间。将各个样本数据按电压等级进行区分，分别统计各电压等级的样本工程各费用构成及总投资的平均值，得到的各构成要素占比从高到低依次为：安装工程费（71％～75％）、其他费用（23％～27％）、基本预备费（2％）。

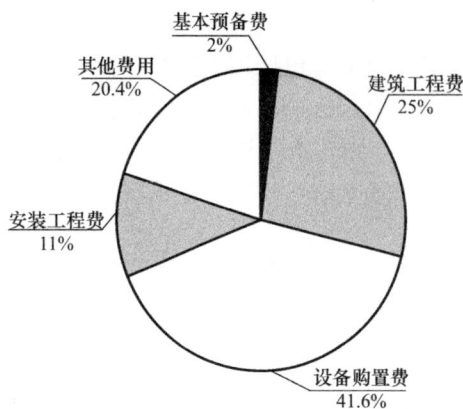

图 2-2　500kV 变电站工程造价构成情况

安装工程费在架空线路工程中占有很大的比重，一般超过 70％。与变电站工程不同，架空线路工程无建筑工程费和设备购置费，《电网工程建设预算编制与计算规定》中把线路工程的建设项目划分为一般线路本体工程（大跨越本体工程）和辅助设施工程，统称为架空线路本体工程，本体工程费用加上编制年价差，即为架空线路工程安装工程费。一般架空线路本体工程包括基础工程、杆塔工程、接地工程、架线工程、附件安装工程、辅助工程等，这是架空线路工程建设的主要内容，一般在安装工程费中占绝大部分比重。

架空线路工程中其他费用也占较高比重，通常为 23％～27％。线路工程其他费用项目与变电工程略有差异，比如没有与设备相关的设备建造费、特种设备安全检测费、大件运输措施费等，增加了线路工程特有的跨越措施等辅助施工费用，以及建设场地征用及补偿费用的特点和构成也有所不同。项目建设管理费、项目建设技术服务费、生产准备费等其他费用基本类似，架空线路工程所需的其他费用也有较高的比重。

与变电站工程类似，架空线路工程基本预备费所占比重很小，基本预备费的控制比较严格，《电网工程建设预算编制与计算规定》要求各电压等级、各阶段均按 2％计列。

各电压等级和 500kV 架空线路工程造价构成情况分别如表 2-2、图 2-3 所示。

架空线路工程造价构成情况（单位：万元）　　　　　　　表 2-2

项目		安装工程费	其他费用	基本预备费	静态投资
500kV	投资	14028	4340	359	18727
	占比	74.9%	23.2%	1.9%	100%
220kV	投资	2619	860	66	3545
	占比	73.9%	24.2%	1.9%	100%
110kV	投资	810	260	22	1092
	占比	74.2%	23.8%	2.0%	100%
35kV	投资	715	267	20	1002
	占比	71.4%	26.6%	2.0%	100%

由于安装工程费在架空线路工程中占比较大，对安装工程费中的各项费用构成进行简要分析。按预算编制规定的划分，安装工程费包括一般线路本体工程（大跨越本体工程）费、辅助设施工程费、编制年价差（也可包含在本体工程中），根据收集的样本工程数据情况，数据分析时如无特殊说明，提到安装工程、本体工程时均含编制年价差。辅助设施工程费用一般包括巡线检修站、巡检道路、生产维护通信设备、生产作业工具、三维数字化辅助施工管理、防鸟害装置、防坠落装置、在线监测费用以及其他相关辅助设施费用，该项费用需根据工程实际情况计列，并不是所有工程都需计列，且费用占比不大。因此，一般线路本体工程费用占安装工程费的绝大部分比重。

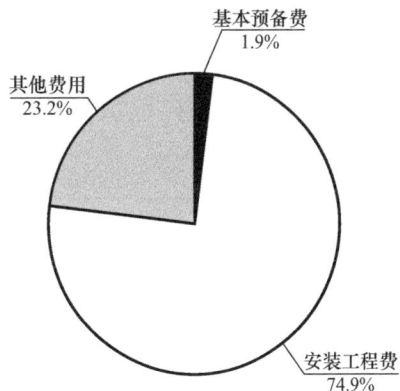

图 2-3　500kV 架空线路工程
造价构成情况

一般线路本体工程包括基础工程、杆塔工程、接地工程、架线工程、附件安装工程、辅助工程，它是架空线路工程建设的主要内容。各电压等级和 500kV 一般线路本体工程造价构成分别如表 2-3、图 2-4 所示。

一般线路本体工程造价构成分析（单位：万元）　　　　　表 2-3

目		基础工程	杆塔工程	接地工程	架线工程	附件安装工程	辅助工程	合计
500kV	投资	970	2056	65	1960	766	8	5825
	占比	16.7%	35.3%	1.1%	33.7%	13.1%	0.1%	100%
220kV	投资	197	360	27	457	107	3	1151
	占比	17.1%	31.3%	2.3%	39.7%	9.3%	0.3%	100%
110kV	投资	166	280	23	228	46	5	748
	占比	22.1%	37.5%	3.1%	30.5%	6.2%	0.6%	100%
35kV	投资	34	116	12	117	28	0	307
	占比	11.0%	37.8%	3.9%	38.0%	9.3%	0.0%	100%

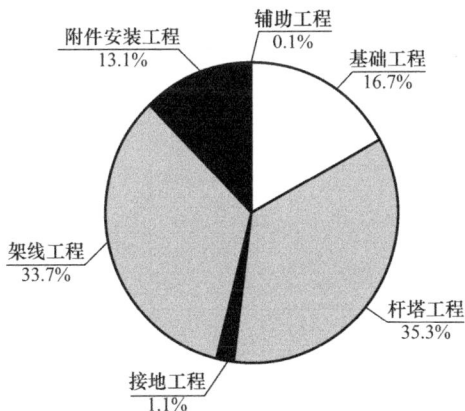

图 2-4　500kV 一般线路本体工程造价构成情况

从表 2-3 和图 2-4 中可以看出架空线路本体工程中各项费用占比情况，杆塔工程（31.3%～37.8%）和架线工程（30.5%～39.7%）两项费用占比较高且相差不大，合计占本体工程投资的 70%；基础工程（11.0%～22.1%）和附件工程费用占比一般，接地工程（1.1%～3.9%）和辅助工程（最高 0.6%）两项费用占比较小。分析的结果与架空输电线路工程的项目特点相吻合，即线路工程主要的建设内容就是由输电线缆和铁塔及其基础构成，相应的费用在工程投资中占有很高的比重。

需要说明的是，上述基础工程的占比是根据样本的一个统计数据，根据实际工程经验，由于基础工程受地质条件等因素影响很大，地质条件特殊的地区，基础工程采用较多的特殊地基处理工艺，投资增加较多，有时基础工程投资占本体工程投资超过 40%。

第二节　典型工程造价及指标框架体系

（一）变电站工程

1. 指标选取

根据第一节分析的结果，影响变电站工程的指标数量众多，通过技术经济指标和造价的研究，已识别和分析出了多项影响造价的关键指标。本节已经针对不同的指标类型建立了评价方法并进行了案例演示，对技术经济指标的重要性程度进行了论述，这是我们进行技术经济控制指标选取的基本依据，但是在实际的技术经济控制指标选取过程中，还需要遵循以下两个原则：

（1）指标数量与项目分类应综合考虑

根据本章的分析，对造价有较大影响的指标有近 20 个，有显著影响的指标也有近 10 个，如果按 10 个指标对项目进行分类设置，由于每个指标有 2 个以上的不同值，设置的项目分类数量是指标值的乘积关系，项目设置的类别将会多达几十甚至上百个。根据近几年南方电网地区收集的项目资料情况分析，按此分类，每个类别的项目样本数量也会非常少，绝大部分项目仅有一个样本甚至没有样本，这样的分类方式显然是不合理的，因此需要进一步筛选项目分类的指标数量，减少项目分类维度，结合实际项目样本数据，对工程进行分类。

变电站工程分类的原则是按照主变本期（终期）规模进行项目划分，明确设备选型、出线规模、无功补偿等边界条件，具体的项目分类表（以 500kV 为例）见表 2-4。

500kV 变电站工程项目分类表　　　　　　　　　　　　　　　　表 2-4

主变本期（终期）规模	1×750MVA（3×750MVA）	2×1000MVA（4×1000MVA）	1×750MVA（3×750MVA）	2×1000MVA（4×1000MVA）	1×750MVA（3×750MVA）	2×1000MVA（4×1000MVA）	3×1000MVA（6×1000MVA）
设备选型	瓷柱式断路器	瓷柱式断路器	罐式断路器	罐式断路器	HGIS+GIS+罐式断路器	HGIS+GIS+罐式断路器	HGIS+GIS+罐式断路器
出线规模	500kV 出线 4 回（10 回）	500kV 出线 4 回（10 回）	500kV 出线 4 回（8 回）	500kV 出线 4 回（10 回）	500kV 出线 4 回（8 回）	500kV 出线 4 回（10 回）	500kV 出线 4 回（8 回）
	220kV 出线 6 回（12 回）	220kV 出线 8 回（14 回）	220kV 出线 6 回（14 回）	220kV 出线 8 回（16 回）	220kV 出线 6 回（12 回）	220kV 出线 8 回（14 回）	220kV 出线 8 回（18 回）
	35kV 无出线	35kV 无出线	35kV 无出线	35kV 无出线	35kV 无出线	35kV 无出线	35kV 无出线
无功补偿	1 台（3 台）主变低压侧装设 3×60Mvar 低抗，3×60Mvar 电容器组	2 台（4 台）主变低压侧装设 3×60Mvar 低抗，3×60Mvar 电容器组	1 台（3 台）主变低压侧装设 3×60Mvar 低抗，3×60Mvar 电容器组	2 台（4 台）主变低压侧装设 3×60Mvar 低抗，3×60Mvar 电容器组	1 台（3 台）主变低压侧装设 3×60Mvar 低抗，3×60Mvar 电容器组	2 台（4 台）主变低压侧装设 3×60Mvar 低抗，3×60Mvar 电容器组	3 台（6 台）主变低压侧装设 2×60Mvar 低抗，3×60Mvar 电容器组

（2）指标设置应便于应用

第二个原则就是指标设置需要便于应用，应用包括指标的参考、控制、对比分析等。以地基处理指标为例（表2-5），依据我们的工程量指标评价结果，土建工程量中地基处理指标的重要性排名很高，但在技术经济控制指标时，需要挑选容易编制、控制、对比的指标进行造价控制，一个变电站新建工程一般仅会选取一种或两种地基处理方式，如果将地基处理工程的每种细分指标都纳入造价控制指标中，那么将起不到造价控制的作用，且编制难度大，对比不便。因此，我们选用地基处理总费用（万元）这个指标作为造价指标。

变电站工程地基处理指标分类表　　　　　　　　　　　表 2-5

指标名称	细分指标名称
地基处理	换填工程量（m³）
	强夯工程量（m³）
	钻孔灌注桩工程量（m³）
	预应力管桩工程量（m³）
	水泥搅拌桩工程量（m³）
	基坑支护工程量
	地基处理总费用（万元）

2. 指标体系

根据变电站工程技术经济指标研究的结论，结合实际工程数据资料的分析情况，对典型工程指标框架进行编制。变电站工程设置综合指标框架，技术经济指标按主变容量单位静态投资表示，单位为元/kVA，工程分类的原则是按照主变本期规模进行项目划分，并明确设备选型。根据此原则确定的工程分类，按南方地区近几年实际工程样本资料，以约80%的覆盖率，形成变电工程综合指标表。对于变电站典型工程，根据分析、研究或应用的需要，编制了变电站工程综合造价和技术经济指标表，分别见表2-6和表2-7。

变电站工程综合造价指标表　　　　　　　　　　　　表 2-6

电压等级	主变容量（MVA）	配电形式	静态投资（元/kVA）
35kV	1×5	综合	
	1×8	综合	
	2×5	综合	
110kV	1×40	柱式	
		GIS/HGIS	
	1×50	柱式	
		GIS/HGIS	
	1×63	GIS	
	2×40	GIS	
	2×50	柱式	
		GIS/HGIS	
	2×63	柱式	
		GIS	

续表

电压等级	主变容量（MVA）	配电形式	静态投资（元/kVA）
220kV	1×150	柱式	
		GIS	
	1×180	柱式	
		GIS	
	1×240	柱式	
		GIS	
	2×150	GIS	
	2×180	柱式	
		GIS	
	2×240	GIS	
500kV	1×750	柱式/罐式	
		GIS/HGIS	
	1×1000	柱式/罐式	
		GIS/HGIS	
	2×750	柱式/罐式	
		GIS/HGIS	
	2×1000	柱式/罐式	
		GIS/HGIS	

500kV 变电站工程技术经济指标表（示例）　　　　　表 2-7

技术经济指标分类		500kV 变电站工程			
主要技术特性	建设规模	本期（终期）规模： 主变 2×1000MVA（4×1000MVA）； 500kV 出线 4 回（10 回），其中 1 回（2 回）出线设 150Mvar 线路高抗； 220kV 出线 8 回（14 回）； 2 台（4 台）主变低压侧装设 6×60Mvar 低抗，6×60Mvar 电容器组			
	设备选型	瓷柱式断路器			
指标类型	序号	指标名称	单位	数量	备注
建筑工程指标	1	总建筑面积	m²		
	2	建筑面积单位造价	元/m²		
	3	构支架	t		
	4	电缆沟道	m		
	5	挡土墙、护坡、排水沟	m³		
	6	站区道路	m²		
	7	大型土石方	m³		
	8	地基处理	万元		
安装工程指标	1	电力电缆	m		
	2	控制电缆	m		
	3	电缆辅助设施	万元		
	4	电缆防火	万元		
	5	全站接地	万元		

指标类型	序号	指标名称	单位	数量	备注
其他费用指标	1	总征地面积	亩		
	2	征地单价	万元/亩		
造价指标	1	静态单位造价指标	元/kVA		
	2	静态造价指标	万元		

3. 典型工程

典型工程的研究包括了典型工程的构成要素分析以及典型工程的构建，根据上述分析的结果，对典型工程的构成要素，考虑适宜的指标颗粒度，只考虑建设规模和设备选型两项指标，其中建设规模包括本期及远期的主变容量、高压配电出线回路、中压配电出线回路、低压配电出线回路，高压、低压无功补偿装置容量等几项次级指标。

典型工程的构建主要根据近年来南方电网地区实际工程的样本数据资料，在对上述建设规模、设备选型构成要素统计分析的基础上，按覆盖一定百分比的原则，分不同电压等级，构建典型工程，见表2-8~表2-11。

500kV 变电站典型工程汇总表　　　　　　　　　　　表 2-8

序号	项目		主要技术特性
1	典型工程 1	建设规模	本期（终期）规模： 主变 1×750MVA（3×750MVA）； 500kV 出线 4 回（8 回），其中 1 回（2 回）出线设 150Mvar 线路高抗； 220kV 出线 6 回（12 回）； 1 台（3 台）主变低压侧装设 3×60Mvar 低抗，3×60Mvar 电容器组
		设备选型	瓷柱式断路器
2	典型工程 2	建设规模	本期（终期）规模： 主变 2×1000MVA（4×1000MVA）； 500kV 出线 4 回（10 回），其中 1 回（2 回）出线设 150Mvar 线路高抗； 220kV 出线 8 回（14 回）； 2 台（4 台）主变低压侧装设 3×60Mvar 低抗，3×60Mvar 电容器组
		设备选型	瓷柱式断路器
3	典型工程 3	建设规模	本期（终期）规模： 主变 1×750MVA（3×750MVA）； 500kV 出线 4 回（8 回），其中 1 回（2 回）出线设 150Mvar 线路高抗； 220kV 出线 6 回（14 回）； 1 台（3 台）主变低压侧装设 3×60Mvar 低抗，3×60Mvar 电容器组
		设备选型	罐式断路器
4	典型工程 4	建设规模	本期（终期）规模： 主变 2×1000MVA（4×1000MVA）； 500kV 出线 4 回（10 回），其中 1 回（2 回）出线设 150Mvar 线路高抗； 220kV 出线 8 回（16 回）； 2 台（4 台）主变低压侧装设 3×60Mvar 低抗，3×60Mvar 电容器组
		设备选型	罐式断路器

序号	项目		主要技术特性
5	典型工程5	建设规模	本期（终期）规模： 主变1×750MVA（3×750MVA）； 500kV出线4回（8回），其中1回（2回）出线设150Mvar线路高抗； 220kV出线6回（12回）； 1台（3台）主变低压侧装设3×60Mvar低抗，3×60Mvar电容器组
		设备选型	HGIS＋GIS＋罐式断路器
6	典型工程6	建设规模	本期（终期）规模： 主变2×1000MVA（4×1000MVA）； 500kV出线4回（10回），其中1回（2回）出线设150Mvar线路高抗； 220kV出线8回（14回）； 2台（4台）主变低压侧装设3×60Mvar低抗，3×60Mvar电容器组
		设备选型	HGIS＋GIS＋罐式断路器
7	典型工程7	建设规模	本期（终期）规模： 主变3×1000MVA（6×1000MVA）； 500kV出线4回（8回）； 220kV出线8回（18回）； 3台（6台）主变低压侧装设2×60Mvar低抗，3×60Mvar电容器组
		设备选型	HGIS＋GIS＋罐式断路器

220kV变电站典型工程汇总表　　　　　　　　表2-9

序号	项目		主要技术特性
1	典型工程1	建设规模	本期（终期）规模： 主变2×180/240MVA（3×180/240MVA）； 220kV出线3回（6回）； 110kV出线6回（12回）； 35kV出线10回（15回）； 2台（3台）主变低压侧各装设3组（8000/10000/12000kVar）电容器组
		设备选型	瓷柱式断路器
2	典型工程2	建设规模	本期（终期）规模： 主变2×180/240MVA（4×180/240MVA）； 220kV出线3回（6回）； 110kV出线7回（14回）； 10kV出线20回（40回）； 2台（4台）主变低压侧各装设5组/6组无功补偿装置
		设备选型	瓷柱式断路器
3	典型工程3	建设规模	本期（终期）规模： 主变2×180（3×180MVA）； 220kV出线3回（6回）； 110kV出线7回（14回）； 10kV出线20回（30回）； 2台（3台）主变低压侧各装设5组无功补偿装置
		设备选型	GIS设备，户内布置

序号	项目	主要技术特性	
4	典型工程4	建设规模	本期（终期）规模： 主变 2×240MVA（3×240MVA）； 220kV 出线 3 回（6 回）； 110kV 出线 7 回（14 回）； 10kV 出线 20 回（30 回）； 2 台（3 台）主变低压侧各装设 6 组无功补偿装置
		设备选型	GIS 设备，户内布置
5	典型工程5	建设规模	本期（终期）规模： 主变 2×180MVA（4×180MVA）； 220kV 出线 3 回（6 回）； 110kV 出线 7 回（14 回）； 10kV 出线 20 回（30 回）； 2 台（4 台）主变低压侧各装设 5 组无功补偿装置
		设备选型	GIS 设备，户内布置
6	典型工程6	建设规模	本期（终期）规模： 主变 2×240MVA（4×240MVA）； 220kV 出线 3 回（6 回）； 110kV 出线 7 回（14 回）； 10kV 出线 20 回（30 回）； 2 台（4 台）主变低压侧各装设 6 组无功补偿装置
		设备选型	GIS 设备，户内布置
7	典型工程7	建设规模	本期（终期）规模： 主变 2×180MVA（3×180MVA）； 220kV 出线 6 回（12 回）； 110kV 出线 10 回（14 回）； 10kV 出线 20 回（30 回）； 2 台（3 台）主变低压侧各装设 5 组无功补偿装置
		设备选型	GIS 设备，户内布置
8	典型工程8	建设规模	本期（终期）规模： 主变 2×100MVA（4×100MVA）； 220kV 出线 2 回（6 回）； 20kV 出线 26 回（52 回）； 2 台（4 台）主变低压侧各装设 4 组无功补偿装置
		设备选型	GIS 设备，户内布置

110kV 变电站典型工程汇总表　　　　　　　　　　表 2-10

序号	项目	主要技术特性	
1	典型工程1	建设规模	本期（终期）规模： 主变 2×63MVA（2×63MVA）； 110kV 出线 2 回（4 回）； 10kV 出线 30 回（30 回）； 2 台（2 台）主变低压侧各装设 3 组无功补偿装置
		设备选型	瓷柱式断路器，户外布置

序号	项目		主要技术特性
2	典型工程 2	建设规模	本期（终期）规模： 主变 2×40MVA（2×40MVA）； 110kV 出线 2 回（4 回）； 35kV 出线 6 回（6 回）； 10kV 出线 24 回（24 回）； 2 台（2 台）主变低压侧各装设 2 组无功补偿装置
		设备选型	瓷柱式断路器，户外布置
3	典型工程 3	建设规模	本期（终期）规模： 主变 2×63MVA（3×63MVA）； 110kV 出线 2 回（4 回）； 10kV 出线 30 回（45 回）； 2 台（3 台）主变低压侧各装设 3 组无功补偿装置
		设备选型	瓷柱式断路器，户外布置
4	典型工程 4	建设规模	本期（终期）规模： 主变 2×40MVA（3×40MVA）； 110kV 出线 2 回（4 回）； 35kV 出线 6 回（9 回）； 10kV 出线 24 回（36 回）； 2 台（3 台）主变低压侧各装设 2 组无功补偿装置
		设备选型	瓷柱式断路器，户外布置
5	典型工程 5	建设规模	本期（终期）规模： 主变 2×63MVA（3×63MVA）； 110kV 出线 2 回（4 回）； 10kV 出线 30 回（45 回）； 2 台（3 台）主变低压侧各装设 3 组无功补偿装置
		设备选型	GIS 设备，户内布置
6	典型工程 6	建设规模	本期（终期）规模： 主变 2×63MVA（2×63MVA）； 110kV 出线 2 回（2 回）； 10kV 出线 30 回（30 回）； 2 台（2 台）主变低压侧各装设 3 组无功补偿装置
		设备选型	GIS 设备，户内布置
7	典型工程 7	建设规模	本期（终期）规模： 主变 2×63MVA（2×63MVA）； 110kV 出线 2 回（4 回）； 35kV 出线 6 回（6 回）； 10kV 出线 24 回（24 回）； 2 台（2 台）主变低压侧各装设 3 组无功补偿装置
		设备选型	GIS 设备，户内布置
8	典型工程 8	建设规模	本期（终期）规模： 主变 2×40MVA（2×40MVA）主变； 110kV 出线 2 回（4 回）； 35kV 出线 6 回（6 回）； 10kV 出线 20 回（20 回）； 2 台（2 台）主变低压侧各装设 2 组无功补偿装置
		设备选型	GIS 设备，户内布置

序号	项目		主要技术特性
9	典型工程 9	建设规模	本期（终期）规模： 主变 2×63MVA（3×63MVA）； 110kV 出线 2 回（4 回）； 35kV 出线 6 回（9 回）； 10kV 出线 24 回（36 回）； 2 台（3 台）主变低压侧各装设 3 组无功补偿装置
		设备选型	瓷柱式断路器，户外布置
10	典型工程 10	建设规模	本期（终期）规模： 主变 2×63MVA（3×63MVA）； 110kV 出线 2 回（4 回）； 35kV 出线 6 回（9 回）； 10kV 出线 20 回（30 回）； 2 台（3 台）主变低压侧各装设 2 组无功补偿装置
		设备选型	GIS 设备，户内布置

35kV 变电站典型工程汇总表　　　　　表 2-11

序号	项目		主要技术特性
1	典型工程 1	建设规模	本期（终期）规模： 主变 2×10MVA（2×10MVA）； 35kV 出线 2 回（2 回）； 10kV 出线 16 回（16 回）； 2 台（2 台）主变低压侧装设 2 组（2 组）低压电容器
		设备选型	瓷柱式断路器，户外布置
2	典型工程 2	建设规模	本期（终期）规模： 主变 2×10MVA（2×10MVA）； 35kV 出线 4 回（4 回）； 10kV 出线 16 回（16 回）； 2 台（2 台）主变低压侧装设 1 组（2 组）低压电容器
		设备选型	瓷柱式断路器，户外布置
3	典型工程 3	建设规模	本期（终期）规模： 主变 1×10MVA（2×10MVA）； 35kV 出线 2 回（2 回）； 10kV 出线 8 回（16 回）； 1 台（2 台）主变低压侧装设 1 组（2 组）低压电容器
		设备选型	瓷柱式断路器，户外布置
4	典型工程 4	建设规模	本期（终期）规模： 主变 1×10MVA（2×10MVA）； 35kV 出线 2 回（4 回）； 10kV 出线 6 回（12 回）； 1 台（2 台）主变低压侧装设 1 组（2 组）低压电容器
		设备选型	XGN 柜型，户内单列布置

（二）架空线路工程

1. 指标选取

根据上述的架空线路工程技术经济指标研究的结果，按变电工程研究的思路和原则，结合造价的主要影响因素，以及指标的数量，便于应用等综合考虑，对架空线路工程进行分类。

架空线路工程分类的原则是按照电压等级、导线截面（包括分裂数）、回路数量等进行项目划分，明确导线和地线型号、覆冰和风速等边界条件，具体的项目分类表（以500kV为例）见表2-12。

500kV架空线路工程项目分类表 表 2-12

特性	项目 1	项目 2	项目 3
电压等级	500kV	500kV	500kV
回路数量	单回路	双回路	双回路
导线截面	630mm²	400mm²	720mm²
导线型号	4×JL/G1A-630/45	4×JL/G1A-400/35	4×JL/G2A-720/50
地线型号	JLB40-150	JLB30-150	JLB40-150
覆冰	0mm	10mm	0mm
风速	31m/s	27m/s	31m/s

2. 指标体系

总结上述的架空线路工程技术经济指标研究的结论，结合实际工程数据资料的分析情况，对典型工程指标框架进行编制。与变电站工程的指标设置类似，架空线路工程设置综合指标框架，技术经济指标按线路路径长度单位静态投资表示，单位为"万元/km"，工程分类的原则是按照回路数量和导线截面等进行项目划分，并明确导线选型。根据此原则确定的工程分类，按南方地区近几年实际工程样本资料，形成变电工程综合指标表。对于架空线路典型工程，根据分析、研究或应用的需要，编制了架空线路工程综合造价和技术经济指标表，分别见表2-13和表2-14。

架空线路工程综合造价指标表（单位：万元/km） 表 2-13

电压等级	回路数量	导线截面（mm²）	静态投资	备注
35kV	单回路	150 及以下		
	单回路	150～240		不含 150、240
	单回路	240 及以上		
110kV	单回路	240 以下		不含 240
	单回路	240～400		
	单回路	400～800		不含 400
220kV	单回路	400 以下		不含 400
	单回路	400～630		
	单回路	630 以上		不含 630

续表

电压等级	回路数量	导线截面（mm²）	静态投资	备注
500kV	单回路	400以下		不含400
	单回路	400		
	单回路	400以上		不含400

注：1. 导线截面以"相"计算，是分裂数与单根导线截面的乘积。

2. 回路数量为单回路，若工程为双回路、四回路等，可折算为单回路长度计算。

500kV 变架空线路工程技术经济指标表　　　　表 2-14

技术经济指标分类			500kV架空线路工程			
主要技术特性	技术条件		电压等级：500kV； 回路数：单回路； 导线截面：630mm²			
	导线选型		导线：4×JL/G1A-630/45； 地线：JLB40-150			
	风速、覆冰		风速：35m/s； 覆冰：0mm			
指标类型	序号	指标名称	单位		数量	备注
本体工程指标	1	导线	t/km			
	2	地线	t/km			
	3	杆塔钢材	t/km			
	4	基础钢材	t/km			
	5	接地钢材	t/km			
	6	挂线金具	t/km			
	7	绝缘子（导线）	片/km			
	8	现浇混凝土	m³/km			
	9	土石方量	m³/km			
其他费用指标	1	征地费	万元/亩			
	2	线行青赔	万元/km			
造价指标	1	本体单位造价指标	万元/km			
	2	静态单位造价指标	万元/km			

3. 典型工程

与变电工程的研究类似，根据上述分析的结果，对架空线路典型工程的构成要素，考虑适宜的指标颗粒度，只考虑回路数量和导线截面两项指标，其中导线选型还包括导线分裂数以及地线选型等几项次级指标，另外，给出风速、覆冰参考条件。

典型工程的构建主要根据近年来南方电网地区实际工程的样本数据资料，在对上述构成要素统计分析的基础上，按覆盖一定百分比的原则，分不同电压等级，构建典型工程，见表 2-15。

架空线路典型工程汇总表 表 2-15

序号	电压等级	项目	主要技术特性	
1	500kV	典型工程1	技术条件	电压等级：500kV；回路数量：单回路；导线截面：630mm²
			导线选型	导线：4×JL/G1A-630/45；地线：JLB40-150
			风速、覆冰	风速：35m/s；覆冰：0mm
2	500kV	典型工程2	技术条件	电压等级：500kV；回路数量：双回路；导线截面：400mm²
			导线选型	导线：4×JL/G1A-400/35；地线：JLB30-150
			风速、覆冰	风速：27m/s；覆冰：10mm
3		典型工程3	技术条件	电压等级：500kV；回路数量：单回路；导线截面：720mm²
			导线选型	导线：4×JL/G2A-720/50；地线：JLB40-150
			风速、覆冰	风速：31m/s；覆冰：0mm
4		典型工程4	技术条件	电压等级：220kV；回路数量：单回路；导线截面：300mm²
			导线选型	导线：2×JL/G1A-300/50；地线：JLB30-150
			风速、覆冰	风速：25m/s；覆冰：15mm
5	220kV	典型工程5	技术条件	电压等级：220kV；回路数量：单回路；导线截面：400mm²
			导线选型	导线：2×JL/G1A-400/35；地线：JLB35-150
			风速、覆冰	风速：23.5m/s；覆冰：10mm
6		典型工程6	技术条件	电压等级：220kV；回路数量：双回路；导线截面：630mm²
			导线选型	导线：2×JL/G1A-630/45；地线：JLB40-150
			风速、覆冰	风速：29m/s；覆冰：0mm

序号	电压等级	项目	主要技术特性	
7		典型工程7	技术条件	电压等级：110kV； 回路数量：单回路； 导线截面：300mm²
			导线选型	导线：1×JL/G1A-300/40； 地线：JLB35-100
			风速、覆冰	风速：23.5m/s； 覆冰：0mm
8	110kV	典型工程8	技术条件	电压等级：110kV； 回路数量：单回路； 导线截面：300mm²
			导线选型	导线：1×JL/G1A-300/40； 地线：JLB30—100
			风速、覆冰	风速：25m/s； 覆冰：10mm
9		典型工程9	技术条件	电压等级：110kV； 回路数量：双回路； 导线截面：400mm²
			导线选型	导线：1×JL/G1A-400/35； 地线：JLB30-100
			风速、覆冰	风速：33m/s； 覆冰：0mm
10		典型工程10	技术条件	电压等级：35kV； 回路数量：单回路； 导线截面：150mm²
			导线选型	导线：JL/G1A-150/25； 地线：JLB27-55
			风速、覆冰	风速：25m/s； 覆冰：10mm
11	35kV	典型工程11	技术条件	电压等级：35kV； 回路数量：单回路； 导线截面：240mm²
			导线选型	导线：JL/G1A-240/30； 地线：—
			风速、覆冰	风速：25m/s； 覆冰：0mm
12		典型工程12	技术条件	电压等级：35kV； 回路数量：单回路； 导线截面：150mm²
			导线选型	导线：JL/G1A-150/35； 地线：2×JLB20A-80
			风速、覆冰	风速：25m/s； 覆冰：20mm

第三节　案例分析

（一）例证 1. 变电工程

1. 变电站工程综合指标

根据本章研究的数据资料，按上述方法，分别编制了各电压等级较为常见的工程综合指标和技术经济指标，示例见表 2-16～表 2-19。

变电站工程综合造价指标表（示例）　　　　　　　　　　表 2-16

电压等级	主变容量（MVA）	配电形式	静态投资（元/kVA）
35kV	1×5	综合	2369
	1×8	综合	1567
	2×5	综合	1208
110kV	1×40	柱式	725
		GIS/HGIS	—
	1×50	柱式	—
		GIS/HGIS	776
	1×63	GIS	639
	2×40	GIS	507
	2×50	柱式	403
		GIS/HGIS	436
	2×63	柱式	304
		GIS	387
220kV	1×150	柱式	533
		GIS	—
	1×180	柱式	456
		GIS	530
	1×240	柱式	—
		GIS	541
	2×150	GIS	—
	2×180	柱式	322
		GIS	400
	2×240	GIS	325
500kV	1×750	柱式/罐式	327
		GIS/HGIS	321
	1×1000	柱式/罐式	—
		GIS/HGIS	—
	2×750	柱式/罐式	169
		GIS/HGIS	202
	2×1000	柱式/罐式	145
		GIS/HGIS	182

2. 变电站典型工程技术经济指标

与变电站典型工程综合指标类似，根据本章研究的数据资料，按上述方法，分别编制了各电压等级较为常见的工程技术经济指标，示例见表 2-17～表 2-19。

500kV 变电站典型工程技术经济指标表（示例）　　　　　　　　表 2-17

技术经济指标分类		500kV 变电站工程			
主要技术特性	建设规模	本期（终期）规模： 主变 2×1000MVA（4×1000MVA）； 500kV 出线 4 回（10 回），其中 1 回（2 回）出线设 150Mvar 线路高抗； 220kV 出线 8 回（14 回）； 2 台（4 台）主变低压侧装设 6×60Mvar 低抗，6×60Mvar 电容器组			
	设备选型	瓷柱式断路器			
指标类型	序号	指标名称	单位	数量	备注
建筑工程指标	1	总建筑面积	m²	1682.00	
	2	建筑面积单位造价	元/m²	3250.00	
	3	构支架	t	1150.00	
	4	电缆沟道	m	2262.00	
	5	挡土墙、护坡、排水沟	m³	12500.00	
	6	站区道路	m²	11940.00	
	7	大型土石方	m³	200000.00	
	8	地基处理	万元	450.00	
安装工程指标	1	电力电缆	m	58850	
	2	控制电缆	m	192000	
	3	电缆辅助设施	万元	320.00	
	4	电缆防火	万元	150.00	
	5	全站接地	万元	395.00	
其他费用指标	1	总征地面积	亩	141.13	
	2	征地单价	万元/亩	16.00	
造价指标	1	本体单位造价指标	元/kVA	145.00	
	2	静态单位造价指标	万元	29001.00	

220kV 变电站典型工程技术经济指标表（示例）　　　　　　　　表 2-18

技术经济指标分类		220kV 变电站工程			
主要技术特性	建设规模	本期（终期）规模： 主变 2×240MVA（3×240MVA）； 220kV 出线 3 回（6 回）； 110kV 出线 7 回（14 回）； 10kV 出线 20 回（30 回）； 2 台（3 台）主变低压侧各装设 6 组无功补偿装置			
	设备选型	GIS 设备，户内布置			
指标类型	序号	指标名称	单位	数量	备注
建筑工程指标	1	总建筑面积	m²	9377.00	
	2	建筑面积单位造价	元/m²	3300.00	

续表

指标类型	序号	指标名称	单位	数量	备注
建筑工程指标	3	构支架	t	10.05	
	4	电缆沟道	m	60.00	
	5	挡土墙、护坡、排水沟	m³	1458.00	
	6	站区道路	m²	1303.00	
	7	大型土石方	m³	5000.00	
	8	地基处理	万元	330.00	
安装工程指标	1	电力电缆	m	13785.00	
	2	控制电缆	m	69000.00	
	3	电缆辅助设施	万元	104.00	
	4	电缆防火	万元	23.00	
	5	全站接地	万元	145.00	
其他费用指标	1	总征地面积	亩	18.99	
	2	征地单价	万元/亩	16.00	
造价指标	1	本体单位造价指标	元/kVA	325.00	
	2	静态单位造价指标	万元	15601.00	

110kV 变电站典型工程技术经济指标表（示例）　　　　表 2-19

技术经济指标分类		110kV 变电站工程			
主要技术特性	建设规模	本期（终期）规模： 主变 2×63MVA（3×63MVA）； 110kV 出线 2 回（4 回）； 10kV 出线 30 回（45 回）； 2 台（3 台）主变低压侧各装设 3 组无功补偿装置			
	设备选型	GIS 设备，户内布置			
指标类型	序号	指标名称	单位	数量	备注
建筑工程指标	1	总建筑面积	m²	3021.00	
	2	建筑面积单位造价	元/m²	2900.00	
	3	构支架	t	2.00	
	4	电缆沟道	m	50.00	
	5	挡土墙、护坡、排水沟	m³	1550.00	
	6	站区道路	m²	780.00	
	7	大型土石方	m³	25000.00	
	8	地基处理	万元	328.00	
安装工程指标	1	电力电缆	m	8900.00	
	2	控制电缆	m	17500.00	
	3	电缆辅助设施	万元	46.00	
	4	电缆防火	万元	3.00	
	5	全站接地	万元	80.00	
其他费用指标	1	总征地面积	亩	6.22	
	2	征地单价	万元/亩	16.00	
造价指标	1	本体单位造价指标	元/kVA	387.00	
	2	静态单位造价指标	万元	4878.00	

（二）例证 2. 架空线路工程

1. 架空线路工程综合指标

与变电站工程类似，根据本章研究的数据资料，按上述方法，分别编制了各电压等级较为常见的架空线路工程综合造价指标和技术经济指标，示例见表 2-20。

架空线路工程综合造价指标表（示例）（单位：万元/km）　　　　　表 2-20

电压等级	回路数量	导线截面（mm²）	静态投资	备注
35kV	单回路	150 及以下	48	
	单回路	150～240	55	不含 150、240
	单回路	240 及以上	61	
110kV	单回路	240 以下	85	不含 240
	单回路	240～400	90	
	单回路	400～800	98	不含 400
220kV	单回路	400 以下	110	不含 400
	单回路	400～630	130	
	单回路	630 以上	157	不含 630
500kV	单回路	400 以下	249	不含 400
	单回路	400	255	
	单回路	400 以上	361	不含 400

2. 架空线路典型工程技术经济指标

与架空线路典型工程综合指标类似，根据本章研究的数据资料，按上述方法，分别编制了各电压等级较为常见的工程技术经济指标，示例见表 2-21～表 2-24。

500kV 变架空线路工程技术经济指标表（示例）　　　　　表 2-21

技术经济指标分类		500kV 架空线路工程			
主要技术特性	技术条件	电压等级：500kV； 回路数量：单回路； 导线截面：500mm²			
	导线选型	导线：4×JL/G1A-630/45； 地线：JLB40-150			
	风速、覆冰	风速：35m/s； 覆冰：0mm			
指标类型	序号	指标名称	单位	数量	备注
本体工程指标	1	导线	t/km	24.95	
	2	地线	t/km	1.39	
	3	杆塔钢材	t/km	50.70	
	4	基础钢材	t/km	6.95	
	5	接地钢材	t/km	0.63	
	6	挂线金具	t/km	1.35	
	7	绝缘子（导线）	片/km	379	

续表

指标类型	序号	指标名称	单位	数量	备注
本体工程指标	8	现浇混凝土	m³/km	86.29	
	9	土石方量	m³/km	585	
其他费用指标	1	征地费	万元/亩	10	
	2	线行青赔	万元/km	12	
造价指标	1	本体单位造价指标	万元/km	186.16	
	2	静态单位造价指标	万元/km	265.94	

220kV 架空线路工程技术经济指标表（示例）　　　　　表 2-22

技术经济指标分类		220kV 架空线路工程
主要技术特性	技术条件	电压等级：220kV； 回路数量：双回路； 导线截面：630mm²
	导线选型	导线：2×JL/G1A-630/45； 地线：JLB40-150
	风速、覆冰	风速：29m/s； 覆冰：0mm

指标类型	序号	指标名称	单位	数量	备注
本体工程指标	1	导线	t/km	24.95	
	2	地线	t/km	1.39	
	3	杆塔钢材	t/km	38.91	
	4	基础钢材	t/km	6.15	
	5	接地钢材	t/km	0.38	
	6	挂线金具	t/km	1.24	
	7	绝缘子（导线）	片/km	468	
	8	现浇混凝土	m³/km	76.25	
	9	土石方量	m³/km	500	
其他费用指标	1	征地费	万元/亩	10	
	2	线行青赔	万元/km	10	
造价指标	1	本体单位造价指标	万元/km	128.46	
	2	静态单位造价指标	万元/km	175.68	

110kV 架空线路工程技术经济指标表（示例）　　　　　表 2-23

技术经济指标分类		110kV 架空线路工程
主要技术特性	技术条件	电压等级：110kV； 回路数量：单回路； 导线截面：300mm²
	导线选型	导线：1×JL/G1A-300/40； 地线：JLB30-100
	风速、覆冰	风速：25m/s； 覆冰：10mm

指标类型	序号	指标名称	单位	数量	备注
本体工程指标	1	导线	t/km	3.39	
	2	地线	t/km	1.15	

· 36 ·

指标类型	序号	指标名称	单位	数量	备注
本体工程指标	3	杆塔钢材	t/km	12.86	
	4	基础钢材	t/km	2.16	
	5	接地钢材	t/km	0.54	
	6	挂线金具	t/km	0.13	
	7	绝缘子（导线）	片/km	204	
	8	现浇混凝土	m³/km	43.43	
	9	土石方量	m³/km	690	
其他费用指标	1	征地费	万元/亩	10	
	2	线行青赔	万元/km	8	
造价指标	1	本体单位造价指标	万元/km	37.40	
	2	静态单位造价指标	万元/km	62.86	

35kV 架空线路工程技术经济指标表（示例）　　　　表 2-24

技术经济指标分类		35kV 架空线路工程			
主要技术特性	技术条件	电压等级：35kV； 回路数量：单回路； 导线截面：240mm²			
	导线选型	导线：JL/G1A-240/30；			
	风速、覆冰	风速：25m/s； 覆冰：0mm			

指标类型	序号	指标名称	单位	数量	备注
本体工程指标	1	导线	t/km	2.76	
	2	地线	t/km		
	3	杆塔钢材	t/km	6.23	
	4	基础钢材	t/km	1.07	
	5	接地钢材	t/km	0.47	
	6	挂线金具	t/km	0.12	
	7	绝缘子（导线）	片/km	66	
	8	现浇混凝土	m³/km	15.94	
	9	土石方量	m³/km	213	
其他费用指标	1	征地费	万元/亩	10	
	2	线行青赔	万元/km	4	
造价指标	1	本体单位造价指标	万元/km	19.98	
	2	静态单位造价指标	万元/km	31.56	

第三章

城市轨道交通工程多级工程量清单 （土建工程）

（深圳华仑诚工程管理有限公司）

第一节 使用说明

为规范城市轨道交通工程计价行为，在前期招标投标阶段、中期施工合同执行阶段、后期结算阶段快速、合规的计量计价，亟需一套适合当地自然环境、地质构造、社会经济发展水平等因素的标准化清单用于工程造价。深圳华仑诚工程管理有限公司受深圳市地铁集团有限公司委托编制深圳地铁土建工程标准化清单，并依据国家和地方相关规程规范，总结过去深圳地铁的各种施工工艺、施工方法，编制了本套地铁土建工程标准化清单，现就标准化清单说明如下。

（一）清单专业划分

本次清单划分为地下车站及附属工程、区间工程和装修工程三大部分。

（二）特征描述有关说明

工程量清单的项目特征是确定一个清单项目综合单价不可缺少的重要依据。在编制工程量清单时，必须对项目特征进行准确和全面的描述。但有些项目特征用文字往往又难以准确和全面的描述清楚。因此，为达到规范、简洁、准确、全面地描述项目特征的要求，在描述工程量清单项目特征时应按以下原则进行：

（1）项目特征描述的内容应按附录中的规定，结合拟建工程的实际，能满足确定综合单价的需要。

（2）如果采用标准图集或施工图纸能够全部或部分满足项目特征描述的要求，项目特征描述可直接采用详见××图集或××图号的方式。对不能满足项目特征描述要求的部分，仍应用文字描述。

（三）计算规则有关说明

（1）沟槽、基坑、一般土方的划分为：底宽≤7m且底长>3倍底宽为沟槽；底长≤3

倍底宽且底面积≤150m² 为基坑；超出上述范围则为一般土方。

（2）暗挖土方超挖工程量在综合单价中考虑。

（3）弃、取土运距也可以不描述，但应注明由投标人根据施工现场实际情况自行考虑，决定报价。

（4）土壤的类别不能准确划分时，招标人可注明为综合，由投标人根据地质勘察报告决定报价。

（5）土方体积应按挖掘前的天然密实体积计算。

（6）挖方出现流沙、淤泥时，如设计未明确，在编制工程量清单时，其工程数量可为暂估值，结算应按发包人与承包人双方现场签证确认工程量。

（7）混凝土工程量不扣除构件内钢筋、螺栓、预埋铁件、张拉孔道、单个面积≤0.3m² 的孔洞所占体积，但应扣除劲性钢骨架所占体积。

（四）分部分项清单有关说明

1. 地下车站及附属工程

（1）土石方工程：土石方工程按照土石类别分为挖土方、挖淤泥流沙、挖石方清单；挖土方按土壤类别、开挖位置分列清单，石方按机械破除、爆破方式分列清单；清单只包含开挖工序，回填及余方弃置按土石类别另外单列清单。

（2）地下连续墙导墙：目前清单开项时将导墙单独开列清单，以体积为清单计量单位。

（3）地下连续墙：目前清单按地下连续墙混凝土体积计量；地下连续墙钢筋笼归入钢筋工程中，地下连续墙清单根据定额成槽深度 25m、35m 拆分清单，其中包含的挖土成槽、清底置换、浇筑混凝土、工字钢接头处理制作安装、泥浆运输均在清单项目特征内描述。地下连续墙入岩增加费、地下连续墙钢筋笼、声测管、模板均另单独开项，清单未包含。

（4）泥浆护壁成孔灌注桩：按空桩、实桩及按成孔方式拆分清单，清单包含：钢护筒埋设、桩基成孔、灌注混凝土、泥浆外运。桩基钢筋笼单列在钢筋工程中，声测管、凿桩头、入岩增加费均单列清单。

（5）混凝土冠梁及支撑：清单均只包含混凝土浇捣，钢筋在钢筋工程内单列清单，模板在措施项目内单列清单，拆除临时支撑钢筋混凝土单列清单。

（6）喷射混凝土（水泥砂浆）支护：坡面喷射混凝土包含喷射早强混凝土，钢筋网片在钢筋工程内单列。

（7）土钉：按成孔方式（人工、机械）分列清单。

（8）锚杆：按土层锚杆开列清单，锚杆入岩增加费单列清单。

（9）锚索：包含锚索钻孔、灌浆、钢绞线制安、钢绞线张拉、锚具；入岩增加费单列清单。

（10）主体构件混凝土均按泵送混凝土描述考虑，二次结构构件混凝土均按普通商品混凝土描述考虑。

（11）混凝土强度等级及混凝土抗渗等级可按照设计图纸及具体部位进行调整。

（12）混凝土构件钢筋均在钢筋工程内单列清单、模板均在措施项目内单列清单。

（13）清单单独将车站主体混凝土构件与附属工程做了二级科目构件区分。

（14）部分车站内安全疏散口及出入口开挖工艺采用暗挖形式，该清单设置在围护结构下二级科目暗挖通道中，支护及衬砌清单设置类似矿山法清单。

（15）车站设备基础、站台板、站台板下柱、站台板下梁、电梯井、楼梯、砌体墙、圈（过）梁、构造柱等二次结构构件均单独开项在一级科目内部结构下；钢筋工程、模板均单列清单。

（16）车站防水工程：包含施工缝、变形缝及各种类型防水。

（17）钢筋工程：按直径10以内、10以外分列清单；按抗震与非抗震钢筋分列清单；玻璃纤维筋单列清单；二次衬砌钢筋单列清单；地下连续墙钢筋笼、桩基钢筋笼、钢筋网片、钢筋接驳器、植筋、钢筋机械连接接头均单列清单。

（18）门窗工程：车站门窗工程按门类型分为：普通钢质防火门、甲级钢质防火门、甲级钢质防火密闭门、甲级钢质防火隔音门、甲级钢质防火防盗门、防火卷帘门、普通卷帘门。根据图纸附带增加门代号，编制人员可按设计图纸实际尺寸在后面的门洞口尺寸进行描述，防火门清单包含：成品钢制防火门制安、门五金、闭门器、顺序器、防火门防火、防锈、防腐油漆等。卷帘门均包含电动、手动启动装置。金属防火窗玻璃为防火钢化玻璃。人防门可根据人防门类型进行编号及洞口尺寸描述。

（19）土建预埋洞口：土建统筹各设备安装专业的预留、预埋、开槽等清单项。

（20）周边建筑物加固仅为注浆加固，其中按注浆材质不同可分拆清单。

（21）综合接地：按综合接地图纸单列清单。

（22）杂散电流：投标人按"项"自行报价。

（23）白蚁防治：按建筑面积以平方米计量，或投标人按"项"为单位自行报价。

2. 区间段工程

（1）土石方工程：区间段土石方基本为区间附属工程土石方、按工法区分了明挖、盖挖；暗挖土石方在矿山法、横通道、斜井内单列清单。

（2）支护工程：区间段支护工程按各种支护工法分门别类，同车站工程；编制人员可根据设计图纸不同工法挑选组合；特别说明：地下连续墙支护＋锚杆（锚索）的工法适用于风井及竖井，因风井及竖井基坑较深，地下连续墙成槽适用于土层围护支护，在埋深较深地层为中微风化岩层，25～30m以下可以用岩层锚杆＋喷锚的支护方式。

（3）区间隧道：一般分为明挖段、盾构段、矿山法（暗挖段）三种方式，其中明挖段开挖土方清单开项可参照明挖土石方清单，此分项内仅包含明挖段主体结构跟钢筋清单；盾构段主体一般为管片结构，盾构掘进方式按盾构机类型分为TBM盾构、土压平衡、泥水平衡、双模盾构分拆清单；矿山法土方可参照暗挖土石方，此分项内仅包含初次支护、二次衬砌、注浆、隧底填充、防水、预埋滑槽的清单。

（4）隧道附属：包含风井、联络通道、斜井、竖井等类型，其中风井及竖井的常规做法为明挖法，联络通道、斜井的常规做法为矿山法。

（5）特殊地基处理：盾构时考虑需要进行特殊地质情况处理，本次清单按照孤石处理、熔岩处理、桩基托换等工艺开列清单。

（6）杂散电流防护：按项开列清单，适用于区间隧道内。

（7）疏散平台：此项为隧道内安全疏散平台，适用于区间隧道内。

（8）综合接地：混凝土车站工程按项开列清单，适用于区间隧道内。

3. 装饰工程

（1）公共区域：楼地面按材质划分清单：石材楼地面、水磨石楼地面；按部位划分清单；楼地面跟楼梯面：盲道地砖、防滑地砖、踢脚线等。墙面按材质划分清单：搪瓷钢板墙面、铝单板墙面、块料墙面、干挂石材墙面、无机涂料；天花板按做法及吊顶高度划分清单：铝合金方通、铝合金平板、铝合金造型板、金属扩张网、冲孔造型板、无机涂料。新增地铁公共艺术作品：按文化墙类型开列清单。

（2）设备区域：楼地面按材质划分清单：防静电活动地板、防滑地砖、耐磨地砖、花岗岩石材门槛、素水泥地面；墙柱面按材质划分清单：铝单板、瓷砖、无机涂料、硅酸钙板；天花板按材质划分清单：铝合金平板、结构板底及管线喷涂无机涂料。

（3）标识导向及广告灯箱：按标识部位、类型划分清单：站外部分、吊挂式、悬挑式、柱立式、贴附式、嵌入式及广告灯箱。

（4）地面附属建筑：主要为地铁出入口结构及装饰做法的一些清单开项。

（五）措施项目清单有关说明

（1）临时施工围挡：按围挡类型拆分 PVC、钢结构两种类型开列清单。

（2）脚手架：按类型单排、双排、满堂、活动、风井及电梯井架开列清单。

（3）模板及支撑：按构件类型开列清单，对于模板搭设高度，编制人员可按实际情况考虑补充描述；另外增补了高支模、大体积混凝土模板清单。

（4）大型机械设备进出场及安拆：按机械类型开列清单，增补了双轮铣进出场费、龙门吊进出场费清单。

（5）便桥及便道：本次编制内仅涉及六四式军用梁贝雷架式临时钢便桥。

（6）基坑降排水：按成井、降（排）水开列清单。

（7）施工监测、监控：按监测种类开列清单。

（8）洞内通风、供水、供电、照明、通信：对于使用时间，编制人员可按情况综合考虑。

（9）其他：管线悬吊保护、行车、行人干扰及交通导航增加、夜间施工、二次搬运、临时保护设施、已完工程及设备保护等均按项目具体情况可适当考虑。

附件：

附件 3-1 城市轨道交通工程多级工程量清单——地下车站及附属工程

附件 3-2 城市轨道交通工程标准化工程量清单——区间段工程

附件 3-3 城市轨道交通工程标准化工程量清单——装修工程

附件 3-1 城市轨道交通工程多级工程量清单——地下车站及附属工程

序号	项目编码	项目名称	项目特征描述	计算规则和工作内容（三级清单）	计量单位	工程量	金额（元）		备注
							综合单价	合价	
		1.1 【土石方工程】（一级科目）							
		1.11 [土石方工程]（二级科目）							
1	080101001001	挖一般土方	（1）部位：支撑以上一般土方 （2）土壤类别：综合考虑 （3）挖土深度：综合考虑 （4）弃土运距：土方倒运至地面面堆放	按设计图示尺寸以体积计算。 （1）排地表水 （2）土方开挖 （3）挡土板安拆 （4）基底钎探	m³	1.00			
2	080101004001	围护基坑挖土方	（1）部位：明挖车站支撑下挖基坑土方 （2）土壤类别：综合考虑 （3）基坑宽度：15m外 （4）挖土深度：15m内 （5）弃土运距：另计	按设计图示围护结构内围面积乘以基坑图示的深度以体积计算。 （1）排地表水 （2）土方开挖 （3）挡土板安拆 （4）基底钎探	m³	1.00			
3	080101004002	围护基坑挖土方	（1）部位：明挖车站支撑下挖基坑土方 （2）土壤类别：综合考虑 （3）基坑宽度：15m外 （4）挖土深度：19m内 （5）弃土运距：另计	按设计图示围护结构内围面积乘以基坑图示的深度以体积计算。 （1）排地表水 （2）土方开挖 （3）挡土板安拆 （4）基底钎探 （5）垂直运输至地面	m³	1.00			
4	080101004003	围护基坑挖土方	（1）部位：明挖车站支撑下挖基坑土方 （2）土壤类别：综合考虑 （3）基坑宽度：15m外 （4）挖土深度：19m外 （5）弃土运距：另计	按设计图示围护结构内围面积乘以基坑图示的深度以体积计算。 （1）排地表水 （2）土方开挖 （3）挡土板安拆 （4）基底钎探 （5）垂直运输至地面	m³	1.00			

续表

序号	项目编码	项目名称	项目特征描述	计算规则和工作内容	计量单位	工程量	金额（元） 综合单价	金额（元） 合价	备注
5	080101B002002	支撑下挖基坑淤泥、流沙	(1) 部位：明挖车站支撑下挖淤泥、流沙 (2) 挖掘深度：综合考虑 (3) 弃土运距：淤泥、流沙运输30km指定弃土场，运距30km (4) 包含：淤泥、流沙垂直运输费	按设计图示位置、界限以体积计算。 (1) 挖淤泥、流沙 (2) 垂直运输 (3) 修整底部、边坡 (4) 运输	m³	1.00			
6	080101B00301	余方弃置	淤泥、流沙运距每增减1km	按设计图示位置、界限以体积计算。运输每增减1km运输	m³	1.00			
7	080102004001	围护基坑挖石方	(1) 部位：明挖车站支撑下挖基坑土方 (2) 岩石类别：综合考虑 (3) 开凿方式：履带式液压岩石破碎机 (4) 包含：石方垂直运输费 (5) 弃渣运距：30km	按设计图示围护结构内围面积乘以基坑的深度以体积计算。 (1) 排地表水 (2) 石方开凿 (3) 修整底部、边坡 (4) 运输	m³	1.00			
8	080102004002	围护基坑挖石方	(1) 部位：明挖车站支撑下挖基坑土方 (2) 岩石类别：根据岩层综合考虑 (3) 开凿方式：静力爆破 (4) 包含：石方垂直运输费 (5) 弃渣运距：30km	按设计图示围护结构内围面积乘以基坑的深度以体积计算。 (1) 排地表水 (2) 石方开凿 (3) 修整底部、边坡 (4) 运输	m³	1.00			
9	080102004003	围护基坑挖石方	(1) 部位：明挖车站支撑下挖基坑土方 (2) 岩石类别：根据岩层综合考虑 (3) 开凿方式：微差控制爆破 (4) 包含：石方垂直运输费 (5) 弃渣运距：30km	按设计图示围护结构内围面积乘以基坑的深度以体积计算。 (1) 排地表水 (2) 石方开凿 (3) 修整底部、边坡 (4) 运输	m³	1.00			
10	080101011001	填方	(1) 部位：板顶回填 (2) 密实度要求：按设计或规范要求 (3) 填方材料品种：土方 (4) 填方粒径要求：符合设计要求	按设计图示尺寸以体积计算。 (1) 运输 (2) 填方 (3) 压实	m³	1.00			

序号	项目编码	项目名称	项目特征描述	计算规则和工作内容	计量单位	工程量	金额（元） 综合单价	金额（元） 合价	备注
11	08010101011002	填方	(1) 部位：板顶回填 (2) 密实度要求：按设计或规范要求 (3) 填方材料品种：石粉渣 (4) 填方粒径要求：符合设计要求 (5) 填方来源、运距：10km	按设计图示尺寸以体积计算。 (1) 运输 (2) 填方 (3) 压实	m³	1.00			
12	08010101011003	填方	(1) 部位：板顶回填 (2) 密实度要求：按设计或规范要求 (3) 填方材料品种：级配砂石 (4) 填方粒径要求：符合设计要求 (5) 填方来源、运距：10km	按设计图示尺寸以体积计算。 (1) 运输 (2) 填方 (3) 压实	m³	1.00			
13	08010101011004	填方	(1) 部位：基槽、坑回填 (2) 密实度要求：按设计或规范要求 (3) 填方材料品种：土方 (4) 填方粒径要求：符合设计要求 (5) 填方来源、运距：10km	按设计图示尺寸以体积计算。 (1) 运输 (2) 填方 (3) 压实	m³	1.00			
14	0801011B00302	余方弃置	(1) 部位：明挖车站支撑下挖基坑土方 (2) 废弃料品种：土方 (3) 装土机械：装载机 (4) 弃土运距：渣土运输至发包人指定弃土场，运距30km	按开挖方量以体积计算。 余方点装料运输至弃置点（土方）	m³	1.00			
15	0801011B00303	余方弃置	(1) 部位：明挖车站支撑下挖基坑土方 (2) 废弃料品种：土方 (3) 装土机械：挖掘机 (4) 弃土运距：渣土运输至发包人指定弃土场	按开挖方量以体积计算。 余方点装料运输至弃置点	m³	1.00			
16	0801011B00304	余方弃置	土方运距每增减1km	按开挖方量以体积计算。 土方运距每增减1km调整	m³	1.00			
17	0801011B00305	余方弃置	(1) 部位：明挖车站支撑下挖基坑土方 (2) 废弃料品种：石方 (3) 装土机械：挖掘机	按开挖方量以体积计算。 余方点装料运输至弃置点	m³	1.00			

续表

序号	项目编码	项目名称	项目特征描述	计算规则和工作内容	计量单位	工程量	金额（元）		备注
							综合单价	合价	
18	08010lB00306	余方弃置	石方运距增减1km	按开挖方量以体积计算。 石方运距每增减1km调整	m³	1.00			
		1.12〖土石方工程（盖挖法）〗（二级科目）							
19	08010100600l	盖挖土方	（1）土壤类别：一、二类土 （2）盖挖方式：人工开挖	按设计结构外围断面面积乘以设计长度以体积计算（其设计结构下围护结构里侧之间断面面积为地下围护结构里侧之间的宽度乘以设计顶板设计至底板或垫层底的高度）。 （1）排地表水 （2）土方开挖 （3）基底钎探	m³	1.00			
20	080101006002	盖挖土方	（1）土壤类别：三类土 （2）盖挖方式：人工开挖		m³	1.00			
21	080101006003	盖挖土方	（1）土壤类别：一、二类土 （2）盖挖方式：机械开挖		m³	1.00			
22	080101006004	盖挖土方	（1）土壤类别：三类土 （2）盖挖方式：机械开挖		m³	1.00			
23	080102003001	盖挖石方	岩石类别：根据地质情况综合考虑	按设计结构外围断面面积乘以设计长度以体积计算（其设计结构下围护结构里侧之间断面面积为地下围护结构里侧之间的宽度乘以设计顶板设计至底板或垫层底的高度）。 排地表水	m³	1.00			
24	080102003002	盖挖石方	岩石类别：根据地质情况综合考虑		m³	1.00			
25	080102003003	盖挖石方	岩石类别：根据地质情况综合考虑		m³	1.00			
		1.13〖土石方工程（暗挖法）〗（二级科目）							
26	080101005001	暗挖土方	（1）土壤类别：一、二类土 （2）开挖方式：人工开挖	按设计图示初次支护结构外围面积乘以长度以体积计算。 （1）排地表水 （2）土方开挖	m³	1.00			
27	080101005002	暗挖土方	（1）土壤类别：三类土 （2）开挖方式：人工开挖		m³	1.00			
28	080101005003	暗挖土方	（1）土壤类别：一、二类土 （2）开挖方式：机械开挖		m³	1.00			
29	080101005004	暗挖土方	（1）土壤类别：三类土 （2）开挖方式：机械开挖		m³	1.00			

续表

序号	项目编码	项目名称	项目特征描述	计算规则和工作内容	计量单位	工程量	综合单价	合价	备注
30	08010202001	暗挖石方	岩石类别：根据地质情况综合考虑	(1) 排地表水	m³	1.00			
31	08010202002	暗挖石方	岩石类别：根据地质情况综合考虑	(2) 石方开撬	m³	1.00			
32	08010202003	暗挖石方	岩石类别：根据地质情况综合考虑	(3) 修整底部、边坡	m³	1.00			
			1.2【围护结构】（一级科目）	三级清单					
			1.21【喷锚或短钉护坡】用于浅层支护						
33	040302006001	锚杆	(1) 地层情况：见图纸 (2) 类型、部位：坡面 (3) 钻孔深度：10m (4) 钻孔直径：150mm (5) 杆体材料品种、规格、数量：φ32	以米计量，按设计图示尺寸以钻孔深度计算。(1) 钻孔、浆液制作、运输、压浆 (2) 锚杆（索）制作、安装 (3) 张拉锚固 (4) 锚杆（索）施工平台搭设、拆除	m	1.00			
34	08010403001	锚杆（锚索）——入岩增加费	地层情况：根据设计图纸地层情况考虑	以米计量，按设计图示尺寸入岩钻孔深度计算。	m	1.00			
35	08040307001	钢筋网片	(1) 部位：喷混凝土挂钢筋网 (2) 规格：Φ8@150×150	按设计图示尺寸以质量计算。(1) 制作 (2) 运输 (3) 安装	t	1.00			
36	0801101B00501	喷射混凝土	(1) 部位：钻孔桩间喷射混凝土 (2) 喷射厚度：100mm (3) 混凝土强度等级：C25（P6）	按设计图示尺寸以面积计算。(1) 清洗基层 (2) 混凝土制作、喷射、养护 (3) 收回弹料	m²	1.00			
			1.22【地下连续墙】用于较深基坑						

续表

序号	项目编码	项目名称	项目特征描述	计算规则和工作内容	计量单位	工程量	金额（元）		备注
							综合单价	合价	
37	080104001001	导墙	(1) 事项内容：导墙 (2) 导墙类型：详见设计大样 (3) 导墙厚度：200mm (4) 导墙钢筋：$\phi12@200$，带助钢 HRB400级 $\phi14@200$ (5) 混凝土种类，强度等级：C30 (6) 弃土运距：渣土运输至发包人指定弃土场，运距30km	按设计图示墙中心线长乘以厚度乘以槽深以体积计算。 (1) 导墙挖填、制作、安装 (2) 挖土、回填、余土外运 (3) 混凝土制作、灌注、养护 (4) 钢筋制作、安装 (5) 支撑制作、安装	m³	1.00			
38	080104001002	地下连续墙	(1) 成槽方式：挖土成槽覆带式液压抓斗 (2) 墙体厚度：1000mm (3) 成槽深度：25m内 (4) 混凝土种类，强度等级：C35（P10） (5) 接头形式：工字钢接头 (6) 泥浆外运距距：运输至发包人指定弃土场，运距30km (7) 包含：清底置换等工作内容	按设计图示墙中心线长乘以厚度乘以槽深以体积计算。 (1) 挖土成槽、固壁、清底置换 (2) 混凝土制作、灌注、养护 (3) 接头处理 (4) 泥浆制作 (5) 打桩场地硬化及泥浆池、泥浆沟制作 (6) 运输	m³	1.00			
39	080104001003	地下连续墙	(1) 成槽方式：挖土成槽双轮铣槽机 (2) 墙体厚度：1000mm (3) 成槽深度：25m内 (4) 混凝土种类，强度等级：C35（P10） (5) 接头形式：工字钢接头 (6) 泥浆外运距距：运输至发包人指定弃土场，运距30km	按设计图示墙中心线长乘以厚度乘以槽深以体积计算。 (1) 挖土成槽、固壁、清底置换 (2) 混凝土制作、灌注、养护 (3) 接头处理 (4) 泥浆制作 (5) 打桩场地硬化及泥浆池、泥浆沟制作 (6) 运输	m³	1.00			
40	080104001004	地下连续墙	地下连续墙成槽入岩增加费	以立方米计量，按设计图示尺寸入岩实际体积计算。 挖土成槽、固壁、清底置换	m³	1.00			

续表

序号	项目编码	项目名称	项目特征描述	计算规则和工作内容	计量单位	工程量	金额（元）		备注
							综合单价	合价	
41	08020600300 1	钢筋笼	(1) 地下连续墙钢筋笼 (2) 种类：地下连续墙钢筋笼制作、安装、场内场外运输 (3) 规格：不同等级钢筋综合考虑 (4) 安放槽深度：25m以内	按设计图示尺寸以质量计算。 (1) 制作 (2) 运输 (3) 安装	t	1.000			
42	08020600300 2	钢筋笼	(1) 地下连续墙钢筋笼 (2) 种类：地下连续墙钢筋笼制作、安装、场内场外运输 (3) 规格：不同等级钢筋综合考虑 (4) 安放槽深度：35m以内	按设计图示尺寸以质量计算。 (1) 制作 (2) 运输 (3) 安装	t	1.000			
43	04020101500 1	高压水泥旋喷桩	(1) 旋喷类型、方法：双重管旋喷桩 (2) 水泥强度等级：采用42.5级普通硅酸盐水泥，掺量：高压旋喷注浆水泥浆液的水灰比一般为0.6∶1～1.5∶1	按设计图示尺寸以桩长计算。 (1) 成孔 (2) 水泥浆制作、高压旋喷注浆 (3) 材料运输	m	1.00			
44	01030100400 1	截（凿）桩头	(1) 内容：凿除灌注桩桩头 (2) 其他：凿除后桩头钢筋调直、废料外运	以立方米计量，按设计截面积乘以桩头长度以体积计算。 (1) 截（切割）桩头 (2) 凿平 (3) 废料外运	m³	1.00			
45	01050300100 1	冠梁	(1) 内容：灌注桩冠梁 (2) 混凝土等级：C30	按设计图示尺寸以体积计算。伸入墙内的梁头、梁垫并入梁体积内。 (1) 模板及支架（撑）制作、安装、拆除、堆放、运输及清理模内杂物、刷隔离剂等 (2) 混凝土制作、运输、浇筑、振捣、养护	m³	1.00			

续表

序号	项目编码	项目名称	项目特征描述	计算规则和工作内容	计量单位	工程量	金额（元）		备注
							综合单价	合价	
46	010503001002	腰梁	（1）内容：灌注桩腰梁 （2）混凝土等级：C30	按设计图示尺寸以体积计算。伸入墙内的梁头、梁垫及支架（撑）制作、安装、拆除、堆放、运输及清理模内杂物、刷隔离剂等。 （2）混凝土制作、运输、浇筑、振捣、养护	m³	1.00			
47	010515001001	现浇构件钢筋	（1）光圆钢箍筋 HPB300φ10 以内 （2）钢筋连接综合考虑、已考虑搭接	按设计图示钢筋（网）长度（面积）乘以单位理论质量计算。 （1）钢筋制作、运输 （2）钢筋安装 （3）焊接（绑扎）	t	1.00			
48	010515001002	现浇构件钢筋	（1）带肋钢筋 HRB400φ16～φ25 （2）钢筋连接综合考虑、已考虑搭接	按设计图示钢筋（网）长度（面积）乘以单位理论质量计算。 （1）钢筋制作、运输 （2）钢筋安装 （3）焊接（绑扎）	t	1.00			
49	040303001001	混凝土垫层	混凝土强度等级：C25（P6）	按设计图示尺寸以体积计算。 （1）模板制作、安装、拆除 （2）混凝土拌和、运输、浇筑 （3）养护	m³	1.00			
50	080101010001	混凝土挡土墙	混凝土强度等级：C30	按设计图示尺寸以体积计算。 （1）模板制作、安装、拆除 （2）混凝土拌和、运输、浇筑 （3）养护	m³	1.00			

1.23 [地下连续墙支护＋锚杆（锚索）] 用于深基坑

序号	项目编码	项目名称	项目特征描述	计算规则和工作内容	计量单位	工程量	金额（元）		备注
							综合单价	合价	
51	080104001005	导墙	(1) 事项内容：导墙 (2) 导墙类型：详见设计大样 (3) 墙体厚度：200mm (4) 导墙钢筋：φ12@200，带肋钢 HRB400 级 φ14@200 (5) 混凝土种类，强度等级：C30 (6) 弃土运距：渣土运输至发包人指定弃土场，运距30km	按设计图示墙中心线长乘以厚度乘以槽深以体积计算。 (1) 导墙挖填、制作、安装 (2) 挖土、回填、余土外运 (3) 混凝土制作、灌注、养护 (4) 钢筋制作、安装 (5) 支撑制作、安装	m³	1.00			
52	080104001006	地下连续墙	(1) 成槽方式：挖土成槽履带式液压抓斗 (2) 墙体厚度：1000mm (3) 成槽深度：25m内 (4) 混凝土种类，强度等级：C35（P10） (5) 接头形式：工字钢接头 (6) 泥浆外运距离：运输至发包人指定弃土场，运距30km (7) 包含：清底，置换等工作内容	按设计图示墙中心线长乘以厚度乘以槽深以体积计算。 (1) 挖土成槽、固壁、清底置换 (2) 混凝土制作、灌注、养护 (3) 接头处理 (4) 泥浆制作 (5) 打桩场地硬化及泥浆池、泥浆沟制作 (6) 运输	m³	1.00			
53	080104001007	地下连续墙	(1) 成槽方式：挖土成槽双轮铣槽机 (2) 墙体厚度：1000mm (3) 成槽深度：25m内 (4) 混凝土种类，强度等级：C35（P10） (5) 接头形式：工字钢接头 (6) 泥浆外运距离：运输至发包人指定弃土场，运距30km	按设计图示墙中心线长乘以厚度乘以槽深以体积计算。 (1) 挖土成槽、固壁、清底置换 (2) 混凝土制作、灌注、养护 (3) 接头处理 (4) 泥浆制作 (5) 打桩场地硬化及泥浆池、泥浆沟制作 (6) 运输	m³	1.00			
54	080104001008	地下连续墙	地下连续墙成槽入岩增加费	以立方米计量，按设计图示尺寸入岩实际体积计算	m³	1.00			

续表

序号	项目编码	项目名称	项目特征描述	计算规则和工作内容	计量单位	工程量	金额（元）		备注
							综合单价	合价	
55	08020600 3003	钢筋笼	（1）地下连续墙钢筋笼 （2）种类：地下连续墙钢筋笼制作、安装、场内场外运输 （3）规格：不同等级钢筋综合考虑 （4）安放槽深度：35m以内	按设计图示尺寸以质量计算。 （1）制作 （2）运输 （3）安装	t	1.00			
56	08020600 3004	钢筋笼	（1）地下连续墙钢筋笼 （2）种类：地下连续墙钢筋笼制作、安装、场内场外运输 （3）规格：不同等级钢筋综合考虑 （4）安放槽深度：25m以内	按设计图示尺寸以质量计算。 （1）制作 （2）运输 （3）安装	t	1.00			
57	04020101 5002	高压水泥旋喷桩	（1）旋喷类型、方法：双重管喷桩 （2）水泥强度等级、掺量：采用42.5级普通硅酸盐水泥，水泥浆液的水灰比一般为0.6:1～1.5:1	按设计图示尺寸以桩长计算。 （1）成孔 （2）水泥浆制作、高压旋喷注浆 （3）材料运输	m	1.00			
58	01030100 4002	截（凿）桩头	（1）内容：凿除灌注桩桩头 （2）其他：凿除后桩头钢筋调直、废料外运	以立方米计量，按设计图示桩截面积乘以桩头长度以体积计算。 （1）截（切割）桩头 （2）凿平 （3）废料外运	m³	1.00			
59	01050300 1003	冠梁	（1）内容：灌注桩冠梁 （2）混凝土强度等级：C30	按设计图示尺寸以体积计算。伸入墙内的梁头、梁垫并入梁体积内。 （1）模板安拆 （2）混凝土制作、运输、浇筑、振捣、养护	m³	1.000			
60	01050300 1004	腰梁	（1）内容：灌注桩腰梁 （2）混凝土强度等级：C30	按设计图示尺寸以体积计算。伸入墙内的梁头、梁垫并入梁体积内。 （1）模板安拆 （2）混凝土制作、运输、浇筑、振捣、养护	m³	1.00			

续表

序号	项目编码	项目名称	项目特征描述	计算规则和工作内容	计量单位	工程量	金额（元）		备注
							综合单价	合价	
61	010515001003	现浇构件钢筋	（1）光圆钢箍筋 HPB300φ10以内 （2）钢筋连接综合考虑，已考虑搭接	按设计图示钢筋（网）长度（面积）乘以单位理论质量计算。（1）钢筋制作、运输 （2）钢筋安装 （3）焊接（绑扎）	t	1.00			
62	010515001004	现浇构件钢筋	（1）带肋钢筋 HRB400φ16～φ25 （2）钢筋连接综合考虑，已考虑搭接	按设计图示钢筋（网）长度（面积）乘以单位理论质量计算。（1）钢筋制作、运输 （2）钢筋安装 （3）焊接（绑扎）	t	1.00			
63	040302006002	锚杆（索）	（1）内容：土层锚索 （2）类型、部位：详见图纸 （3）钻孔直径：150mm （4）杆体材料品种、规格、数量：3φ15.2预应力锚索	以米计量，按设计图示尺寸以钻孔深度计算。（1）钻孔、浆液制作、运输、压浆 （2）锚杆（索）制作、运输、安装 （3）张拉锚固 （4）锚杆（索）施工平台搭设、拆除	m	1.00			
64	040302006003	锚杆（索）	（1）内容：土层锚杆 （2）类型、部位：详见图纸 （3）钻孔直径：150mm （4）杆体材料品种、规格、数量：φ25	以米计量，按设计图示尺寸以钻孔深度计算。（1）钻孔、浆液制作、运输、压浆 （2）锚杆（索）制作、运输、安装 （3）张拉锚固 （4）锚杆（索）施工平台搭设、拆除	m	1.00			
65	080104003002	锚杆（锚索）——入岩增加费	（1）岩石类型：综合考虑	以米计量，按设计图示尺寸入岩钻孔深度计算	m	1.00			
66	080101B00502	喷射混凝土	（1）部位：钻孔桩间喷射混凝土 （2）喷射厚度：200mm （3）混凝土强度等级：C25（P6）	按设计图示尺寸以面积计算。（1）清洗基层 （2）混凝土制作、喷射、养护 （3）收回弹料	m²	1.00			

续表

序号	项目编码	项目名称	项目特征描述	计算规则和工作内容	计量单位	工程量	综合单价	合价	备注
67	080403007002	钢筋网片	(1) 部位：喷混凝土挂钢筋网 (2) 规格：φ8@150×150	按设计图示尺寸以质量计算。 (1) 制作 (2) 运输 (3) 安装	t	1.000			
68	040303001002	混凝土垫层	混凝土强度等级：C25 (P6)	按设计图示尺寸以体积计算。 (1) 模板制作、安装、拆除 (2) 混凝土拌和、运输、浇筑 (3) 养护	m³	1.00			
69	080101010002	混凝土挡土墙	混凝土强度等级：C30	按设计图示尺寸以体积计算。 (1) 基坑挖填 (2) 垫层及挡土墙混凝土浇筑、养护 (3) 封闭层，反滤层铺设 (4) 变形缝、泄水管（孔）设置	m³	1.00			
		1.24〖钢板桩〗（用于坑中坑）							
70	080201006001	钢板桩	(1) 地层情况：综合考虑 (2) 桩长：25m	以吨计量，按设计图示尺寸以质量计算。 (1) 工作平台搭拆 (2) 桩机移位 (3) 打拔钢板桩 (4) 运输	t	1.000			
71	080201006002	钢板桩围檩	(1) 材质：钢质 (2) 型号、规格：见图纸	以吨计量，按设计图示尺寸以质量计算。 围檩制作、安装	t	1.000			
		1.25〖SMW工法〗							

续表

序号	项目编码	项目名称	项目特征描述	计算规则和工作内容	计量单位	工程量	金额（元）综合单价	金额（元）合价	备注
72	080104001009	导墙	(1) 事项内容：导墙 (2) 导墙类型：详见设计大样 (3) 墙体厚度：200mm (4) 导墙钢筋：φ12@200，带肋钢 HRB400 级 φ14@200 (5) 混凝土种类，强度等级：C30 (6) 弃土运距：渣土运输至发包人指定弃土场，运距 30km	按设计图示墙中心线长乘以厚度乘以槽深以体积计算。(1) 导墙挖填、制作、安装 (2) 挖土、回填、余土外运 (3) 混凝土制作、灌注、养护 (4) 钢筋制作安装 (5) 支撑制作安装	m³	1.00			
73	080104006001	水泥劲性搅拌围护桩（深层搅拌桩成墙）	(1) 深度：30m (2) 桩径：850mm (3) 水泥掺量：水泥浆 1：7 (4) 型钢材质，规格：H700×300×13×24	按设计图示尺寸以体积计算。(1) 钻进 (2) 浆液制作、压浆 (3) 搅拌、成桩 (4) 插拔型钢 (5) 清理 (6) 运输	m³	1.00			
74	010503001005	冠梁	(1) 内容：灌注桩冠梁 (2) 混凝土强度等级：C30	按设计图示尺寸以体积计算。伸入墙内的梁头、梁垫并入梁体积内。(1) 模板及支架 (2) 混凝土制作、运输、浇筑、振捣、养护	m³	1.00			
75	010503001006	腰梁	(1) 内容：灌注桩腰梁 (2) 混凝土强度等级：C30	按设计图示尺寸以体积计算。伸入墙内的梁头、梁垫并入梁体积内。(1) 模板及支架 (2) 混凝土制作、运输、浇筑、振捣、养护	m³	1.00			
76	010515001005	现浇构件钢筋	(1) 圆钢箍筋 HPB300φ10 以内 (2) 钢筋连接综合考虑，已考虑搭接	按设计图示钢筋（网）长度（面积）乘以单位理论质量计算。(1) 钢筋制作、运输 (2) 钢筋安装 (3) 焊接（绑扎）	t	1.000			

续表

序号	项目编码	项目名称	项目特征描述	计算规则和工作内容	计量单位	工程量	综合单价	合价	备注
77	010515001006	现浇构件钢筋	(1) 螺纹钢筋 HRB400φ16～φ25 (2) 钢筋连接综合考虑，已考虑搭接	按设计图示钢筋（网）长度（面积）乘以单位理论质量计算。(1) 钢筋制作、运输 (2) 钢筋安装 (3) 焊接（绑扎）	t	1.000			
78	080201006003	钢板桩围檩	(1) 材质：钢质 (2) 型号、规格：见图纸	以吨计量，按设计图示尺寸以质量计算。围檩制作安装	t	1.000			
		1.26〖钻孔灌注桩＋旋喷止水帷幕支护〗							
79	080201008001	泥浆护壁成孔灌注桩——实桩部分	(1) 地层情况：土层 (2) 实桩桩长（仅计算实桩桩长）(3) 桩径：φ1000mm (4) 成孔方法：旋挖钻机钻孔 (5) 混凝土种类、强度等级：C35 (P10) (6) 泥浆外运距离：运输至发包人指定弃土场，运距30km	以米计量，按设计图示桩长（包括桩尖）计算。(1) 工作平台搭拆 (2) 护筒埋设 (3) 成孔、固壁 (4) 混凝土制作、灌注、养护 (5) 泥浆制作 (6) 打桩场地硬化及泥浆池、泥浆沟制作 (7) 运输	m	1.00			
80	080201008002	泥浆护壁成孔灌注桩——空桩部分	(1) 地层情况：土层 (2) 桩径：φ1000mm (3) 空桩桩长：综合考虑（仅计算空桩桩长）(4) 成孔方法：旋挖钻机钻孔 (5) 护筒类型、长度：1.5m (6) 泥浆外运距离：运输至发包人指定弃土场，运距30km	按设计空桩长度计算。(1) 工作平台搭拆 (2) 护筒埋设 (3) 成孔、固壁 (4) 运输	m	1.00			

续表

序号	项目编码	项目名称	项目特征描述	计算规则和工作内容	计量单位	工程量	综合单价	合价	备注
81	010302001001	入岩增加费	(1) 中风化、微风化岩石（全风化岩、强风化岩、孤石不计入岩） (2) 按设计图纸计算 (3) φ≤1000mm (4) 旋挖钻机钻孔	以米计量，按设计图示尺寸入岩钻孔深度计算。 (1) 护筒埋设 (2) 成孔、固壁	m	1.00			
82	040201015003	高压水泥旋喷桩	(1) 旋喷类型、方法：三重管旋喷桩 (2) 水泥强度等级、掺量：采用42.5级普通硅酸盐水泥，水泥浆液的水灰比一般为0.6:1～1.5:1	按设计图示尺寸以桩长计算。 (1) 成孔 (2) 水泥浆制作、高压旋喷注浆 (3) 材料运输	m	1.00			
83	040201015004	高压水泥旋喷桩	(1) 旋喷类型、方法：双重管旋喷桩 (2) 水泥强度等级、掺量：采用42.5级普通硅酸盐水泥，水泥浆液的水灰比一般为0.6:1～1.5:1	按设计图示尺寸以桩长计算。 (1) 成孔 (2) 水泥浆制作、高压旋喷注浆 (3) 材料运输	m	1.00			
84	010515010001	压浆管	(1) 规格型号：钢管DN57×3 (2) 其他：桩底（侧）后压浆	按设计图示尺寸以质量计算。 (1) 检测管截断、封头 (2) 套管制作、焊接 (3) 定位、固定	t	1.00			
85	010301004003	截（凿）桩头	(1) 内容：凿除灌注桩桩头 (2) 其他：凿除后桩头钢筋调直、废料外运	以立方米计量，按设计桩截面积乘以桩头长度以体积计算。 (1) 截（切割）桩头 (2) 凿平 (3) 废料外运	m³	1.00			
86	010515004001	钢筋笼	(1) 内容：桩钢筋笼 (2) 钢筋型号：HPB300φ10以内，HRB400φ10以外 (3) 其他：钢筋连接综合考虑，已考虑搭接	按设计图示钢筋（网）长度（面积）乘以单位理论质量计算。 (1) 钢筋笼制作、运输 (2) 钢筋笼安装 (3) 焊接（绑扎）	t	1.000			

续表

序号	项目编码	项目名称	项目特征描述	计算规则和工作内容	计量单位	工程量	金额（元）		备注
							综合单价	合价	
87	010503001007	冠梁	(1) 内容：灌注桩冠梁 (2) 混凝土强度等级：C30	按设计图示尺寸以体积计算。伸入墙内的梁头、梁垫并入梁体积内。 (1) 模板（撑）制作、安装、拆除、堆放、运输及清理模内杂物、刷隔离剂等 (2) 混凝土制作、运输、浇筑、振捣、养护	m³	1.00			
88	010503001008	腰梁	(1) 内容：灌注桩腰梁 (2) 混凝土强度等级：C30	按设计图示尺寸以体积计算。伸入墙内的梁头、梁垫并入梁体积内。 (1) 模板（撑）制作、安装、拆除、堆放、运输及清理模内杂物、刷隔离剂等 (2) 混凝土制作、运输、浇筑、振捣、养护	m³	1.00			
89	010515001007	现浇构件钢筋	(1) 光圆钢筋 HPB300φ10 以内 (2) 钢筋连接综合考虑，已考虑搭接	按设计图示钢筋（网）长度（面积）乘以单位理论质量计算。 (1) 钢筋制作、运输 (2) 钢筋安装 (3) 焊接（绑扎）	t	1.000			
90	010515001008	现浇构件钢筋	(1) 带肋钢筋 HRB400φ16～φ25 (2) 钢筋连接综合考虑，已考虑搭接	按设计图示钢筋（网）长度（面积）乘以单位理论质量计算。 (1) 钢筋制作、运输 (2) 钢筋安装 (3) 焊接（绑扎）	t	1.000			
91	040303001003	混凝土垫层	混凝土强度等级：C25（P6）	按设计图示尺寸以体积计算。 (1) 模板制作、安装、拆除 (2) 混凝土拌和、运输、浇筑 (3) 养护	m³	1.00			

续表

序号	项目编码	项目名称	项目特征描述	计算规则和工作内容	计量单位	工程量	金额（元）		备注
							综合单价	合价	
92	08010101010003	混凝土挡土墙	混凝土强度等级：C30	按设计图示尺寸以体积计算。(1) 基坑挖填 (2) 垫层及挡土墙混凝土浇筑、养护 (3) 封闭层，反滤层，泄水管铺设 (4) 变形缝、泄水管（孔）设置	m³	1.00			
		1.27【钢筋混凝土内支撑工程】							
93	081306001001	临时混凝土支撑	(1) 部位：混凝土支撑、连系梁、八字撑、围檩撑 (2) 混凝土强度等级：C30泵送混凝土 (3) 拆除、清理、堆放、装车、场内场外运输 (4) 围护结构接触面凿毛，混凝土	按设计图示尺寸以体积计算。(1) 混凝土制作、浇筑、养护 (2) 模板（地、胎模）制作、安装、拆除 (3) 钢筋制作、安装 (4) 拆除 (5) 运输	m³	1.00			
94	081306001002	临时混凝土支撑	(1) 部位：混凝土三角撑（中线标高同混凝土支撑）(2) 混凝土强度等级：C30商品混凝土	按设计图示尺寸以体积计算。(1) 混凝土制作、浇筑、养护 (2) 模板（地、胎模）制作、安装、拆除 (3) 钢筋制作、安装 (4) 拆除 (5) 运输	m³	1.00			
95	010515001009	现浇构件钢筋	(1) 光圆钢箍筋 HPB300φ10以内 (2) 钢筋连接综合考虑，已考虑搭接	按设计图示钢筋（网）长度（面积）乘以单位理论质量计算。(1) 钢筋制作、运输 (2) 钢筋安装 (3) 焊接（绑扎）	t	1.000			
96	010515001010	现浇构件钢筋	(1) 光圆钢箍筋 HPB300φ12～φ14以内 (2) 钢筋连接综合考虑，已考虑搭接	按设计图示钢筋（网）长度（面积）乘以单位理论质量计算。(1) 钢筋制作、运输 (2) 钢筋安装 (3) 焊接（绑扎）	t	1.000			

续表

序号	项目编码	项目名称	项目特征描述	计算规则和工作内容	计量单位	工程量	综合单价	合价	备注
97	010515001011	现浇构件钢筋	(1) 带肋钢筋 HRB400φ16～φ25 (2) 钢筋连接综合考虑，已考虑搭接	按设计图示钢筋（网）长度（面积）乘以单位理论质量计算。(1) 钢筋制作、运输 (2) 钢筋安装 (3) 焊接（绑扎）	t	1.000			
98	010515001012	现浇构件钢筋	(1) 带肋钢筋 HRB400φ28～φ32 (2) 钢筋连接综合考虑，已考虑搭接	按设计图示钢筋（网）长度（面积）乘以单位理论质量计算。(1) 钢筋制作、运输 (2) 钢筋安装 (3) 焊接（绑扎）	t	1.000			
99	040901008001	植筋	(1) 植筋 (2) φ28 (3) 植入深度 750mm，含钢筋	按设计图示数量计算。(1) 定位、钻孔、清孔 (2) 钢筋加工成型 (3) 注胶、植筋 (4) 抗拔试验 (5) 养护	根	1.00			
100	040901008002	植筋	(1) 植筋 (2) φ12	按设计图示数量计算。(1) 定位、钻孔、清孔 (2) 钢筋加工成型 (3) 注胶、植筋 (4) 抗拔试验 (5) 养护	根	1.00			
		1.28 [钢架内支撑工程]							
101	081306002001	临时钢支撑（钢管撑）	(1) 材质、规格、型号：Q235-B钢 钢管支撑，型号：φ609，t=16mm (2) 包括制作、安装、拆除、清理、堆放、装车、场内场外运输、除锈并刷防锈漆 (3) 含连接螺栓、法兰盘、活络端头构件、千斤顶、焊缝、拆除以及完成支撑腰梁所有内容	按设计图示尺寸以质量计算。(1) 支撑、铁件制作（摊销、租赁）(2) 支撑、铁件安装 (3) 检测 (4) 刷防锈漆 (5) 拆除 (6) 运输	t	1.000			

续表

序号	项目编码	项目名称	项目特征描述	计算规则和工作内容	计量单位	工程量	金额（元）综合单价	金额（元）合价	备注
102	081306002002	临时钢支撑（钢管撑）	(1) 材质、规格、型号：$\phi800$，$t=20mm$钢管支撑，Q235-B钢 (2) 包括制作、安装、场内场外运输、清理、堆放、拆除并刷防锈漆 (3) 含连接螺栓、法兰盘、活络端头构件、干斤顶、焊缝、拆除以及完成支撑腰梁所有内容	按设计图示尺寸以质量计算。 (1) 支撑、铁件制作（摊销、租赁） (2) 支撑、铁件安装 (3) 检测 (4) 刷防锈漆 (5) 拆除 (6) 运输	t	1.000			
103	081306002003	临时钢支撑（钢围檩）	(1) 部位：钢围檩、钢腰梁 (2) 材质、规格、型号：双拼 C45 工字钢、Q235B (3) 包括制作、安装、拆除、清理、堆放、场内场外运输、除锈并刷防锈漆 (4) 按钢围檩的设计计算长度计算工程量，抗剪板、加劲板、牛腿托架、钢板托架、角撑、级墩、钢围檩与围护结构间隙填充细石混凝土等	按设计图示尺寸以质量计算。 (1) 支撑、铁件制作（摊销、租赁） (2) 支撑、铁件安装 (3) 检测 (4) 刷防锈漆 (5) 拆除 (6) 运输	t	1.000			
104	040302006004	锁脚锚杆	(1) 地层情况：中空注浆锚杆 (2) 类型、部位：详见图纸 (3) 钻孔直径：150mm (4) 杆体材料品种、规格、数量	(1) 钻孔、浆液制作、运输、压浆 (2) 锚杆（索）制作、安装 (3) 张拉锚固 (4) 锚头（索）施工平台搭设、拆除	m	1.00			
105	080201008003	泥浆护壁成孔灌注桩——实桩部分	1.29 [基坑临时立柱工程] (1) 地层情况：土层 (2) 实桩桩长：综合考虑（仅计算实桩桩长） (3) 桩径：$\phi1000mm$ (4) 成孔方法：旋挖钻机钻孔 (5) 混凝土种类、强度等级：C35 (P10) (6) 泥浆外运距离：运输至发包人指定弃土场、运距30km	以米计量，按设计图示尺寸乘以桩长（包括桩尖）计算。 (1) 工作平台搭拆 (2) 护筒埋设 (3) 成孔、固壁 (4) 混凝土制作、灌注、养护 (5) 泥浆制作 (6) 打桩场地硬化及泥浆池、泥浆沟制作 (7) 运输	m	1.00			

续表

序号	项目编码	项目名称	项目特征描述	计算规则和工作内容	计量单位	工程量	综合单价	合价	备注
106	080201008004	泥浆护壁成孔灌注桩——空桩部分	(1) 地层情况：土层 (2) 桩径：φ1000mm (3) 空桩桩长：综合考虑（仅计算空桩桩长） (4) 成孔方法：旋挖钻机钻孔 (5) 护筒埋设，长度：1.5m (6) 泥浆外运距离：运输至发包人指定弃土场，运距30km	按设计空桩长度计算。 (1) 工作平台搭拆 (2) 护筒埋设 (3) 成孔、固壁 (4) 运输	m	1.00			
107	010302001002	入岩增加费	(1) 中风化、微风化岩石（全风化岩、强风化岩、孤石不计入岩） (2) 按设计图纸计算 (3) φ≤1000mm (4) 旋挖钻机钻孔	以米计量，按设计图示尺寸入岩钻孔深度计算。 (1) 护筒埋设 (2) 固壁 (3) 成孔 (4) 运输	m	1.00			
108	010515010002	压浆管	(1) 规格型号：钢管DN57×3 (2) 其他：桩底（侧）后压浆	按设计图示尺寸以质量计算。 (1) 检测管截断、封头 (2) 套管制作、焊接 (3) 定位、固定	t	1.000			
109	010301004004	截（凿）桩头	(1) 内容：凿除灌注桩桩头 (2) 其他：凿除后桩头钢筋调直，废料外运	以立方米计量，按设计桩截面乘以桩头长度以体积计算。 (1) 截（切割）桩头 (2) 凿平 (3) 废料外运	m³	1.00			
110	010515004002	钢筋笼	(1) 内容：桩钢筋笼 (2) 钢筋型号：HPB300φ10以内，HRB400φ10以外 (3) 其他：钢筋连接综合考虑，已考虑搭接	按设计图示钢筋（网）长度（面积）乘以单位理论质量计算。 (1) 钢筋笼制作、运输 (2) 钢筋笼安装 (3) 焊接（绑扎）	t	1.000			

续表

序号	项目编码	项目名称	项目特征描述	计算规则和工作内容	计量单位	工程量	综合单价	合价	备注
111	08130602004	临时钢支撑（格构柱）	(1) 材质、规格、型号：缀板 500×300×10，角钢∠200×200×14 (2) 止水钢板角钢四周同焊接厚 5mm (3) 包括制作、安装、拆除、清理、堆放、装车、场内场外运输、除锈并刷防锈漆	按设计图示尺寸以质量计算。 (1) 支撑、铁件制作（摊销、租赁） (2) 支撑、铁件安装 (3) 检测 (4) 刷防锈漆 (5) 拆除 (6) 运输	t	1.000			
112	08130602005	H 型钢回收	拆除部位：SMW 工法中 H 型钢回收	按设计图示尺寸以质量计算。 (1) 拔桩 (2) 拆除 (3) 运输	t	1.000			
113	08130602006	拆除钢支撑	拆除部位：拆除格栅钢架	按设计图示尺寸以质量计算。 (1) 支撑、铁件制作（摊销、租赁） (2) 支撑、铁件安装 (3) 检测 (4) 刷防锈漆 (5) 拆除 (6) 运输	t	1.000			
114	08120202001	拆除钢筋混凝土	(1) 拆除部位及方法：拆除第一道混凝土支撑、连系梁、斜撑等 (2) 结构形式：钢筋混凝土结构	按设计图示尺寸以体积计算。 (1) 拆除 (2) 废料弃置	m³	1.00			
115	01010303001	余石外运	(1) 废弃土料品种：石方外运 (2) 弃土运距：30km	按设计图示尺寸以体积计算。余土点装卸，运输至弃养点	m³	1.00			
		1.3【主体结构】（一级科目）							
		1.31【明挖车站】		三级清单					
116	08040101001	混凝土柱	(1) 部位：混凝土中柱 (2) 截面形式、尺寸：矩形柱 (3) 混凝土强度等级：C45 泵送混凝土	按设计图示尺寸以体积计算。 (1) 混凝土制作、浇筑、振捣、养护 (2) 模板制作、安装、拆除	m³	1.00			

续表

序号	项目编码	项目名称	项目特征描述	计算规则和工作内容	计量单位	工程量	金额（元）		备注
							综合单价	合价	
117	080401002001	混凝土基础梁	(1) 部位：顶纵梁、底纵梁 (2) 截面形式、尺寸：矩形梁 (3) 混凝土强度等级：C35（P10 抗渗）泵送混凝土	按设计图示尺寸以体积计算。 (1) 混凝土制作、浇筑、振捣、养护 (2) 模板制作、安装、拆除	m³	1.00			
118	080401003001	混凝土梁	(1) 部位：中梁 (2) 混凝土强度等级：C35 泵送混凝土	按设计图示尺寸以体积计算。 (1) 混凝土制作、浇筑、振捣、养护 (2) 模板制作、安装、拆除	m³	1.00			
119	080401004001	混凝土圈梁、过梁（反梁、压顶）	(1) 部位：混凝土圈梁、过梁、压顶 (2) 混凝土强度等级：C35 泵送混凝土	按设计图示尺寸以体积计算。 (1) 混凝土制作、浇筑、振捣、养护 (2) 模板制作、安装、拆除	m³	1.00			
120	080401005001	混凝土墙（中隔墙、侧墙、边墙）	(1) 部位：地下一、二层侧墙 (2) 混凝土强度等级：C35（P8 抗渗）泵送混凝土	按设计图示尺寸以体积计算。 (1) 混凝土制作、浇筑、振捣、养护 (2) 模板制作、安装、拆除	m³	1.00			
121	080401005002	混凝土墙（中隔墙、侧墙、边墙）	(1) 部位：地下三层侧墙 (2) 混凝土强度等级：C35（P10 抗渗）泵送混凝土	按设计图示尺寸以体积计算。 (1) 混凝土制作、浇筑、振捣、养护 (2) 模板制作、安装、拆除	m³	1.00			
122	080401006001	混凝土内衬墙	混凝土强度等级：C35 泵送混凝土	按设计图示尺寸以体积计算。 (1) 混凝土制作、浇筑、振捣、养护 (2) 模板制作、安装、拆除	m³	1.00			
123	080401007001	混凝土底板	(1) 部位：混凝土底板 (2) 混凝土强度等级：C35（P10 抗渗）泵送混凝土	按设计图示尺寸以体积计算。 (1) 混凝土制作、浇筑、振捣、养护 (2) 模板制作、安装、拆除	m³	1.00			
124	080401008001	混凝土中层板	(1) 部位：混凝土中层板 (2) 混凝土强度等级：C35 泵送混凝土	按设计图示尺寸以体积计算。 (1) 混凝土制作、浇筑、振捣、养护 (2) 模板制作、安装、拆除	m³	1.00			

续表

序号	项目编码	项目名称	项目特征描述	计算规则和工作内容	计量单位	工程量	金额（元）		备注
							综合单价	合价	
125	080401009001	混凝土顶板	混凝土强度等级：C35（P8抗渗）泵送混凝土	按设计图示尺寸以体积计算。(1)混凝土制作、浇筑、振捣、养护。(2)模板制作、安装、拆除。	m^3	1.00			
126	080401014001	混凝土后浇带	(1)部位：后浇盾构吊装孔。(2)混凝土强度等级：C40（P8抗渗）微膨胀泵送混凝土	按设计图示尺寸以体积计算。(1)混凝土制作、浇筑、振捣、养护。(2)模板制作、安装、拆除。	m^3	1.00			
127	080401012001	混凝土其他构件	(1)部位：风井、电梯井、电缆井、消防水池。(2)混凝土强度等级：C35	按设计图示尺寸以体积计算。(1)混凝土制作、浇筑、振捣、养护。(2)模板制作、安装、拆除。	m^3	1.00			
128	080401012002	混凝土其他构件	部位：其他零星构件	按设计图示尺寸以体积计算。(1)混凝土制作、浇筑、振捣、养护。(2)模板制作、安装、拆除。	m^3	1.00			
129	080401012003	混凝土其他构件	(1)部位：电缆沟、水沟。(2)混凝土强度等级：C35	按设计图示尺寸以体积计算。(1)混凝土制作、浇筑、振捣、养护。(2)模板制作、安装、拆除。	m^3	1.00			
130	080206001001	现浇混凝土钢筋、连接筋	(1)种类：普通钢筋。(2)规格：HPB300, HRB400。(3)直径：φ10以内	按设计图示尺寸以质量计算。(1)制作(2)运输(3)安装	t	1.000			
131	080206001002	现浇混凝土钢筋、连接筋	(1)种类：普通钢筋。(2)规格：HPB300, HRB400。(3)直径：φ10以外	按设计图示尺寸以质量计算。(1)制作(2)运输(3)安装	t	1.000			
132	080206001003	现浇混凝土钢筋、连接筋	(1)种类：抗震钢筋（带E）。(2)规格：HPB300, HRB400。(3)直径：φ10以内	按设计图示尺寸以质量计算。(1)制作(2)运输(3)安装	t	1.000			

续表

序号	项目编码	项目名称	项目特征描述	计算规则和工作内容	计量单位	工程量	金额（元）		备注
							综合单价	合价	
133	08020600100 4	现浇混凝土钢筋、连接筋	(1) 种类：抗震钢筋（带E） (2) 规格：HPB300、HRB400 (3) 直径：φ10 以外	按设计图示尺寸以质量计算。 (1) 制作 (2) 运输 (3) 安装	t	1.000			
134	08020600100 5	现浇混凝土钢筋、连接筋	(1) 部位：洞门 (2) 种类：玻璃纤维筋 (3) 规格：φ32	按设计图示尺寸以质量计算。 (1) 制作 (2) 运输 (3) 安装	t	1.000			
135	08020600600 1	钢筋接驳器	(1) 种类：预埋钢筋接驳器 (2) 规格：φ25 以内	按设计图示尺寸以数量计算。 (1) 制作 (2) 运输 (3) 安装	个	1.00			
136	08020600600 2	钢筋接驳器	(1) 种类：预埋钢筋接驳器 (2) 规格：φ32 以内	按设计图示尺寸以数量计算。 (1) 制作 (2) 运输 (3) 安装	个	1.00			
137	08020600700 1	植筋	(1) 种类：植筋 (2) 规格：φ25 插筋（与吊钩焊接） (3) 植入深度：详见图纸	按设计图示尺寸以数量计算。 (1) 制作 (2) 运输 (3) 安装	根	1.00			
138	08020600700 2	植筋	(1) 种类：植筋 (2) 规格：φ20 插筋（与吊钩焊接） (3) 植入深度：详见图纸	按设计图示尺寸以数量计算。 (1) 制作 (2) 运输 (3) 安装	根	1.00			
		1.32【盖挖车站】							
139	08041001002 2	混凝土柱	(1) 部位：混凝土中柱 (2) 截面形式、尺寸：矩形柱 (3) 混凝土强度等级：C45 泵送混凝土	按设计图示尺寸以体积计算。 (1) 混凝土制作、浇筑、振捣、养护 (2) 模板制作、安装、拆除	m³	1.00			

续表

序号	项目编码	项目名称	项目特征描述	计算规则和工作内容	计量单位	工程量	综合单价	合价	备注
							金额（元）		
140	080401002002	混凝土基础梁	(1) 部位：顶纵梁、底纵梁 (2) 截面形式、尺寸：矩形梁 (3) 混凝土强度等级：C35（P10 抗渗）泵送混凝土	按设计图示尺寸以体积计算。 (1) 混凝土制作、浇筑、振捣、养护 (2) 模板制作、安装、拆除	m³	1.00			
141	080401003002	混凝土梁	(1) 部位：中梁 (2) 混凝土强度等级：C35 泵送混凝土	按设计图示尺寸以体积计算。 (1) 混凝土制作、浇筑、振捣、养护 (2) 模板制作、安装、拆除	m³	1.00			
142	080401004002	混凝土圈梁、过梁（反梁、压顶）	(1) 部位：混凝土圈梁、过梁（反梁、压顶） (2) 混凝土强度等级：C35 泵送混凝土	按设计图示尺寸以体积计算。 (1) 混凝土制作、浇筑、振捣、养护 (2) 模板制作、安装、拆除	m³	1.00			
143	080401005003	混凝土墙（中隔墙、侧墙、边墙）	(1) 部位：地下一、二层侧墙 (2) 混凝土强度等级：C35（P8 抗渗）泵送混凝土	按设计图示尺寸以体积计算。 (1) 混凝土制作、浇筑、振捣、养护 (2) 模板制作、安装、拆除	m³	1.00			
144	080401005004	混凝土墙（中隔墙、侧墙、边墙）	(1) 部位：地下三层侧墙 (2) 混凝土强度等级：C35（P10 抗渗）泵送混凝土	按设计图示尺寸以体积计算。 (1) 混凝土制作、浇筑、振捣、养护 (2) 模板制作、安装、拆除	m³	1.00			
145	080401006002	混凝土内衬墙	(1) 混凝土强度等级：C35 泵送混凝土	按设计图示尺寸以体积计算。 (1) 混凝土制作、浇筑、振捣、养护 (2) 模板制作、安装、拆除	m³	1.00			
146	080401007002	混凝土底板	(1) 部位：混凝土底板 (2) 混凝土强度等级：C35（P10 抗渗）泵送混凝土	按设计图示尺寸以体积计算。 (1) 混凝土制作、浇筑、振捣、养护 (2) 模板制作、安装、拆除	m³	1.00			
147	080401008002	混凝土中层板	(1) 部位：混凝土中层板 (2) 混凝土强度等级：C35 泵送混凝土	按设计图示尺寸以体积计算。 (1) 混凝土制作、浇筑、振捣、养护 (2) 模板制作、安装、拆除	m³	1.00			

续表

序号	项目编码	项目名称	项目特征描述	计算规则和工作内容	计量单位	工程量	综合单价	合价	备注
							金额（元）		
148	080401009002	混凝土顶板	混凝土强度等级：C35（P8抗渗）泵送混凝土	按设计图示尺寸以体积计算。(1)混凝土制作、浇筑、振捣、养护。(2)模板制作、安装、拆除	m³	1.00			
149	080401014002	混凝土后浇带	(1)部位：后浇盾构吊装孔 (2)混凝土强度等级：C40（P8抗渗）微膨胀泵送混凝土	按设计图示尺寸以体积计算。(1)混凝土制作、浇筑、振捣、养护。(2)模板制作、安装、拆除	m³	1.00			
150	080401012004	混凝土其他构件	(1)部位：风井、电梯井、电缆井、消防水池 (2)混凝土强度等级：C35	按设计图示尺寸以体积计算。(1)混凝土制作、浇筑、振捣、养护。(2)模板制作、安装、拆除	m³	1.00			
151	080401012005	混凝土其他构件	部位：其他零星构件	按设计图示尺寸以体积计算。(1)混凝土制作、浇筑、振捣、养护。(2)模板制作、安装、拆除	m³	1.00			
152	080401012006	混凝土其他构件	(1)部位：电缆沟、水沟 (2)混凝土强度等级：C35	按设计图示尺寸以体积计算。(1)混凝土制作、浇筑、振捣、养护。(2)模板制作、安装、拆除	m³	1.00			
153	080206001006	现浇混凝土钢筋、连接筋	(1)部位：盾构孔破洞范围内 (2)种类：玻璃纤维筋 (3)规格：φ32	按设计图示尺寸以质量计算。(1)制作 (2)运输 (3)安装	t	1.000			
154	080206007003	植筋	(1)种类：植筋 (2)规格：φ25插筋（与吊钩焊接） (3)植入深度：详见图纸	按设计图示尺寸以数量计算。(1)制作 (2)运输 (3)安装	根	1.00			
155	080206007004	植筋	(1)种类：植筋 (2)规格：φ20插筋（与吊钩焊接） (3)植入深度：详见图纸	按设计图示尺寸以数量计算。(1)制作 (2)运输 (3)安装	根	1.00			

续表

序号	项目编码	项目名称	项目特征描述	计算规则和工作内容	计量单位	工程量	金额（元）综合单价	金额（元）合价	备注
		1.33〔风亭、出入口、扩大厅、消防疏散口〕（明挖法）							
156	080401001003	混凝土柱	(1) 部位：混凝土中柱 (2) 截面形式、尺寸：矩形柱 (3) 混凝土强度等级：C45 泵送混凝土	按设计图示尺寸以体积计算。 (1) 混凝土制作、浇筑、振捣、养护 (2) 模板制作、安装、拆除	m³	1.00			
157	080401002003	混凝土基础梁	(1) 部位：顶纵梁、底纵梁 (2) 截面形式、尺寸：矩形梁 (3) 混凝土强度等级：C35 (P10 抗渗) 泵送混凝土	按设计图示尺寸以体积计算。 (1) 混凝土制作、浇筑、振捣、养护 (2) 模板制作、安装、拆除	m³	1.00			
158	080401003003	混凝土梁	(1) 部位：中梁 (2) 混凝土强度等级：C35 泵送混凝土	按设计图示尺寸以体积计算。 (1) 混凝土制作、浇筑、振捣、养护 (2) 模板制作、安装、拆除	m³	1.00			
159	080401004003	混凝土圈梁、过梁（反梁、压顶）	(1) 部位：混凝土圈梁、过梁（反梁、压顶） (2) 混凝土强度等级：C35 泵送混凝土	按设计图示尺寸以体积计算。 (1) 混凝土制作、浇筑、振捣、养护 (2) 模板制作、安装、拆除	m³	1.00			
160	080401005005	混凝土墙（中隔墙、侧墙、边墙）	(1) 部位：地下一、二层侧墙 (2) 混凝土强度等级：C35 (P8 抗渗) 泵送混凝土	按设计图示尺寸以体积计算。 (1) 混凝土制作、浇筑、振捣、养护 (2) 模板制作、安装、拆除	m³	1.00			
161	080401005006	混凝土墙（中隔墙、侧墙、边墙）	(1) 部位：地下三层侧墙 (2) 混凝土强度等级：C35 (P10 抗渗) 泵送混凝土	按设计图示尺寸以体积计算。 (1) 混凝土制作、浇筑、振捣、养护 (2) 模板制作、安装、拆除	m³	1.00			
162	080401007003	混凝土底板	(1) 部位：混凝土底板 (2) 混凝土强度等级：C35 (P10 抗渗) 泵送混凝土	按设计图示尺寸以体积计算。 (1) 混凝土制作、浇筑、振捣、养护 (2) 模板制作、安装、拆除	m³	1.00			
163	080401008003	混凝土中层板	(1) 部位：混凝土中层板 (2) 混凝土强度等级：C35 泵送混凝土	按设计图示尺寸以体积计算。 (1) 混凝土制作、浇筑、振捣、养护 (2) 模板制作、安装、拆除	m³	1.00			

续表

序号	项目编码	项目名称	项目特征描述	计算规则和工作内容	计量单位	工程量	综合单价	合价	备注
							金额（元）		
164	080401009003	混凝土顶板	混凝土强度等级：C35（P8 抗渗）泵送混凝土	按设计图示尺寸以体积计算。 (1) 混凝土制作、浇筑、振捣、养护 (2) 模板制作、安装、拆除	m³	1.00			
165	080401012007	混凝土其他构件	(1) 部位：风井、电梯井、电缆井、消防水池 (2) 混凝土强度等级：C35	按设计图示尺寸以体积计算。 (1) 混凝土制作、浇筑、振捣、养护 (2) 模板制作、安装、拆除	m³	1.00			
166	080401012008	混凝土其他构件	(1) 部位：电缆沟、水沟 (2) 混凝土强度等级：C35	按设计图示尺寸以体积计算。 (1) 混凝土制作、浇筑、振捣、养护 (2) 模板制作、安装、拆除	m³	1.00			
167	080206001007	现浇混凝土钢筋、连接筋	(1) 种类：普通钢筋 (2) 规格：HPB300、HRB400 (3) 钢筋直径：直径 φ10 以内	按设计图示尺寸以质量计算。 (1) 制作 (2) 运输 (3) 安装	t	1.000			
168	080206001008	现浇混凝土钢筋、连接筋	(1) 种类：普通钢筋 (2) 规格：HPB300、HRB400 (3) 直径：φ10 以外	按设计图示尺寸以质量计算。 (1) 制作 (2) 运输 (3) 安装	t	1.000			
169	080206001009	现浇混凝土钢筋、连接筋	(1) 种类：抗震钢筋（带E） (2) 规格：HPB300、HRB400 (3) 直径：φ10 以内	按设计图示尺寸以质量计算。 (1) 制作 (2) 运输 (3) 安装	t	1.000			
170	080206001010	现浇混凝土钢筋、连接筋	(1) 种类：抗震钢筋（带E） (2) 规格：HPB300、HRB400 (3) 直径：φ10 以外	按设计图示尺寸以质量计算。 (1) 制作 (2) 运输 (3) 安装	t	1.000			

续表

序号	项目编码	项目名称	项目特征描述	计算规则和工作内容	计量单位	工程量	综合单价	合价	备注
171	080206001011	现浇混凝土钢筋、连接筋	(1) 部位：盾构孔破洞范围内。(2) 种类：玻璃纤维筋。(3) 规格：φ32	按设计图示尺寸以质量计算。(1) 制作 (2) 运输 (3) 安装	t	1.000			
172	080206006003	钢筋接驳器	(1) 种类：预埋钢筋接驳器 (2) 规格：φ25以内	按设计图示尺寸以数量计算。(1) 制作 (2) 运输 (3) 安装	个	1.00			
173	080206006004	钢筋接驳器	(1) 种类：预埋钢筋接驳器 (2) 规格：φ32以内	按设计图示尺寸以数量计算。(1) 制作 (2) 运输 (3) 安装	个	1.00			
		1.34 【暗挖通道支护】（暗挖法）（二级科目）							
174	080301005001	注浆（全断面注浆加固）	(1) 部位：暗挖通道初期支护 (2) 配合比：浆液采用0.8:1~1.5:1水泥砂浆 (3) 注浆范围为开挖轮廓线外3m，每一循环注浆长度为12m，开挖9m，保留3m止浆岩盘。浆液扩散半径1.5m。(4) 注浆管：φ42壁厚3.5mm的花管注浆 (5) 采用水泥-水玻璃双浆液，浆液浓度应根据隧道围岩条件加以调整（初拟为 C:S=1:(0.6~1.0)（体积比），水泥浆水灰比为0.8:1~1:1，水玻璃模数2.6~2.8，水玻璃浓度30~40（Be），具体的注浆参数应根据试验确定	按设计注浆量以体积计算（注浆工程量编制清单时，工程量可按暂估量计算。结算时按现场签证数量计算）。(1) 浆液制作 (2) 钻孔 (3) 注浆 (4) 堵孔 (5) 运输	m³	1.00			

续表

序号	项目编码	项目名称	项目特征描述	计算规则和工作内容	计量单位	工程量	金额（元）		备注
							综合单价	合价	
175	08020 6005001	钢格栅	(1) 种类：暗挖通道初期支护 (2) 规格：钢筋 HRB300、HPB400 (3) 高强度螺栓及配套螺母垫圈：M20×60型 (4) 其他：包含螺栓、螺母、混凝土垫块、钢垫板	按设计图示尺寸以质量计算。 (1) 制作 (2) 运输 (3) 安装、螺栓连接 (4) 焊接	t	1.000			
176	08020 6005002	钢格栅（临时）型钢钢架	(1) 种类：暗挖通道初期支护 (2) 规格：工22a临时钢架 (3) 纵向托梁：32a槽钢 (4) 高强度螺栓及配套螺母垫圈：M20×60型	按设计图示尺寸以质量计算。 (1) 制作 (2) 运输 (3) 安装、螺栓连接 (4) 焊接	t	1.000			
177	08030 1003001	砂浆锚杆	(1) 暗挖通道初期支护 (2) 杆径、长度：42×3.5 锁脚锚管，长3.5m，每处两根（余同）	按设计图示尺寸长度计算。 (1) 锚杆、垫板制作安装 (2) 钻孔 (3) 砂浆制作、灌浆 (4) 运输	m	1.00			
178	08030 1006001	喷射混凝土	(1) 部位：止浆墙 (2) 厚度：300mm 厚 (3) 混凝土强度等级：C25 喷射混凝土	按设计图示尺寸以体积计算。 (1) 清洗基层 (2) 混凝土制作、喷射、养护、收回、弹料 (3) 运输	m³	1.00			
179	08020 6004002	钢筋网片	规格：φ6@150×150 钢筋网 φ22@500×500 加强钢筋	按设计图示尺寸以质量计算。 (1) 制作 (2) 运输 (3) 安装	t	1.000			
180	08030 2001001	衬砌混凝土	(1) 部位：矿山通道隧道二衬（弧形） (2) 厚度：600mm (3) 混凝土强度等级：C35 (P8 抗渗) 混凝土	按设计图示尺寸以体积计算。 (1) 混凝土制作、运输、浇筑、振捣、养护 (2) 模板制作、安装、拆除	m³	1.00			

序号	项目编码	项目名称	项目特征描述	计算规则和工作内容	计量单位	工程量	金额（元）综合单价	金额（元）合价	备注
181	08030201001002	衬砌混凝土	(1) 部位：矿山通道隧道二衬（矩形） (2) 厚度：600mm (3) 混凝土强度等级：C35（P8抗渗）混凝土	按设计图示尺寸以体积计算。 (1) 混凝土制作、浇筑、振捣、养护 (2) 模板制作、安装、拆除	m³	1.00			
182	08030501001	附加防水层	(1) 部位：暗挖段出入口结构全包防水 (2) 防水材料名称、规格、做法：2.0mm厚ECB防水板 (3) 复合层名称规格：土工布（300g/m²） (4) 保护层名称规格：50mm细石混凝土	按设计图示尺寸以面积计算 (1) 制作 (2) 安装 (3) 运输	m²	1.00			
		1.35【拆除改造工程】（二级科目）							
183	081202B001001	绳锯切割	(1) 部位：既有5号线A1出入口主体侧墙拆除施工 (2) 采用片锯或水钻静力切割拆除墙	按切割截面面积刀口接触面积计算。 (1) 钻机准备 (2) 安装 (3) 钻孔	m²	1.00			
184	081202002003	拆除钢筋混凝土	(1) 拆除部位：既有5号线A1出入口、主体侧墙、底板、顶板凿除 (2) 拆除方式：破除施工尽可能优先采用片锯或水钻静力切割拆除施工，用小风镐、凿子加手锤人工凿除修边。把混凝土构件进行静力分离，切割成小块小段、转运至地面后集中堆放，及时用风镐（淋、洒）水湿法作业。运输施工必须采取减少扬尘，分段分块拆除后外运尽可能集中堆放，集中破碎，最后及时外运出工地大门至城市消纳场。	按设计图示拆除体积计算。 (1) 拆除 (2) 废料弃置	m³	1.00			
185	081202002002	拆除钢筋混凝土	拆除部位及方法：既有建筑物、构筑物的拆除及外运	按设计图示拆除体积计算。 (1) 拆除 (2) 废料弃置	m³	1.00			

续表

序号	项目编码	项目名称	项目特征描述	计算规则和工作内容	计量单位	工程量	金额（元）		备注
							综合单价	合价	
186	08040300 5002	型钢钢架	(1) 部位：暗挖通道侧墙开孔前，先在既有出入口架设临时型钢支撑 (2) 竖向支撑：2I40b (3) 横向支撑：槽40c (4) 安装、拆除、运输	按设计图示尺寸以重量计算。 (1) 制作 (2) 安装、定位、探伤 (3) 螺栓及连接 (4) 洞内及垂直运输	t	1.000			
187	08040300 1004	粘贴钢板	(1) 部位：既有5号线A1出入口主体顶板底板面 (2) 粘贴10mm厚钢板（余同）	按设计图示尺寸以面积计算。 (1) 制作 (2) 安装	m²	1.00			
188	01010300 3001	余土外运	(1) 废弃土料品种：拆除物外运 (2) 养土运距：综合考虑	按实际体积计算。 余土点装料运输至弃置点	m³	1.00			
189	08040100 3003	混凝土梁	(1) 部位：GTGL1顶过梁（后浇） (2) 截面形式、尺寸：1500mm×1717mm (3) 混凝土强度等级：C35商品混凝土	按设计图示尺寸以体积计算。 (1) 混凝土浇筑 (2) 振捣 (3) 养生（养护） (4) 运输	m³	1.00			
190	08040100 3004	混凝土梁	(1) 部位：GDGL1底过梁（后浇） (2) 截面形式、尺寸：500mm×1000mm (3) 混凝土强度等级：C40自密实混凝土	按设计图示尺寸以体积计算。 (1) 混凝土浇筑 (2) 振捣 (3) 养生（养护） (4) 运输	m³	1.00			
191	08040100 1003	混凝土柱	(1) 部位：GAZ1暗柱（后浇） (2) 截面形式、尺寸：500mm×600mm (3) 混凝土强度等级：C40混凝土	按设计图示尺寸以体积计算。 (1) 混凝土浇筑 (2) 振捣 (3) 养生（养护） (4) 运输	m³	1.00			

续表

序号	项目编码	项目名称	项目特征描述	计算规则和工作内容	计量单位	工程量	金额（元）综合单价	金额（元）合价	备注
192	080401007003	混凝土底板	(1) 部位：既有结构板底墙重新浇筑（后浇） (2) 混凝土强度等级：C35 商品混凝土	按设计图示尺寸以体积计算。 (1) 混凝土浇筑 (2) 振捣 (3) 养生（养护） (4) 运输	m³	1.00			
193	080401014003	混凝土侧墙	(1) 部位：既有结构侧墙重新浇筑（后浇） (2) 混凝土强度等级：C35 商品混凝土	按设计图示尺寸以体积计算。 (1) 混凝土浇筑 (2) 振捣 (3) 养生（养护） (4) 运输	m³	1.00			
194	080404B004001	界面处理	(1) 规模形式：新旧结构交界面涂抹界面剂 (2) 设计标准：在新旧结构的界面类界面处应采用结构用改性环氧界面胶，与混凝土正拉粘结强度大于 2.5MPa，剪切粘结强度大于 15MPa，并具备水中固化能力	按设计图示尺寸以面积计算，范围包括天棚装饰、地面铺装、侧墙及柱面装饰等	m²	1.00			
195	080402009001	植筋	植入深度：钢筋锚固长度不小于 15d	按设计图示数量计算。 (1) 定位、钻孔、清孔 (2) 钢筋加工成型 (3) 注胶、植筋 (4) 养护	根	1.00			
196	080305004001	施工缝	(1) 材料品种：丁基胶粘带的厚度不小于 3.0mm，可采用双层各 1.5mm 卷材，其中均为双面自粘材料 (2) 缓膨性止水胶 (3) 涂剧 1.5kg/m² 水泥基渗透结晶涂料 (4) 注浆管 (5) 固定件：包括水泥钉和不锈钢压条，水泥钉间距 20～25cm，不锈钢压条宽度 30mm，厚度 10mm	按设计图示尺寸以长度计算。 (1) 制作 (2) 安装	m	1.00			

续表

序号	项目编码	项目名称	项目特征描述	计算规则和工作内容	计量单位	工程量	金额（元） 综合单价	金额（元） 合价	备注
197	07030101001001	卷材防水	(1) 卷材品种：预铺防水卷材（4.0mm 厚沥青基聚酯胎防水卷材）；(2) 接缝、嵌缝材料种类：含防水加强层	按设计图示尺寸以面积计算。(1) 基层处理，抹找平层 (2) 刷粘结剂 (3) 铺贴卷材，保护层 (4) 接缝、嵌缝	m²	1.00			
		1.4【内部结构】（一级科目）		二级清单					
198	08020202021001	设备基础	(1) 设备基础 (2) 混凝土强度等级：C20 普通商品混凝土	按设计图示尺寸以体积计算。混凝土制作、浇筑、振捣、养护。	m³	1.00			
199	08040101010001	混凝土站台板	(1) 截面形式、尺寸：混凝土站台板 (2) 混凝土强度等级：C35 泵送混凝土	按设计图示尺寸以体积计算。混凝土制作、浇筑、振捣、养护。	m³	1.00			
200	08040101001002	混凝土柱	(1) 部位：站台板下混凝土柱 (2) 混凝土强度等级：C35 泵送混凝土	按设计图示尺寸以体积计算。混凝土制作、浇筑、振捣、养护。	m³	1.00			
201	08040103003002	混凝土梁	(1) 部位：站台板下梁 (2) 混凝土强度等级：C35 泵送混凝土	按设计图示尺寸以体积计算。混凝土制作、浇筑、振捣、养护。	m³	1.00			
202	08040101011003	混凝土电梯井	(1) 部位：混凝土电梯井 (2) 混凝土强度等级：C35 泵送混凝土	按设计图示尺寸以体积计算。混凝土制作、浇筑、振捣、养护。	m³	1.00			
203	08040101012001	混凝土其他构件	(1) 部位：混凝土离壁沟 (2) 混凝土强度等级：C35 普通商品混凝土	按设计图示尺寸以体积计算。混凝土制作、浇筑、振捣、养护。	m³	1.00			
204	08040101012002	混凝土其他构件	(1) 构件名称：混凝土挡水槛 (2) 部位：大型孔洞周边应设置 (3) 截面形式：200mm×150mm (4) 混凝土强度等级：C25	按设计图示尺寸以体积计算。(1) 混凝土制作、浇筑、振捣、养护 (2) 运输	m³	1.00			
205	08040101013001	混凝土填充	(1) 部位：盾构回填 (2) 混凝土强度等级：C20	按设计图示尺寸以体积计算。混凝土制作、浇筑、振捣、养护。	m³	1.00			
206	08040101014001	混凝土后浇带	(1) 混凝土强度等级：C40（P8 抗渗）微膨胀泵送混凝土	按设计图示尺寸以体积计算。混凝土制作、浇筑、振捣、养护。	m³	1.00			

续表

序号	项目编码	项目名称	项目特征描述	计算规则和工作内容	计量单位	工程量	综合单价	合价	备注
207	080401015001	混凝土风道	(1) 部位：车站风道 (2) 混凝土强度等级：C35泵送混凝土	按设计图示尺寸以体积计算。混凝土制作、浇筑、振捣、养护	m³	1.00			
208	080402001001	混凝土站台板	(1) 构件类型：混凝土站台板 (2) 混凝土强度等级：C35泵送混凝土	按设计图示尺寸以体积计算。混凝土制作、浇筑、振捣、养护	m³	1.00			
209	010402001001	砌块墙	(1) 砌块品种、规格、强度等级：加气混凝土墙 (2) 墙体类型：内隔墙 (3) 砂浆强度等级：M10砂浆砌筑	按设计图示尺寸以体积计算。(1) 砂浆制作、运输 (2) 砌砖、砌块 (3) 勾缝 (4) 材料运输	m³	1.00			
210	010402001002	砌块墙	(1) 砌块品种、规格、强度等级：加气混凝土墙 (2) 墙体类型：内隔防火墙 (3) 砂浆强度等级：M10砌筑砂浆	按设计图示尺寸以体积计算。(1) 砂浆制作、运输 (2) 砌砖、砌块 (3) 勾缝 (4) 材料运输	m³	1.00			
211	011201001001	墙面一般抹灰	(1) 墙体类型：砌体墙 (2) 厚度、砂浆配合比：20mm厚1:3水泥砂浆 (3) 不同材料交接处挂钉挂钢丝网	按设计图示尺寸以面积计算。(1) 基层清理 (2) 砂浆制作、运输 (3) 底层抹灰 (4) 抹面层 (5) 抹装饰面 (6) 勾分格缝	m²	1.00			
212	010502002001	构造柱	(1) 二次建筑构造柱 (2) 混凝土强度等级：C25	按设计图示尺寸以体积计算。(1) 模板及支架（撑）另计 (2) 混凝土制作、运输、浇筑、振捣、养护	m³	1.00			

续表

序号	项目编码	项目名称	项目特征描述	计算规则和工作内容	计量单位	工程量	金额（元）		备注
							综合单价	合价	
213	010503004001	圈梁	(1) 二次建筑圈梁 (2) 混凝土强度等级：C25	按设计图示尺寸以体积计算。 (1) 模板及支架（撑）另计 (2) 混凝土制作、运输、浇筑、振捣、养护	m³	1.00			
214	010503005001	过梁	(1) 二次建筑过梁 (2) 混凝土强度等级：C25	按设计图示尺寸以体积计算。 (1) 模板及支架（撑）另计 (2) 混凝土制作、运输、浇筑、振捣、养护	m³	1.00			
		1.5【防水工程】（一级科目）		二级清单					
215	080403001001	变形缝 （诱导缝）	(1) 部位：附属与主体连接处顶板变形缝 (2) 材质：钢边橡胶止水带、不锈钢接水槽	按设计图示尺寸以长度计算。 (1) 制作 (2) 安装 (3) 运输	m	1.00			
216	080403001002	变形缝 （诱导缝）	(1) 部位：附属与主体连接处侧墙变形缝 (2) 材质：钢边橡胶止水带、不锈钢接水盒	按设计图示尺寸以长度计算。 (1) 制作 (2) 安装 (3) 运输	m	1.00			
217	080403001003	变形缝 （诱导缝）	(1) 部位：附属与主体连接处底板变形缝 (2) 材质：钢边橡胶止水带、背贴式橡胶止水带	按设计图示尺寸以长度计算。 (1) 制作 (2) 安装 (3) 运输	m	1.00			
218	080403002001	施工缝	(1) 部位：纵向、环向施工缝 (2) 材质：中埋式镀锌钢板止水带 (3) 规格：水泥砂浆或水泥基渗透结晶材料处理	按设计图示尺寸以长度计算。 (1) 制作 (2) 安装 (3) 运输	m	1.00			
219	080403002002	施工缝	(1) 部位：顶板留洞施工缝 (2) 材质：缓膨型橡胶止水带、氯丁胶粘注浆软管、密封胶填缝	按设计图示尺寸以长度计算。 (1) 制作 (2) 安装 (3) 运输	m	1.00			

续表

序号	项目编码	项目名称	项目特征描述	计算规则和工作内容	计量单位	工程量	金额（元）		备注
							综合单价	合价	
220	080403002003	施工缝	(1) 部位：顶板留洞施工缝 (2) 材质：镀锌钢板止水带、缓膨型橡胶止水胶粘注浆软管、氯丁胶粘注浆填缝、密封胶软缝	按设计图示尺寸以长度计算。 (1) 制作 (2) 安装 (3) 运输	m	1.00			
221	080403002004	施工缝	(1) 部位：顶板外墙后浇带施工缝 (2) 材质：镀锌钢板止水带、氯丁胶粘注浆软管	按设计图示尺寸以长度计算。 (1) 制作 (2) 安装 (3) 运输	m	1.00			
222	080403002005	施工缝	(1) 部位：楼板后浇带施工缝 (2) 材质：缓膨型橡胶止水条	按设计图示尺寸以长度计算。 (1) 制作 (2) 安装 (3) 运输	m	1.00			
223	080403003001	卷材防水	(1) 部位：顶板 (2) 卷材品种：高分子（自粘）防水卷材 (3) 混凝土强度等级：C20 细石混凝土 80mm 厚	按设计图示尺寸以面积计算。 (1) 基层处理 (2) 抹找平层 (3) 抹（铺）隔离层 (4) 缓冲层铺设 (5) 防水层、加强层铺设 (6) 接缝、嵌缝 (7) 保护层铺设 (8) 运输	m²	1.00			
224	080403003002	卷材防水	(1) 部位：侧墙 (2) 卷材品种：高分子（自粘）防水卷材 (3) 混凝土强度等级：C20 细石混凝土 80mm 厚	按设计图示尺寸以面积计算。 (1) 基层处理 (2) 抹找平层 (3) 抹（铺）隔离层 (4) 缓冲层铺设 (5) 防水层、加强层铺设 (6) 接缝、嵌缝 (7) 保护层铺设 (8) 运输	m²	1.00			

续表

序号	项目编码	项目名称	项目特征描述	计算规则和工作内容	计量单位	工程量	综合单价	合价	备注
							金额（元）		
225	080403003003	卷材防水	(1) 部位：底板 (2) 卷材品种：高分子（自粘）防水卷材厚1.7mm，高分子主材厚度为1.2mm，粘胶层厚度为0.5mm; (3) 混凝土强度等级：C20细石混凝土50mm厚	按设计图示尺寸以面积计算。 (1) 基层处理 (2) 抹找平层 (3) 抹（铺）隔离层 (4) 喷涂防水层 (5) 加强层铺设 (6) 嵌缝 (7) 保护层铺设 (8) 运输	m²	1.00			
226	080403004001	涂膜防水	涂膜品种、遍数、厚度：2.5mm厚单组分聚氨酯防水涂料	按设计图示尺寸以面积计算。 (1) 基层处理 (2) 抹找平层 (3) 抹（铺）隔离层 (4) 喷涂防水层 (5) 加强层铺设 (6) 嵌缝 (7) 保护层铺设 (8) 运输	m²	1.00			
227	080403005001	刚性防水层	防水品种、遍数、厚度：5mm厚聚合物防水砂浆	按设计图示尺寸以面积计算。 (1) 基层处理 (2) 刚性防水层制作、铺设、振捣、养护 (3) 设置分隔缝 (4) 分隔缝填砂、嵌密封膏 (5) 运输	m²	1.00			
228	080403006001	防水堵漏	堵漏类型：聚氨酯	按设计图示尺寸以点数（长度、面积）计算。 (1) 基层处理 (2) 堵漏处理 (3) 表面处理	点	1.00			

续表

序号	项目编码	项目名称	项目特征描述	计算规则和工作内容	计量单位	工程量	金额（元）		备注
				二级清单			综合单价	合价	
		1.6【门窗工程】（一级科目）							
229	010802003001	钢质防火门	(1) 门类型：普通钢质防火门 (2) 门代号及洞口尺寸：根据图纸描述设置门代号 GM××× (3) 含闭门器、顺序器、配套五金及门锁、去焊渣、油污铁锈、防锈漆、防火漆等	按设计图示尺寸以数量计算。 (1) 门安装 (2) 五金安装 (3) 玻璃安装	樘	1.00			
230	010802003002	钢质防火门	(1) 门类型：甲级钢质防火门 (2) 门代号及洞口尺寸：根据图纸描述设置 FM××× (3) 含闭门器、顺序器、配套五金及门锁、去焊渣、油污铁锈、防锈漆、防火漆等	按设计图示尺寸以数量计算。 (1) 门安装 (2) 五金安装 (3) 玻璃安装	樘	1.00			
231	010802003003	钢质防火门	(1) 门类型：甲级钢质防火密闭门 (2) 门代号及洞口尺寸：根据图纸描述设置 FMM××× (3) 含闭门器、顺序器、配套五金及门锁、去焊渣、油污铁锈、防锈漆、防火漆等	按设计图示尺寸以数量计算。 (1) 门安装 (2) 五金安装 (3) 玻璃安装	樘	1.00			
232	010802003004	钢质防火门	(1) 门类型：甲级钢质防火隔音门 (2) 门代号及洞口尺寸：根据图纸描述设置 FGM××× (3) 含闭门器、顺序器、配套五金及门锁、去焊渣、油污铁锈、防锈漆、防火漆等	按设计图示尺寸以数量计算。 (1) 门安装 (2) 五金安装 (3) 玻璃安装	樘	1.00			
233	010802003005	钢质防火门	(1) 门类型：甲级钢质防火防盗门 (2) 门代号及洞口尺寸：根据图纸描述设置 FDM××× (3) 含闭门器、顺序器、配套五金及门锁、去焊渣、油污铁锈、防锈漆、防火漆等	按设计图示尺寸以数量计算。 (1) 门安装 (2) 五金安装 (3) 玻璃安装	樘	1.00			

续表

序号	项目编码	项目名称	项目特征描述	计算规则和工作内容	计量单位	工程量	金额（元）		备注
							综合单价	合价	
234	010803002001	防火卷帘（闸）门	(1) 防火卷帘（闸）门 (2) 水雾式防火卷帘，防火卷帘背火面温升耐火极限不低于3h (3) 包含电动启动装置	按设计图示尺寸以数量计算。 (1) 门运输、安装 (2) 启动装置、活动小门、五金安装	樘	1.00			
235	010803001001	金属卷帘（闸）门	(1) 普通卷帘门 (2) 包含电动启动装置	按设计图示尺寸以数量计算。 (1) 门运输、安装 (2) 启动装置、活动小门、五金安装	樘	1.00			
236	010807002001	金属防火窗	(1) 窗类型：固定式甲级防火窗 (2) 窗代号及洞口尺寸：FC3015 (3) 框、扇材质、厚度：3000×1500 (4) 玻璃品种、厚度：防火钢化玻璃 (5) 窗台距离站厅公共区地坪1200mm	按设计图示尺寸以数量计算。 (1) 窗安装 (2) 五金、玻璃安装	樘	1.00			
237	010804007001	特种门	(1) 人防门 (2) 详见专业厂家设计图纸	按设计图示尺寸以数量计算。 (1) 门安装 (2) 五金配件安装	樘	1.00			
		1.7【土建预埋及洞口开槽】（一级科目）		二级清单					
238	040502008001	套管制作、安装	形式、材质及规格：预埋 ϕ219 钢套管	按设计图示尺寸以数量计算。 制作、安装	个	1.00			
239	040502008002	套管制作、安装	形式、材质及规格：预埋 ϕ325 柔性防水套管	按设计图示尺寸以数量计算。 制作、安装	个	1.00			
240	040501002001	钢管	材质及规格：ϕ250 球墨铸铁管	按设计图示尺寸以长度计算。 制作、安装	m	1.00			
241	040501002002	钢管	材质及规格：ϕ100 电力密闭管	按设计图示尺寸以长度计算。 制作、安装	m	1.00			
242	040501002003	钢管	材质及规格：ϕ105 镀锌钢管	按设计图示尺寸以长度计算。 制作、安装	m	1.00			

续表

序号	项目编码	项目名称	项目特征描述	计算规则和工作内容	计量单位	工程量	金额（元）综合单价	合价	备注
243	030411001001	配管	(1) 材质：PVC (2) 规格：φ100	按设计图示尺寸以长度计算。制作、安装	m	1.00			
244	030411001002	配管	(1) 材质：HDPE (2) 规格：φ150	按设计图示尺寸以长度计算。制作、安装	m	1.00			
245	080207B001001	钢爬梯	部位：检修孔检修爬梯	按设计图示尺寸以质量计算。制作、安装	t	1.00			
246	011201004001	水池池壁找平层	(1) 基层类型：混凝土基层 (2) 找平层砂浆厚度、配合比：50mm厚水泥砂浆	按设计图示尺寸以面积计算。(1) 基层清理 (2) 砂浆制作、运输 (3) 抹灰找平	m²	1.00			
247	010604001003	钢梁	(1) 梁类型：电梯起吊梁 (2) 钢材品种、规格：工字钢20A	按设计图示尺寸以质量计算。(1) 拼装 (2) 安装 (3) 探伤 (4) 补刷油漆	t	1.000			
248	011108004001	水泥砂浆零星项目	工程部位：轨道风道凸缘	按设计图示尺寸以面积计算。(1) 清理基层 (2) 抹找平层 (3) 抹面层 (4) 材料运输	m²	1.00			
249	011510B002001	开槽	(1) 材质：钢筋混凝土 (2) 槽的种类、尺寸：站台板开槽 槽深80mm、宽度500mm	按设计图示尺寸以面积计算。现场开槽、清理	m²	1.00			
1.8【其他】(一级科目)									
1.81【地基处理】(二级科目)			三级清单						

续表

序号	项目编码	项目名称	项目特征描述	计算规则和工作内容	计量单位	工程量	综合单价	合价	备注
							金额（元）		
250	08010302 0001	注浆地基	(1) 周边建筑物 (2) 地层情况：综合考虑 (3) 成孔深度、间距：综合考虑 (4) 浆液种类及配比：水泥－水玻璃双浆液 (5) 注浆方法：φ89PVC预埋袖阀管注浆	按设计注浆量以体积计算。 (1) 浆液制作 (2) 钻孔 (3) 注浆 (4) 堵孔 (5) 运输	m³	1.00			
		1.82【综合接地】（二级科目）							
251	08080801 1002	接地体	(1) 综合接地 (2) 具体做法详见图纸，含竖向接地体及水平接地体 (3) 按项计算	制作、安装	项	1.00			
252	08080803 0001	接地引出装置	(1) 名称：接地引上线 (2) 材质：铜排	(1) 制作、安装 (2) 灌注 (3) 补刷油漆 (4) 运输	处	1.00			
253	08080802 0001	接地母线	镀锌扁钢	(1) 挖填土 (2) 制作、安装 (3) 补刷油漆 (4) 运输	m	1.00			
254	08080804 0001	接地端子箱（板）	(1) 名称：接地端子板 (2) 规格：见图纸	(1) 制作、安装 (2) 运输	台	1.00			
255	08080806 0001	接地跨接	类别：变形缝处跨接	(1) 制作 (2) 跨接 (3) 补刷油漆 (4) 运输	处	1.00			
256	08020601 2002	预埋铁件	(1) 种类：接地埋件 (2) 规格：见图纸	(1) 制作 (2) 运输 (3) 安装	t	1.000			

续表

序号	项目编码	项目名称	项目特征描述	计算规则和工作内容	计量单位	工程量	金额（元）综合单价	金额（元）合价	备注
257	080808008001	接地装置调试	名称：接地装置调试	接地测试	系统	1.00			
258	030409004001	均压环	名称：主体钢筋焊接点	（1）均压环敷设 （2）钢筋窗接地 （3）柱主筋与圈梁钢筋焊接 （4）利用圈梁钢筋焊接 （5）补刷（喷）油漆	m	1.00			
	1.83【杂散电流】（二级科目）								
259	080804005001	杂散电流防护	（1）结构钢筋焊接及防测防端子的制作与预理 （2）规格：详见施工设计图纸	投标人根据图纸及招标文件内容自行考虑报价，按项包干	项	1.00			
	1.84【白蚁防治】（二级科目）								
260	080804005002	白蚁防治费	车站出入口的地面建筑外侧周围，白蚁可以通过土壤、墙壁侵入地铁车站，必须用化学药物子以隔离	投标人根据图纸及招标文件内容自行考虑报价，按项包干	项	1.00			
	1.9【措施项目】（一级科目）			三级清单					
	1.91【措施项目—临时施工围挡】（二级科目）								
261	011710B001001	施工临时围挡	（1）材质：PVC围挡 （2）做法：详见图集《深圳市建设工程安全文明施工标准》SJG—46—2018	按设计图示尺寸以长度计算。安装、拆除及维护	m	1.00			
262	011710B001002	施工临时围挡	（1）材质：装配式钢结构围挡 A 型 （2）做法：详见图集《深圳市建设工程安全文明施工标准》SJG—46—2018	按设计图示尺寸以长度计算。安装、拆除及维护	m	1.00			
263	011710B001003	施工临时围挡	（1）材质：装配式钢结构围挡 B 型 （2）做法：详见图集《深圳市建设工程安全文明施工标准》SJG—46—2018	按设计图示尺寸以长度计算。安装、拆除及维护	m	1.00			

续表

序号	项目编码	项目名称	项目特征描述	计算规则和工作内容	计量单位	工程量	综合单价	合价	备注
							金额（元）		
264	011710B001004	施工临时围挡	(1) 材质：装配式钢结构围挡C型 (2) 做法：详见图集《深圳市建设工程安全文明施工标准》SJG—46—2018	按设计图示尺寸以长度计算。 安装、拆除及维护	m	1.00			
265	011710B001005	施工临时围挡	(1) 材质：临时水马围挡 (2) 做法：详见图集《深圳市建设工程安全文明施工标准》SJG—46—2018	按设计图示尺寸以长度计算。 安装、拆除及维护	m	1.00			
		1.92〖措施项目—脚手架〗（二级科目）							
266	081303001001	单排脚手架	(1) 搭设方式：单排脚手架 (2) 高度：10m以内	按脚手架搭设实际面积计算。 (1) 材料运输 (2) 搭拆脚手架、斜道、上料平台 (3) 安全网的铺设 (4) 拆除脚手架后材料的堆放	m²	1.00			
267	081303001002	单排脚手架	(1) 搭设方式：单排脚手架 (2) 高度：10m以外	按脚手架搭设实际面积计算。 (1) 材料运输 (2) 搭拆脚手架、斜道、上料平台 (3) 安全网的铺设 (4) 拆除脚手架后材料的堆放	m²	1.00			
268	081303002001	双排脚手架	(1) 搭设方式：双排脚手架 (2) 高度：10m以内	按脚手架搭设实际面积计算。 (1) 材料运输 (2) 搭拆脚手架、斜道、上料平台 (3) 安全网的铺设 (4) 拆除脚手架后材料的堆放	m²	1.00			
269	081303002002	双排脚手架	(1) 搭设方式：双排脚手架 (2) 高度：10m以外	按脚手架搭设实际面积计算。 (1) 材料运输 (2) 搭拆脚手架、斜道、上料平台 (3) 安全网的铺设 (4) 拆除脚手架后材料的堆放	m²	1.00			

续表

序号	项目编码	项目名称	项目特征描述	计算规则和工作内容	计量单位	工程量	金额（元）		备注
							综合单价	合价	
270	081303003001	风井、电梯井脚手架	(1) 搭设方式：风井、电梯井脚手架 (2) 高度：20m以内	按搭设数量计算。 (1) 材料运输 (2) 搭拆脚手架、斜道、上料平台 (3) 安全网的铺设 (4) 拆除脚手架后材料的堆放	座	1.00			
		1.93【措施项目—模板及支撑】（二级科目）							
271	081304B009001	垫层模板	(1) 名称：垫层模板 (2) 模板类型：木模板钢支撑	按混凝土构件接触面积计算。 (1) 模板制作、安装、拆除、整理、堆放 (2) 模板接头及模板内杂物清理、刷隔离剂 (3) 模板场内外运输及维修	m²	1.00			
272	081304B009002	地下连续墙导墙模板	(1) 名称：地下连续墙导墙模板 (2) 模板类型：木模板钢支撑		m²	1.00			
273	081304B009003	地下连续墙	(1) 名称：地下连续墙 (2) 模板类型：木模板钢支撑		m²	1.00			
274	081304B009004	混凝土冠梁	(1) 名称：混凝土冠梁 (2) 模板类型：木模板钢支撑		m²	1.00			
275	041102001002	垫层模板	(1) 明挖车站 (2) 构件类型：垫层模板 (3) 模板类型：木模板钢支撑		m²	1.00			
276	041102017002	挡土墙模板	(1) 明挖车站 (2) 构件类型：混凝土挡土墙模板 (3) 模板类型：木模板钢支撑		m²	1.00			
277	041102037002	矩形柱	(1) 明挖车站 (2) 构件类型：矩形柱 (3) 模板类型：木模板钢支撑		m²	1.00			
278	041102037001	异形柱	(1) 明挖车站 (2) 构件类型：异形柱 (3) 模板类型：木模板钢支撑		m²	1.00			

续表

序号	项目编码	项目名称	项目特征描述	计算规则和工作内容	计量单位	工程量	综合单价	合价	备注
							金额（元）		
279	041102037004	基础梁	(1) 明挖车站 (2) 构件类型：基础梁 (3) 模板类型：木模板钢支撑	按混凝土构件接触面积计算。 (1) 模板制作、安装、拆除、整理、堆放 (2) 模板接头及模内杂物清理、刷隔离剂 (3) 模板场内外运输及维修	m²	1.00			
280	041102037003	矩形梁	(1) 明挖车站 (2) 构件类型：矩形梁 (3) 模板类型：木模板钢支撑		m²	1.00			
281	041102037006	混凝土直形墙	(1) 明挖车站 (2) 构件类型：直形墙 (3) 模板类型：木模板钢支撑		m²	1.00			
282	041102037005	混凝土内衬墙	(1) 明挖车站 (2) 构件类型：内衬墙 (3) 模板类型：木模板钢支撑		m²	1.00			
283	041102037008	混凝土底板	(1) 明挖车站 (2) 构件类型：底板模板、有梁式 (3) 模板类型：木模板钢支撑	按混凝土构件接触面积计算。 (1) 模板制作、安装、拆除、整理、堆放 (2) 模板接头及模内杂物清理、刷隔离剂 (3) 模板场内外运输及维修	m²	1.00			
284	041102037007	混凝土顶板、中层板	(1) 明挖车站 (2) 构件类型：中层板、顶板 (3) 模板类型：木模板钢支撑		m²	1.00			
285	010401007001	混凝土站台板	(1) 明挖车站 (2) 构件类型：站台板 (3) 模板类型：木模板钢支撑		项	1.00			
286	041102037009	混凝土后浇带	(1) 明挖车站 (2) 构件类型：后浇带 (3) 模板类型：木模板钢支撑		m²	1.00			
287	081304B009005	风井、电梯井、电缆井、消防水池	(1) 部位：风井、电梯井、电缆井、消防水池 (2) 模板类型：木模板木支撑		m²	1.00			

续表

序号	项目编码	项目名称	项目特征描述	计算规则和工作内容	计量单位	工程量	综合单价	合价	备注
							金额（元）		
288	081304B009006	楼梯模板	(1) 名称：明挖车站 (2) 构件类型：楼梯模板 (3) 模板类型：木模板木支撑		m²	1.00			
289	010401007002	设备基础	(1) 名称：明挖车站 (2) 构件类型：设备基础 (3) 模板类型：木模板木支撑		m²	1.00			
290	081304B009007	小型构件	(1) 名称：明挖车站 (2) 构件类型：小型构件 (3) 模板类型：木模板木支撑	按混凝土构件接触面积计算。 (1) 模板制作、安装、拆除、整理、堆放 (2) 模板接头及模内杂物清理、刷隔离剂 (3) 模板场内外运输及维修	m²	1.00			
291	041102001001	垫层模板	(1) 名称：盖挖车站 (2) 构件类型：垫层模板 (3) 模板类型：木模板木支撑		m²	1.00			
292	041102017001	挡墙	(1) 名称：盖挖车站 (2) 构件类型：挡墙 (3) 模板类型：木模板木支撑		m²	1.00			
293	041102037010	矩形柱	(1) 名称：盖挖车站 (2) 构件类型：矩形柱 (3) 模板类型：木模板木支撑		m²	1.00			
294	041102037011	异形柱	(1) 名称：盖挖车站 (2) 构件类型：圆形柱 (3) 模板类型：木模板木支撑		m²	1.00			
295	041102037012	基础梁	(1) 名称：盖挖车站 (2) 构件类型：底梁 (3) 模板类型：钢模板	按混凝土构件接触面积计算。 (1) 模板制作、安装、拆除、整理、堆放 (2) 模板接头及模内杂物清理、刷隔离剂 (3) 模板场内外运输及维修	m²	1.00			
296	041102037013	矩形梁	(1) 名称：盖挖车站 (2) 构件类型：边顶梁 (3) 模板类型：钢模板		m²	1.00			

续表

序号	项目编码	项目名称	项目特征描述	计算规则和工作内容	计量单位	工程量	综合单价	合价	备注
							金额（元）		
297	041102037014	矩形梁	(1) 盖挖车站 (2) 构件类型：中顶梁 (3) 模板类型：钢模板	按混凝土构件接触面积计算。 (1) 模板制作、安装、拆除、整理、堆放 (2) 模板接头及模内杂物清理、刷隔离剂 (3) 模板场内外运输及维修	m²	1.00			
298	041102037016	混凝土边墙	(1) 盖挖车站 (2) 构件类型：边墙 (3) 模板类型：钢模板		m²	1.00			
299	041102037015	混凝土内衬墙	(1) 盖挖车站 (2) 构件类型：内衬墙 (3) 模板类型：钢模板		m²	1.00			
300	041102037018	混凝土底板	(1) 盖挖车站 (2) 构件类型：底板 (3) 模板类型：钢模板		m²	1.00			
301	041102037017	混凝土中层板	(1) 盖挖车站 (2) 构件类型：中层板 (3) 模板类型：钢模板		m²	1.00			
302	041102037019	混凝土顶板	(1) 盖挖车站 (2) 构件类型：顶板 (3) 模板类型：钢模板		m²	1.00			
303	041102037020	混凝土后浇带	(1) 盖挖车站 (2) 构件类型：后浇带 (3) 模板类型：钢模板		m²	1.00			
304	081304B009008	其他构件模板	(1) 名称：盖挖车站 (2) 部位：底板填充混凝土		m²	1.00			

续表

序号	项目编码	项目名称	项目特征描述	计算规则和工作内容	计量单位	工程量	金额（元） 综合单价	金额（元） 合价	备注
		1.94【措施项目—大型机械设备进出场及安拆】（二级科目）							
305	081308001001	大型机械设备进出场及安拆	(1)机械设备名称：履带式挖掘机 (2)机械设备规格型号：液压斗容量 1.0m³	按使用机械设备的进出场数量计算。进出场费包括施工机械、设备整体或分体自停放地点运至施工现场或由一施工地点运至另一施工地点所发生的运输、装卸、辅助材料等费用	台·次	1.00			
306	081308001002	大型机械设备进出场及安拆	(1)机械设备名称：履带式挖掘机 (2)机械设备规格型号：液压斗容量 1m³ 以外		台·次	1.00			
307	081308001003	大型机械设备进出场及安拆	(1)机械设备名称：履带式推土机 (2)机械设备规格型号：功率 90kW 以内		台·次	1.00			
308	081308001004	大型机械设备进出场及安拆	(1)机械设备名称：履带式推土机 (2)机械设备规格型号：90kW 以外		台·次	1.00			
309	081308001005	大型机械设备进出场及安拆	(1)机械设备名称：履带式起重机 (2)机械设备规格型号：30t 以内		台·次	1.00			
310	081308001006	大型机械设备进出场及安拆	(1)机械设备名称：履带式起重机 (2)机械设备规格型号：30t 以外		台·次	1.00			
311	081308001007	大型机械设备进出场及安拆	(1)机械设备名称：静力压桩机 (2)机械设备规格型号：液压压力 1200kN	按使用机械设备的拆装数量计算。安拆费包括施工机械、设备在现场进行安装拆卸所需的人工、材料、机械和试运转费用以及机械辅助设施的折旧、搭设、拆除等费用	台·次	1.00			
312	081308001008	大型机械设备进出场及安拆	(1)机械设备名称：静力压桩机 (2)机械设备规格型号：液压压力 1200kN 以上		台·次	1.00			
313	081308001009	大型机械设备进出场及安拆	(1)机械设备名称：潜孔钻机 (2)机械设备规格型号：孔径 φ1000		台·次	1.00			
314	081308001010	大型机械设备进出场及安拆	(1)机械设备名称：转盘钻孔机 (2)机械设备规格型号：孔径 φ1000		台·次	1.00			
315	081308001011	大型机械设备进出场及安拆	(1)机械设备名称：塔式起重机 (2)机械设备规格型号：150kN·m 以内		台·次	1.00			

续表

序号	项目编码	项目名称	项目特征描述	计算规则和工作内容	计量单位	工程量	综合单价	合价	备注
316	081308001012	大型机械设备进出场及安拆	(1) 机械设备名称：塔式起重机 (2) 机械设备规格型号：250kN·m以内	按使用机械设备的安拆数量计算。安拆费包括施工机械、设备在现场进行安装拆卸所需的人工、材料、机械和试运转费用以及机械辅助设施的折旧、搭设、拆除等费用	台·次	1.00			
317	081308001013	大型机械设备进出场及安拆	机械设备名称：地下连续墙成槽机进出场费		台·次	1.00			
318	081308001014	大型机械设备进出场及安拆	机械设备名称：双轮铣进出场费		台·次	1.00			
319	081308001015	大型机械设备进出场及安拆	机械设备名称：龙门吊进出场费		台·次	1.00			
		1.95【措施项目—便桥及便道】（二级科目）							
320	081302002002	便桥	(1) 结构类型：贝雷架临时钢便桥 (2) 6～13cm沥青马蹄脂碎石（SMA-13） (3) 23cmC40混凝土 (4) 10mm厚钢板（模板） (5) I66cm加强型六四式军用梁（含端弦杆、端构架、C100槽钢、横联套管螺栓、加强三角等钢结构配件） (6) 包含土石方开挖、桥背回填、余方弃置、垫枕支座、定位角钢	按设计图示数量计算。 (1) 清理基底 (2) 材料运输 (3) 便桥搭设 (4) 拆除、清理	座	1.00			
		1.96【措施项目—基坑降排水】（二级科目）							
321	081309002001	排水、降水	(1) 机械设备型号： (2) 降、排水管规格	按排、降水日历天数计算。 (1) 管道安装、拆除、场内搬运等 (2) 抽水、值班、降水设备维修等	昼夜	1.00			
322	081309002002	排水、降水	降、排水管规格：每个集水井应配备一台水泵，做到随集随排，严禁排出场的水回流入基坑；备用水泵不少于2个，雨期施工时施工单位应配备足够的排水设施。		昼夜	1.00			
323	081309002003	排水、降水	降、排水管规格：井点孔直径		昼夜	1.00			
		1.97【措施项目—施工监测、监控】（二级科目）							

续表

序号	项目编码	项目名称	项目特征描述	计算规则和工作内容	计量单位	工程量	金额（元）		备注
							综合单价	合价	
324	081307001001	施工监测、监控	（1）监测种类：墙（桩）顶水平位移 （2）位置或监测对象：围护结构上端部 （3）测试元件：经纬仪、水准仪	按设计图示数量计算。 （1）测点（测线）布设 （2）测试 （3）数据处理	点	1.00			
325	081307001002	施工监测、监控	（1）监测种类：地面沉降 （2）位置或监测对象：基坑周围地面 （3）测试元件：经纬仪、水准仪 （4）控制值：≤0.15%H		点	1.00			
326	081307001003	施工监测、监控	（1）监测种类：土体侧向位移 （2）位置或监测对象：围护结构的周边土体 （3）测试元件：测斜管、测斜仪 （4）控制值：30mm且≤0.20%H	按设计图示数量计算。 （1）测点（测线）布设 （2）测试 （3）数据处理	点	1.00			
327	081307001004	施工监测、监控	（1）监测种类：支撑轴力 （2）位置或监测对象：支撑端部或支撑1/3部位 （3）测试元件：轴力计或钢筋应力传感器 （4）控制值：30mm且≤0.20%H		点	1.00			
328	081307001005	施工监测、监控	（1）监测种类：地下水位 （2）位置或监测对象：基坑内外 （3）测试元件：水位管、水位计 （4）控制值：基坑内控制在坑底下1m	按设计图示数量计算。 （1）测点（测线）布设 （2）测试 （3）数据处理	点	1.00			
329	081307001006	施工监测、监控	（1）监测种类：临近建筑物沉降倾斜 （2）位置或监测对象：基坑周边需保护的建筑物 （3）测试元件：水准仪、经纬仪 （4）控制值：沉降20mm，倾斜0.2%		点	1.00			

续表

序号	项目编码	项目名称	项目特征描述	计算规则和工作内容	计量单位	工程量	金额（元）		备注
							综合单价	合价	
330	08130700 1007	施工监测、监控	(1) 监测种类：支撑立柱沉降 (2) 位置或监测对象：基坑中部，多根支撑交汇处，柱顶侧排数不少于5% (3) 测试元件：柱顶水准仪 (4) 控制值：25mm	按设计图示数量计算。(1) 测点（测线）布设 (2) 测试 (3) 数据处理	点	1.00			
331	08130700 1008	施工监测、监控	监测种类：管线变形监测		点	1.00			
332	08130700 1009	施工监测、监控	监测种类：连续墙内力		点	1.00			
333	08130700 1010	施工监测、监控	监测种类：空隙水压力		点	1.00			
	1.98【措施项目—洞内通风、供电、照明、通信】								
334	08130500 1001	洞内通风设施	(1) 设备种类：轴流通风机 (2) 使用时间：根据工期自行考虑	按设计图示隧道长度计算。(1) 管道铺设 (2) 线路铺设 (3) 设备安装 (4) 保养维护 (5) 拆除、清理 (6) 运输	m	1.00			
335	08130500 2001	洞内供水设施	(1) 设备种类：风管，水管 φ50 (2) 使用时间：根据工期自行考虑		m	1.00			
336	08130500 3001	洞内供电及照明设施	(1) 设备种类：综合考虑 (2) 使用时间：根据工期自行考虑		m	1.00			
337	08130500 4001	洞内通信设施	(1) 设备种类：综合考虑 (2) 使用时间：根据工期自行考虑		m	1.00			
338	08130500 5001	洞内外临时轨道铺设	(1) 设备种类：综合考虑 (2) 使用时间：根据工期自行考虑		m	1.00			
	1.99【措施项目—其他】（二级科目）								
339	08131000 3001	地下管线交叉处理	(1) 管线悬吊保护 (2) 管线的固定，保护及恢复 (3) 保护措施构作的安装、拆除、场内外运输 (4) 综合考虑各种管线种类、规格	投标人自行考虑。因与其他管道（线）发生交叉，而采取加固、砌筑检查井等措施	项	1.00			
340	08131000 4001	行车、行人干扰及交通导行增加	(1) 道路等级：综合考虑 (2) 影响范围：综合考虑	投标人自行考虑。施工期间为维持公共交通，因不能全面施工或受其他因素干扰地因素采取施工的交替施工、增加人员等措施	项	1.00			

续表

序号	项目编码	项目名称	项目特征描述	计算规则和工作内容	计量单位	工程量	金额（元）		备注
							综合单价	合价	
341	081311002001	夜间施工	综合考虑	投标人自行考虑。 （1）由于夜间施工造成的人工、机械等降低工效 （2）夜间施工照明用电等的人工夜班补助 （3）夜间施工照明用电等，其中洞内施工的工程（包括采用暗挖法施工的车站、区间、出入口、风道与联络通道，盾构法施工的车站顶板及盖挖法施工的车站与顶板以下部位的工程）不适用于第1条与第3条的内容	项	1.00			
342	081311003001	二次搬运	综合考虑	投标人自行考虑。 因受施工环境和场地限制致使材料、设备等不能直接运到现场，而必须再次倒运所发生的人工、机械及辅助材料费用	项	1.00			
343	081311005001	地上、地下设施、建筑物的临时保护设施	综合考虑	投标人自行考虑。 施工过程中可能危及或影响到的地上杆线、树木、交通与卫设施、房屋、建（构）筑物等的设施、预基础以及所有未进行迁移的设施，先采取隔离、围护与保护措施所发生的人工、机械、摊销等费用	项	1.00			
344	081311006001	已完工程及设备保护	综合考虑	投标人自行考虑。 工程竣工验收前，对已完工程及设备进行维护、看护所发生的人工与使用材料的周转、摊销及恢复等。不包括由于特殊原因导致长期停工而发生的对已完工程及设备进行保护以及人员看护等	项	1.00			

附件3-2　城市轨道交通工程标准化工程量清单——区间段工程

序号	项目编码	项目名称	项目特征描述	工程量计算规则及工作内容（三级清单）	计量单位	工程量	金额（元）综合单价	合价	备注
		1【土石方工程】							
		1.1【土石方工程—大开挖】							
1	04010100300 1	挖基坑土方	(1) 土壤类别：一、二类土 (2) 挖土深度：综合考虑	按设计图示尺寸以基础垫层底面积乘以挖土深度计算。 (1) 排地表水 (2) 土方开挖 (3) 围护（挡土板）及拆除 (4) 基底钎探 (5) 场内运输	m³	1.00			
2	04010100300 2	挖基坑淤泥	(1) 土壤类别：淤泥 (2) 挖土深度：综合考虑	按设计图示尺寸以基础垫层底面积乘以挖土深度计算。 (1) 排地表水 (2) 土方开挖 (3) 围护（挡土板）及拆除 (4) 基底钎探 (5) 场内运输	m³	1.00			
3	010102B00101	挖基坑石方	破碎方式：微差控制爆破	按设计图示尺寸以体积计算。 (1) 石方开凿、爆破 (2) 垂直运输 (3) 修整底部、边坡 (4) 运输	m³	1.00			
4	010103001001	回填方	(1) 回填土方密实度：应满足设计要求 (2) 回填材料：利用场内土方回填	按设计图示尺寸以体积计算。 (1) 运输 (2) 回填 (3) 压实	m³	1.00			
5	010103002001	余土外运	(1) 内容：余土外运 (2) 外运距离：30km	按挖方清单项目工程量减利用回填方体积（正数）计算。 (1) 余方点装料运输至弃置点	m³	1.00			

续表

序号	项目编码	项目名称	项目特征描述	工程量计算规则及工作内容	计量单位	工程量	金额（元） 综合单价	金额（元） 合价	备注
6	010103002002	淤泥外运	(1) 内容：淤泥外运 (2) 外运距离：30km	按设计图示尺寸以体积计算。余方装料运输至弃置点。	m³	1.00			
7	010103003001	余石外运	(1) 内容：石方外运 (2) 弃土运距：30km	按设计图示尺寸以体积计算。余土点装料运输至弃置点。	m³	1.00			
		1.2 【土石方工程—支撑下】							
8	040101003003	挖基坑土方（支撑下）	(1) 土壤类别：土方 (2) 挖土深度：16m	按设计图示尺寸以基础垫层底面积乘以挖土深度计算。 (1) 排地表水 (2) 土方开挖 (3) 场内运输	m³	1.00			
9	040101003004	挖基坑淤泥（支撑下）	(1) 土壤类别：淤泥 (2) 挖土深度：16m	按设计图示尺寸以基础垫层底面积乘以挖土深度计算。 (1) 排地表水 (2) 土方开挖 (3) 围护（挡土板）及拆除 (4) 基底钎探 (5) 场内运输	m³	1.00			
10	010102B00102	挖基坑石方（支撑下）	(1) 开凿深度：25m (2) 破碎方式：微差控制爆破	按设计图示尺寸以基础垫层底面积乘以挖土深度计算。 (1) 石方开凿、爆破 (2) 垂直运输 (3) 修整底部、边坡 (4) 运输	m³	1.00			
11	010103001002	回填方	(1) 回填土方密实度：应满足设计要求 (2) 回填材料：利用场内土方回填	按设计图示尺寸以体积计算。 (1) 运输 (2) 回填 (3) 压实	m³	1.00			

续表

序号	项目编码	项目名称	项目特征描述	工程量计算规则及工作内容	计量单位	工程量	金额（元）		备注
							综合单价	合价	
12	010103002003	余土外运	(1) 内容：余土外运 (2) 外运距离：30km	按挖方清单项目工程量减利用回填方体积（正数）计算。 余方点装料运输至弃置点	m³	1.00			
13	010103002004	淤泥外运	(1) 内容：淤泥外运 (2) 外运距离：30km	按设计图示尺寸以体积计算。 余方点装料运输至弃置点	m³	1.00			
14	010103003002	余石外运	(1) 内容：石方外运 (2) 弃土运距：30km	按设计图示尺寸以体积计算。 余方点装料运输至弃置点	m³	1.00			
		1.3【土石方工程—盖挖法】							
15	080101006001	盖挖土方	(1) 土壤类别：一、二类土 (2) 盖挖方式：人工＋机械开挖	按设计图示尺寸以基础垫层底面积乘以挖土深度计算。 (1) 排地表水 (2) 土方开挖 (3) 基底钎探 (4) 运输	m³	1.00			
16	080102003001	盖挖石方	(1) 岩石类别：根据地质勘察情况综合考虑 (2) 盖挖方式：人工开挖	按设计图示尺寸以基础垫层底面积乘以挖土深度计算。 (1) 排地表水 (2) 石方开凿 (3) 修整底部、边坡 (4) 运输	m³	1.00			
17	010103001003	回填方	(1) 回填土方密实度：应满足设计要求 (2) 回填材料：利用场内土方回填	按挖方清单项目工程量减利用回填方体积（正数）计算。 (1) 运输 (2) 回填 (3) 压实	m³	1.00			
18	010103002005	余土外运	(1) 内容：余土外运 (2) 外运距离：30km	按挖方清单项目工程量减利用回填方体积（正数）计算。 余方点装料运输至弃置点	m³	1.00			

序号	项目编码	项目名称	项目特征描述	工程量计算规则及工作内容	计量单位	工程量	综合单价	合价	备注
19	010103003003	余石外运	(1) 内容:石方外运 (2) 弃土运距:30km	按设计图示尺寸以体积计算。余土点装料运输至弃置点。	m³	1.00			
		2【支护工程】		三级清单					
		2.1《支护工程—喷锚或短锚钉护坡工程》							
20	040302006008	锚杆	(1) 地层情况:见图纸 (2) 类型、部位:坡面 (3) 钻孔深度:10m (4) 钻孔直径:150mm (5) 杆体材料品种、规格、数量:φ32	以米计量,按设计图示尺寸以钻孔深度计算。 (1) 钻孔、浆液制作、运输、压浆 (2) 锚杆(索)制作、运输、安装 (3) 张拉锚固 (4) 锚杆(索)施工平台搭设、拆除	m	1.00			
21	080104003003	锚杆(锚索)——入岩增加费	地层情况:见图纸	以米计量,按设计图示尺寸入岩钻孔孔深度计算。钻孔	m	1.00			
22	080403007006	钢筋网片	(1) 部位:喷混凝土挂钢筋网 (2) 规格:φ8@150×150	按设计图示尺寸以质量计算。 (1) 制作 (2) 运输 (3) 安装	t	1.00			
23	080101B00500	喷射混凝土	(1) 部位:钻孔桩同喷射混凝土 (2) 喷射厚度:100mm (3) 混凝土强度等级:C25(P6)	按设计图示尺寸以面积计算。 (1) 清洗基层 (2) 混凝土制作、喷射、养护 (3) 收回弹料	m²	1.00			
		2.2《支护工程—地下连续墙支护》							

续表

序号	项目编码	项目名称	项目特征描述	工程量计算规则及工作内容	计量单位	工程量	金额（元）		备注
							综合单价	合价	
24	08010401001005	导墙	(1) 事项内容：导墙 (2) 导墙类型：详见设计大样图 (3) 墙体厚度：200mm (4) 导墙钢筋：φ12@200mm，螺纹钢Ⅲ级 φ14mm@200 (5) 混凝土种类，强度等级：C30 (6) 弃土运距：渣土运输至发包人指定弃土场，运距30km	按设计图示墙中心线长乘以厚度乘以槽深以体积计算。 (1) 导墙挖填、安装 (2) 挖土、回填、余土外运 (3) 混凝土制作、灌注、养护 (4) 钢筋制作、安装 (5) 支撑制作、安装	m³	1.00			
25	08010401001006	地下连续墙	(1) 成槽方式：挖土成槽履带式液压抓斗 (2) 墙体厚度：1000mm (3) 成槽深度：25m内 (4) 混凝土种类，强度等级：C35（P10） (5) 接头形式：工字钢接头 (6) 泥浆外运距离：运输至发包人指定弃土场，运距30km	按设计图示墙中心线长乘以厚度乘以槽深以体积计算。 (1) 挖土成槽、固壁、清底置换 (2) 混凝土制作、灌注、养护 (3) 接头处理 (4) 泥浆制作 (5) 打桩场地硬化及泥浆池、泥浆沟制作 (6) 运输	m³	1.00			
26	08010401001007	地下连续墙	(1) 成槽方式：挖土成槽双轮铣槽机 (2) 墙体厚度：1000mm (3) 成槽深度：25m内 (4) 混凝土种类，强度等级：C35（P10） (5) 接头形式：工字钢接头 (6) 泥浆外运距离：运输至发包人指定弃土场，运距30km (7) 包含：清底置换等工作内容	按设计图示墙中心线长乘以厚度乘以槽深以体积计算。 (1) 挖土成槽、固壁、清底置换 (2) 混凝土制作、灌注、养护 (3) 接头处理 (4) 泥浆制作 (5) 打桩场地硬化及泥浆池、泥浆沟制作 (6) 运输	m³	1.00			
27	08020603001	钢筋笼	(1) 地下连续墙钢筋笼 (2) 种类：地下连续墙钢筋笼制作、安装、场内场外运输 (3) 规格：不同等级钢筋综合考虑 (4) 安放槽深度：25m以内	按设计图示尺寸以质量计算。 (1) 制作 (2) 运输 (3) 安装	t	1.00			

续表

序号	项目编码	项目名称	项目特征描述	工程量计算规则及工作内容	计量单位	工程量	金额（元） 综合单价	金额（元） 合价	备注
28	08020 6003002	钢筋笼	(1) 地下连续墙钢筋笼 (2) 种类：地下连续墙钢筋笼制作、安装、场内场外运输综合考虑 (3) 规格：不同等级钢筋综合考虑 (4) 安放槽深度：35m以内	按设计图示尺寸以质量计算。 (1) 制作 (2) 运输 (3) 安装	t	1.00			
29	080104001008	地下连续墙	(1) 地下连续墙	以立方米计量，按设计图示尺寸入岩实际体积计算	m³	1.00			
30	040201015006	高压水泥旋喷桩	(1) 旋喷类型、方法：双重管旋喷桩 (2) 水泥强度等级、掺量：采用42.5级普通硅酸盐水泥、水泥浆液的水灰比一般为 0.6：1~1.5：1	按设计图示尺寸以桩长计算。 (1) 成孔 (2) 水泥浆制作、高压旋喷注浆 (3) 材料运输	m	1.00			
31	010301004003	截（凿）桩头	(1) 内容：凿除灌注桩桩头 (2) 其他：凿除后桩头钢筋调直、废料外运	以立方米计量，按设计桩截面乘以桩头长度以体积计算。 (1) 截（切割）桩头 (2) 凿平 (3) 废料外运	m³	1.00			
32	010503001003	冠梁	(1) 内容：灌注桩冠梁 (2) 混凝土强度等级：C30	按设计图示尺寸以体积计算。伸入墙内的梁头、梁垫并入梁体积内。 (1) 模板及支架（撑）制作、安装、拆除、堆放、运输及清理模内杂物、刷隔离剂等 (2) 混凝土制作、运输、浇筑、振捣、养护	m³	1.00			
33	010503001007	腰梁	(1) 内容：灌注桩腰梁 (2) 混凝土强度等级：C30	按设计图示尺寸以体积计算。伸入墙内的梁头、梁垫并入梁体积内。 (1) 模板及支架（撑）制作、安装、拆除、堆放、运输及清理模内杂物、刷隔离剂等 (2) 混凝土制作、运输、浇筑、振捣、养护	m³	1.00			

续表

序号	项目编码	项目名称	项目特征描述	工程量计算规则及工作内容	计量单位	工程量	金额（元）综合单价	金额（元）合价	备注
34	010515001015	现浇构件钢筋	（1）圆钢箍筋 HPB300φ10 以内 （2）钢筋连接按综合考虑，已考虑搭接	按设计图示钢筋（网）长度（面积）乘以单位理论质量计算。 （1）钢筋制作、运输 （2）钢筋安装 （3）焊接（绑扎）	t	1.00			
35	010515001016	现浇构件钢筋	（1）螺纹钢筋 HRB400φ16～φ25 （2）钢筋连接按综合考虑，已考虑搭接	按设计图示钢筋（网）长度（面积）乘以单位理论质量计算。 （1）钢筋制作、运输 （2）钢筋安装 （3）焊接（绑扎）	t	1.00			
36	040303001004	混凝土垫层	（1）混凝土强度等级：C25（P6）	按设计图示尺寸以体积计算。 （1）模板制作、安装、拆除 （2）混凝土拌和、运输、浇筑 （3）养护	m³	1.00			
37	080101010003	混凝土挡土墙	（1）混凝土强度等级：C30	按设计图示尺寸以体积计算。 （1）模板制作、安装、拆除 （2）混凝土拌和、运输、浇筑 （3）养护	m³	1.00			
		2.3【支护工程—地下连续墙支护＋锚杆（锚索）】							
38	080104001001	导墙	（1）事项内容：导墙 （2）导墙类型：详见设计大样图 （3）墙体厚度：200mm （4）导墙钢筋：φ12@200mm，螺纹钢Ⅲ级φ14mm@200 （5）混凝土种类、强度等级：C30 （6）土方运距：渣土运输至发包人指定弃土场，运距30km	按设计图示墙中心线长乘以厚度乘以槽深以体积计算。 （1）导墙挖填、制作、安装 （2）挖土、回填、余土外运 （3）混凝土制作、灌注、养护 （4）钢筋制作、安装 （5）支撑制作、安装	m³	1.00			

续表

序号	项目编码	项目名称	项目特征描述	工程量计算规则及工作内容	计量单位	工程量	金额（元）		备注
							综合单价	合价	
39	080104001002	地下连续墙	(1) 成槽方式：挖土成槽履带式液压抓斗 (2) 墙体厚度：1000mm (3) 成槽深度：25m 内 (4) 混凝土种类、强度等级：C35 (P10) (5) 接头形式：工字钢接头 (6) 泥浆外运距离：运输至发包人指定弃土场，运距30km	按设计图示墙中心线乘以长乘以厚度乘以槽深以体积计算。 (1) 挖土成槽、固壁，清底置换 (2) 混凝土制作、灌注，养护 (3) 接头处理 (4) 泥浆制作 (5) 打桩场地硬化及泥浆池、泥浆沟制作 (6) 运输	m³	1.00			
40	080104001003	地下连续墙	(1) 成槽方式：挖土成槽双轮铣槽机 (2) 墙体厚度：1000mm (3) 成槽深度：25m 内 (4) 混凝土种类、强度等级：C35 (P10) (5) 接头形式：工字钢接头 (6) 泥浆外运距离：运输至发包人指定弃土场，运距30km	按设计图示墙中心线乘以长乘以厚度乘以槽深以体积计算。 (1) 挖土成槽、固壁，清底置换 (2) 混凝土制作、灌注，养护 (3) 接头处理 (4) 泥浆制作 (5) 打桩场地硬化及泥浆池、泥浆沟制作 (6) 运输	m³	1.00			
41	080104001004	地下连续墙	地下连续墙成槽入岩增加费	以立方米计量，按实际体积计算。	m³	100			
42	080206003003	钢筋笼	(1) 地下连续墙钢筋笼制作、安装、场内外运输 (2) 种类：地下连续墙钢筋笼制作、安装、场内外运输 (3) 规格：不同等级钢筋综合考虑 (4) 安放槽深：25m 以内	按设计图示尺寸以质量计算。 (1) 制作 (2) 运输 (3) 安装	t	1.00			
43	080206003004	钢筋笼	(1) 地下连续墙钢筋笼制作、安装、场内外运输 (2) 种类：地下连续墙钢筋笼制作、安装、场内外运输 (3) 规格：不同等级钢筋综合考虑 (4) 安放槽深：35m 以内	按设计图示尺寸以质量计算。 (1) 制作 (2) 运输 (3) 安装	t	1.00			

续表

序号	项目编码	项目名称	项目特征描述	工程量计算规则及工作内容	计量单位	工程量	金额（元）		备注
							综合单价	合价	
44	040201015003	高压水泥旋喷桩	(1) 旋喷类型、方法：双重管旋喷桩 (2) 水泥强度等级、掺量：采用42.5级普通硅酸盐水泥，水泥浆液的灰比一般为0.6∶1～1.5∶1	按设计图示尺寸以桩长计算。 (1) 成孔 (2) 水泥浆制作、高压旋喷注浆 (3) 材料运输	m	1.00			
45	010301004001	截（凿）桩头	(1) 内容：凿除灌注桩头 (2) 其他：凿除后桩头钢筋调直、废料外运	以立方米计量，按设计桩截面乘以桩头长度以体积计算。 (1) 截（切割）桩头 (2) 凿平 (3) 废料外运	m³	1.00			
46	010503001002	冠梁	(1) 内容：灌注桩冠梁 (2) 混凝土强度等级：C30混凝土	按设计图示尺寸以体积计算。伸入墙内的梁头、梁垫并入梁体积内。 (1) 模板另计 (2) 混凝土制作、运输、浇筑、振捣、养护	m³	1.00			
47	010503001008	腰梁	(1) 内容：灌注桩腰梁 (2) 混凝土强度等级：C30混凝土	按设计图示尺寸以体积计算。伸入墙内的梁头、梁垫并入梁体积内。 (1) 模板另计 (2) 混凝土制作、运输、浇筑、振捣、养护	m³	1.00			
48	010515001001	现浇构件钢筋	(1) 圆钢箍筋 HPB300φ10以内 (2) 钢筋连接综合考虑、已考虑搭接	按设计图示钢筋（网）长度（面积）乘单位理论质量计算。 (1) 钢筋制作、运输 (2) 钢筋安装 (3) 焊接（绑扎）	t	1.00			
49	010515001003	现浇构件钢筋	(1) 螺纹钢筋 HRB400φ16～φ25 (2) 钢筋连接综合考虑、已考虑搭接	按设计图示钢筋（网）长度（面积）乘单位理论质量计算。 (1) 钢筋制作、运输 (2) 钢筋安装 (3) 焊接（绑扎）	t	1.00			

续表

序号	项目编码	项目名称	项目特征描述	工程量计算规则及工作内容	计量单位	工程量	金额（元）		备注
							综合单价	合价	
50	040302006006	锚杆（索）	(1) 地层情况：土层锚索 (2) 类型、部位：详见图纸 (3) 钻孔直径：150mm (4) 杆体材料品种、规格、数量：3φ15预应力锚索	以米计量，按设计图示尺寸以钻孔深度计算。 (1) 钻孔、浆液制作、运输、压浆 (2) 锚杆（索）制作、安装 (3) 张拉锚固 (4) 锚杆（索）施工平台搭设、拆除	m	1.00			
51	040302006009	锚杆（索）	(1) 地层情况：土层锚杆 (2) 类型、部位：详见图纸 (3) 钻孔直径：150mm (4) 杆体材料品种、规格、数量：φ25	以米计量，按设计图示尺寸以钻孔深度计算。 (1) 钻孔、浆液制作、运输、压浆 (2) 锚杆（索）制作、安装 (3) 张拉锚固 (4) 锚杆（索）施工平台搭设、拆除	m	1.00			
52	080104003004	锚杆（锚索）——入岩增加费	地层情况：见图纸	以米计量，按设计图示尺寸入岩钻孔深度计算。 钻孔	m	1.00			
53	080101B00500	喷射混凝土	(1) 部位：钻孔桩间喷射混凝土 (2) 喷射厚度：200mm (3) 混凝土强度等级：C25 (P6)	按设计图示尺寸以面积计算。 (1) 清洗基层 (2) 混凝土制作、喷射、养护 (3) 收回弹料	m²	1.00			
54	080403007005	钢筋网片	(1) 部位：喷混凝土挂钢筋网 (2) 规格：φ8@150×150	按设计图示尺寸以质量计算。 (1) 制作 (2) 运输 (3) 安装	t	1.00			
55	040303001002	混凝土垫层	(1) 混凝土强度等级：C25 (P6)	按设计图示尺寸以体积计算。 (1) 模板制作、安装、拆除 (2) 混凝土拌和、运输、浇筑 (3) 养护	m³	1.00			

续表

序号	项目编码	项目名称	项目特征描述	工程量计算规则及工作内容	计量单位	工程量	金额（元）		备注
							综合单价	合价	
56	080101010002	混凝土挡土墙	混凝土强度等级：C30	按设计图示尺寸以体积计算。(1)基坑挖填 (2)垫层及挡土墙混凝土浇筑、养护 (3)封闭层、反滤层铺设 (4)变形缝、泄水管（孔）设置	m³	1.00			
		2.4 [支护工程—钢板桩支护]							
57	080201006001	钢板桩	(1)地层情况：综合考虑 (2)桩长：25m	以吨计量，按设计图示尺寸以质量计算。(1)工作平台搭拆 (2)桩机移位 (3)打拔钢板桩 (4)运输	t	1.00			
58	080201006002	钢板桩围檩	(1)材质：钢质 (2)型号、规格：见图纸	以吨计量，按设计图示尺寸以质量计算。围檩制作、安装	t	1.00			
		2.5 [支护工程—SMW工法支护]							
59	080104001009	导墙	(1)事项内容：导墙 (2)导墙类型、截面：详见设计大样图 (3)墙体厚度：200mm (4)导墙钢筋：φ12@200mm，螺纹钢筋Ⅲ级 φ14mm@200 (5)混凝土种类、强度等级：C30 (6)弃土运距：渣土运输至发包人指定弃土场	按设计图示墙中心线长乘以厚度乘以槽深以体积计算。(1)导墙挖填、制作、安装 (2)挖土、回填、余土外运 (3)混凝土制作、灌注、养护 (4)钢筋制作安装 (5)支撑制作安装	m³	1.00			
60	080104006001	水泥劲性搅拌围护桩（深层搅拌桩成墙）	(1)深度：30m (2)桩径：850mm (3)水泥掺量：水泥浆1:7 (4)型钢材质、规格：H700×300×13×24	按设计图示尺寸以体积计算。(1)钻进 (2)浆液制作、压浆 (3)搅拌、成桩 (4)插接型钢 (5)清理 (6)运输	m³	1.00			

续表

序号	项目编码	项目名称	项目特征描述	工程量计算规则及工作内容	计量单位	工程量	金额（元）		备注
							综合单价	合价	
61	010503001004	冠梁	(1)内容：灌注桩冠梁 (2)混凝土强度等级：C30	按设计图示尺寸以体积计算。伸入墙内的梁头、梁垫并入梁体积内。(1)模板另计 (2)混凝土制作、运输、浇筑、振捣、养护	m³	1.00			
62	010503001009	腰梁	(1)内容：灌注桩腰梁 (2)混凝土强度等级：C30	按设计图示尺寸以体积计算。伸入墙内的梁头、梁垫并入梁体积内。(1)模板另计 (2)混凝土制作、运输、浇筑、振捣、养护	m³	1.00			
63	010515001017	现浇构件钢筋	(1)圆钢箍筋 HPB300φ10以内 (2)钢筋连接综合考虑，已考虑搭接	按设计图示钢筋（网）长度（面积）乘以单位理论质量计算。(1)钢筋制作、运输 (2)钢筋安装 (3)焊接（绑扎）	t	1.00			
64	010515001018	现浇构件钢筋	(1)螺纹钢筋 HRB400φ16~φ25 (2)钢筋连接综合考虑，已考虑搭接	按设计图示钢筋（网）长度（面积）乘以单位理论质量计算。(1)钢筋制作、运输 (2)钢筋安装 (3)焊接（绑扎）	t	1.00			
65	080201006003	钢板桩围檩	(1)材质：钢质 (2)型号、规格：见图纸	以吨计量，按设计图示尺寸以质量计算。围檩制作、安装	t	1.00			

2.6【支护工程—钻孔灌注桩+旋喷止水帷幕支护】

续表

序号	项目编码	项目名称	项目特征描述	工程量计算规则及工作内容	计量单位	工程量	金额（元）		备注
							综合单价	合价	
66	080201008002	泥浆护壁成孔灌注桩——实桩部分	（1）地层情况：土层 （2）实桩桩长：综合考虑（仅计算实桩桩长） （3）桩径：φ1000mm （4）成孔方法：旋挖钻机钻孔 （5）混凝土种类、强度等级：C35（P10） （6）泥浆外运距离：运输至发包人指定弃土场，运距30km	以米计量，按设计图示尺寸以桩长（包括桩尖）计算。 （1）工作平台搭拆 （2）护筒埋设 （3）成孔、固壁 （4）混凝土制作、灌注、养护 （5）泥浆制作 （6）打桩场地硬化及泥浆池、泥浆沟制作 （7）运输	m	1.00			
67	080201008001	泥浆护壁成孔灌注桩——空桩部分	（1）地层情况：土层 （2）桩径：φ1000mm （3）空桩桩长：综合考虑（仅计算空桩桩长） （4）成孔方法：旋挖钻机钻孔 （5）护筒类型、长度：1.5m （6）泥浆外运距离：运输至发包人指定弃土场，运距30km	按设计桩长度计算。 （1）工作平台搭拆 （2）护筒埋设 （3）成孔、固壁 （4）运输	m	1.00			
68	010302001012	入岩增加费	（1）中风化、微风化岩石（全风化岩、强风化岩、孤石不计入） （2）按设计图纸计算 （3）φ≤1000mm （4）旋挖钻机钻孔	以米计量，按设计图示尺寸入岩钻孔深度计算。 钻孔	m	1.00			
69	040201015016	高压水泥旋喷桩	（1）旋喷类型、方法：三重管旋喷桩 （2）水泥强度等级、掺量：采用42.5级普通硅酸盐水泥，水泥浆液的水灰比一般为0.6:1～1.5:1	按设计图示尺寸以桩长计算。 （1）成孔 （2）水泥浆制作、高压旋喷注浆 （3）材料运输	m	1.00			

续表

序号	项目编码	项目名称	项目特征描述	工程量计算规则及工作内容	计量单位	工程量	金额（元）综合单价	合价	备注
70	040201015017	高压水泥旋喷桩	(1) 旋喷类型、方法：双重管旋喷桩 (2) 水泥强度等级、掺量：采用42.5级普通硅酸盐水泥，水泥浆液的水泥水灰比一般为0.6∶1～1.5∶1	按设计图示尺寸以桩长计算。(1) 成孔 (2) 水泥浆制作、高压旋喷注浆 (3) 材料运输	m	1.00			
71	010515010006	压浆管	(1) 规格、型号：钢管DN57×3 (2) 其他：桩底（侧）后压浆	按设计图示尺寸以质量计算。(1) 检测管截断、封头 (2) 套管制作、焊接 (3) 定位、固定	t	1.00			
72	010301004006	截（凿）桩头	(1) 内容：凿除灌注桩桩头 (2) 其他：凿除后桩头钢筋调直、废料外运	以立方米计量，按设计图示截面乘以桩头长度以体积计算。(1) 截（切割）桩头 (2) 凿平 (3) 废料外运	m³	1.00			
73	010515004006	钢筋笼	(1) 内容：桩钢筋笼 (2) 钢筋型号：HPB300φ10以内，HRB400φ10以外 (3) 其他：钢筋连接综合考虑，已考虑搭接	按设计图示尺寸以质量计算。(1) 制作 (2) 运输 (3) 安装	t	1.00			
74	010503001006	冠梁	(1) 内容：灌注桩冠梁 (2) 混凝土强度等级：C30	按设计图示尺寸以体积计算。伸入墙内的梁头、梁垫并入梁体积内。(1) 模板及支架（撑）制作、安装、拆除、堆放、运输及清理模内杂物、刷隔离剂等 (2) 混凝土制作、运输、浇筑、振捣、养护	m³	1.00			
75	010503001011	腰梁	(1) 内容：灌注桩腰梁 (2) 混凝土强度等级：C30	按设计图示尺寸以体积计算。伸入墙内的梁头、梁垫并入梁体积内。(1) 模板及支架（撑）制作、安装、拆除、堆放、运输及清理模内杂物、刷隔离剂等 (2) 混凝土制作、运输、浇筑、振捣、养护	m³	1.00			

续表

序号	项目编码	项目名称	项目特征描述	工程量计算规则及工作内容	计量单位	工程量	金额（元）		备注
							综合单价	合价	
76	010515001021	现浇构件钢筋	(1) 圆钢箍筋 HPB300φ10 以内 (2) 钢筋连接综合考虑，已考虑搭接	按设计图示钢筋（网）长度（面积）乘以单位理论质量计算。 (1) 钢筋制作、运输 (2) 钢筋安装 (3) 焊接（绑扎）	t	1.00			
77	010515001022	现浇构件钢筋	(1) 螺纹钢筋 HRB400φ16～φ25 (2) 钢筋连接综合考虑，已考虑搭接	按设计图示钢筋（网）长度（面积）乘以单位理论质量计算。 (1) 钢筋制作、运输 (2) 钢筋安装 (3) 焊接（绑扎）	t	1.00			
78	040303001007	混凝土垫层	(1) 混凝土强度等级：C25（P6）	按设计图示尺寸以体积计算。 (1) 模板制作、安装、拆除 (2) 混凝土拌和、运输、浇筑 (3) 养护	m³	1.00			
79	080101010006	混凝土挡土墙	(1) 混凝土强度等级：C30	按设计图示尺寸以体积计算。 (1) 基坑挖填 (2) 垫层及挡土墙混凝土浇筑、养护 (3) 封闭层、反滤层铺设 (4) 变形缝、泄水管（孔）设置	m³	1.00			
		2.7 《钢筋混凝土内支撑工程》							
80	081306001003	临时混凝土支撑	(1) 部位：混凝土支撑、连系梁、八字撑、琵琶撑 (2) 混凝土强度等级：C30 泵送混凝土 (3) 拆除、清理、堆放、装车、场内场外运输 (4) 围护结构接触面凿毛、混凝土浇筑、养护等	按设计图示尺寸以体积计算。 (1) 混凝土制作（地、胎）、浇筑、养护 (2) 模板（地、胎模）制作、安装 (3) 钢筋制作、安装 (4) 拆除 (5) 运输	m³	1.00			

续表

序号	项目编码	项目名称	项目特征描述	工程量计算规则及工作内容	计量单位	工程量	金额（元）		备注
							综合单价	合价	
81	081306001004	临时混凝土支撑	（1）部位：混凝土三角撑（中线标高同混凝土支撑） （2）混凝土强度等级：C30 商品混凝土	按设计图示尺寸以体积计算。 （1）混凝土制作、浇筑、养护 （2）模板（地、胎模）制作、安装、拆除 （3）钢筋制作、安装 （4）拆除 （5）运输	m³	1.00			
82	010515001004	现浇构件钢筋	（1）圆钢箍筋 HPB300φ10 以内 （2）钢筋连接综合考虑，已考虑搭接	按设计图示钢筋（网）长度（面积）乘以单位理论质量计算。 （1）钢筋制作、运输 （2）钢筋安装 （3）焊接（绑扎）	t	1.00			
83	010515001005	现浇构件钢筋	（1）圆钢箍筋 HPB300φ12~φ14 以内 （2）钢筋连接综合考虑，已考虑搭接	按设计图示钢筋（网）长度（面积）乘以单位理论质量计算。 （1）钢筋制作、运输 （2）钢筋安装 （3）焊接（绑扎）	t	1.00			
84	010515001007	现浇构件钢筋	（1）螺纹钢筋 HRB400φ16~φ25 （2）钢筋连接综合考虑，已考虑搭接	按设计图示钢筋（网）长度（面积）乘以单位理论质量计算。 （1）钢筋制作、运输 （2）钢筋安装 （3）焊接（绑扎）	t	1.00			
85	010515001013	现浇构件钢筋	（1）螺纹钢筋 HRB400φ28~φ32 （2）钢筋连接综合考虑，已考虑搭接	按设计图示钢筋（网）长度（面积）乘以单位理论质量计算。 （1）钢筋制作、运输 （2）钢筋安装 （3）焊接（绑扎）	t	1.00			

续表

序号	项目编码	项目名称	项目特征描述	工程量计算规则及工作内容	计量单位	工程量	金额（元）		备注
							综合单价	合价	
86	040901008001	植筋	(1) 植筋 (2) φ28 (3) 植入深度750mm，含钢筋	按设计图示数量计算。 (1) 定位、钻孔、清孔 (2) 钢筋加工成型 (3) 注胶、植筋 (4) 抗拔试验 (5) 养护	根	1.00			
87	040901008002	植筋	(1) 植筋 (2) φ12	按设计图示数量计算。 (1) 定位、钻孔、清孔 (2) 钢筋加工成型 (3) 注胶、植筋 (4) 抗拔试验 (5) 养护	根	1.00			
		2.8 [钢架内支撑工程]							
88	081306002007	临时钢支撑 （钢管）	(1) 材质、规格、型号：φ609，t＝16mm钢管支撑，Q235-B钢 (2) 包括制作、安装、拆除、清理、堆放、装车、场内场外运输，除锈并刷防锈漆 (3) 含连接螺栓、法兰盘、活络端头构件、千斤顶、拆除以及完成支撑	按设计图示尺寸以质量计算。 (1) 支撑、铁件制作（摊销、租赁） (2) 支撑、铁件安装 (3) 检测 (4) 刷防锈漆 (5) 拆除 (6) 运输	t	1.00			
89	081306002008	临时钢支撑 （钢管）	(1) 材质、规格、型号：φ800，t＝20mm钢管支撑，Q235-B钢 (2) 包括制作、安装、拆除、清理、堆放、装车、场内场外运输，除锈并刷防锈漆 (3) 含连接螺栓、法兰盘、活络端头构件、千斤顶、焊缝、拆除以及完成支撑	按设计图示尺寸以质量计算。 (1) 支撑、铁件制作（摊销、租赁） (2) 支撑、铁件安装 (3) 检测 (4) 刷防锈漆 (5) 拆除 (6) 运输	t	1.00			

续表

序号	项目编码	项目名称	项目特征描述	工程量计算规则及工作内容	计量单位	工程量	金额（元）		备注
							综合单价	合价	
90	081306002009	临时钢支撑（钢围檩）	(1) 部位：钢围檩、钢腰梁 (2) 材质、规格、型号：双拼 C45 工字钢、Q235B (3) 包括制作、安装、拆除、清理、堆放、装车、场内场外运输的除锈并刷防锈漆 (4) 按钢围檩的设计长度计算工程量、缀板、加劲板、牛腿托架、钢板角撑	按设计图示尺寸以质量计算。 (1) 支撑、铁件制作（摊销、租赁） (2) 支撑、铁件安装 (3) 检测 (4) 刷防锈漆 (5) 拆除 (6) 运输	t	1.00			
91	040302006007	锁脚锚杆	(1) 地层情况：中空注浆锚杆 (2) 类型、部位：详见图纸 (3) 钻孔直径：150mm (4) 杆体材料品种、规格、数量：$\phi25$	按设计图示数量计算。 (1) 钻孔、浆液制作、运输、压浆 (2) 锚杆（索）制作、安装 (3) 张拉锚固 (4) 锚杆（索）施工平台搭设、拆除	m	1.00			
		2.9【基坑临时立柱工程】							
92	080201008003	泥浆护壁成孔灌注桩——实桩部分	(1) 地层情况：土层 (2) 实桩桩长：综合考虑（仅计算实桩桩长） (3) 桩径：$\phi1000$mm (4) 成孔方法：旋挖钻机钻孔 (5) 混凝土种类、强度等级：C35 (P10) (6) 泥浆外运距离：运输至发包人指定弃土场、运距 30km	以米计量，按设计图示尺寸以桩长（包括桩尖）计算。 (1) 工作平台搭拆 (2) 护筒埋设 (3) 成孔、固壁 (4) 混凝土制作、灌注、养护 (5) 泥浆制作 (6) 打桩场地硬化及泥浆池、泥浆沟制作 (7) 运输	m	1.00			
93	080201008004	泥浆护壁成孔灌注桩——空桩部分	(1) 地层情况：土层 (2) 桩径：$\phi1000$mm (3) 空桩桩长：综合考虑（仅计算空桩桩长） (4) 成孔方法：旋挖钻机钻孔 (5) 护筒埋设、长度：1.5m	按设计图示空桩长度计算。 (1) 工作平台搭拆 (2) 护筒埋设 (3) 成孔、固壁 (4) 运输	m	1.00			

续表

序号	项目编码	项目名称	项目特征描述	工程量计算规则及工作内容	计量单位	工程量	金额（元）综合单价	金额（元）合价	备注
94	010302001001	入岩增加费	（1）中风化、微风化岩石（全风化岩、强风化岩，孤石不计入岩） （2）按设计图纸计算 （3）⌀≤1000mm （4）旋挖钻机钻孔	以米计量，按设计图示尺寸入岩钻孔深度计算。 钻孔	m	1.00			
95	010515010002	压浆管	（1）规格型号：钢管 DN57×3 （2）其他：桩底（侧）后压浆	按设计图示尺寸以质量计算。 （1）检测管截断、封头 （2）套管制作、焊接 （3）定位、固定	t	1.00			
96	010301004004	截（凿）桩头	（1）内容：凿除灌注桩桩头 （2）其他：凿除后桩头钢筋调直、废料外运	以立方米计量，按设计桩截面乘以桩头长度以体积计算。 （1）截（切割）桩头 （2）凿平 （3）废料外运	m³	1.00			
97	010515004001	钢筋笼	（1）内容：桩钢筋笼 （2）钢筋型号：HPB300⌀10以内、HRB100 ⌀10以外 （3）其他：钢筋连接综合考虑，已考虑搭接	按设计图示尺寸以质量计算。 （1）制作 （2）运输 （3）安装	t	1.00			
98	081306002003	临时钢支撑（格构柱）	（1）材质、规格、型号：缀板 500×300×10，角钢 L200×200×14 （2）止水钢板角钢四周焊接厚 5mm （3）包括制作、安装、拆除、清理、堆放、装车、场内场外运输、除锈并刷防锈漆	按设计图示尺寸以质量计算。 （1）支撑、铁件制作（推销、租赁） （2）支撑、铁件安装 （3）检测 （4）刷防锈漆 （5）拆除 （6）运输	t	1.00			
		2.10〖拆除工程〗							

续表

序号	项目编码	项目名称	项目特征描述	工程量计算规则及工作内容	计量单位	工程量	金额（元）		备注
							综合单价	合价	
99	081306002006	H型钢回收	拆除部位：SMW 工法中 H 型钢回收	按设计图示尺寸以质量计算。 (1) 拔桩 (2) 拆除 (3) 运输	t	1.00			
100	081306002004	拆除钢支撑	拆除部位：拆除格栅钢架	按设计图示尺寸以质量计算。 (1) 支撑、铁件制作（摊销、租赁） (2) 支撑、铁件安装 (3) 检测 (4) 刷防锈漆 (5) 拆除 (6) 运输	t	1.00			
101	081202002003	拆除钢筋混凝土	(1) 拆除部位及方法：拆除第一道混凝土支撑、连系梁、斜撑等 (2) 结构形式：钢筋混凝土结构	按设计图示尺寸以体积计算。 (1) 拆除 (2) 废料养置	m³	1.00			
102	010103003005	余石外运	(1) 内容：石方外运 (2) 弃土运距：30km	按设计图示尺寸以体积计算。 余土点装装料运输至养置点	m³	1.00			
		3【区间隧道】		三、四、五级清单					
		3.1【明挖段】							
		3.11【主体结构工程】							
103	080202001003	混凝土垫层	(1) 混凝土强度等级：C20 泵送混凝土	按设计图示尺寸以体积计算。 (1) 混凝土制作、浇筑、振捣、养护 (2) 模板制作、安装、拆除 (3) 运输	m³	1.00			
104	080401001004	混凝土柱	(1) 部位：明挖隧道主体 (2) 截面形式、尺寸：矩形柱 (3) 混凝土强度等级：C50 泵送混凝土	按设计图示尺寸以体积计算。 (1) 混凝土制作、浇筑、振捣、养护 (2) 模板制作、安装、拆除 (3) 运输	m³	1.00			

续表

序号	项目编码	项目名称	项目特征描述	工程量计算规则及工作内容	计量单位	工程量	金额（元）		备注
							综合单价	合价	
105	080401001005	混凝土柱	(1) 部位：明挖隧道主体 (2) 截面形式、尺寸：异形柱 (3) 混凝土强度等级：C50 泵送混凝土	按设计图示尺寸以体积计算。 (1) 混凝土制作、浇筑、振捣、养护。 (2) 模板制作、安装、拆除 (3) 运输	m³	1.00			
106	080401002001	混凝土基础梁	(1) 部位：明挖隧道主体 (2) 截面形式、尺寸：矩形梁 (3) 混凝土强度等级：C35 (P10 抗渗) 泵送混凝土	按设计图示尺寸以体积计算。 (1) 混凝土制作、浇筑、振捣、养护。 (2) 模板制作、安装、拆除 (3) 运输	m³	1.00			
107	080401003015	混凝土梁	(1) 部位：明挖段中梁 (2) 截面形式、尺寸：矩形梁 (3) 混凝土强度等级：C35 泵送混凝土	按设计图示尺寸以体积计算。 (1) 混凝土制作、浇筑、振捣、养护。 (2) 模板制作、安装、拆除 (3) 运输	m³	1.00			
108	080401003016	混凝土梁	(1) 部位：明挖段顶板梁 (2) 截面形式、尺寸：矩形梁 (3) 混凝土强度等级：C35 (P8 抗渗) 泵送混凝土	按设计图示尺寸以体积计算。 (1) 混凝土制作、浇筑、振捣、养护。 (2) 模板制作、安装、拆除 (3) 运输	m³	1.00			
109	080401003017	混凝土梁	(1) 部位：顶板出土孔 (2) 截面形式、尺寸：异形梁 (3) 混凝土强度等级：C35 (P8 抗渗) 泵送混凝土	按设计图示尺寸以体积计算。 (1) 混凝土制作、浇筑、振捣、养护。 (2) 模板制作、安装、拆除 (3) 运输	m³	1.00			
110	080401003018	混凝土梁	(1) 部位：中板出土孔 (2) 截面形式、尺寸：异形梁 (3) 混凝土强度等级：C35 泵送混凝土	按设计图示尺寸以体积计算。 (1) 混凝土制作、浇筑、振捣、养护。 (2) 模板制作、安装、拆除 (3) 运输	m³	1.00			
111	080401003019	混凝土梁	(1) 部位：隧道入口环梁 (2) 截面形式、尺寸：见图纸 (3) 混凝土强度等级：C35 (P10 抗渗) 泵送混凝土	按设计图示尺寸以体积计算。 (1) 混凝土制作、浇筑、振捣、养护。 (2) 模板制作、安装、拆除 (3) 运输	m³	1.00			

续表

序号	项目编码	项目名称	项目特征描述	工程量计算规则及工作内容	计量单位	工程量	金额（元） 综合单价	金额（元） 合价	备注
112	080401006003	混凝土内衬墙	(1) 截面形式、尺寸：明挖段侧墙 (2) 混凝土强度等级：C35（P8 抗渗）泵送混凝土	按设计图示尺寸以体积计算。 (1) 混凝土制作、浇筑、振捣、养护 (2) 模板制作、安装、拆除 (3) 运输	m³	1.00			
113	080401006004	混凝土内衬墙	(1) 截面形式、尺寸：明挖段侧墙 (2) 混凝土强度等级：C35（P10 抗渗）泵送混凝土	按设计图示尺寸以体积计算。 (1) 混凝土制作、浇筑、振捣、养护 (2) 模板制作、安装、拆除 (3) 运输	m³	1.00			
114	080401007004	混凝土底板	(1) 截面形式、尺寸：明挖段底板 (2) 混凝土强度等级：C35（P10 抗渗）泵送混凝土	按设计图示尺寸以体积计算。 (1) 混凝土制作、浇筑、振捣、养护 (2) 模板制作、安装、拆除 (3) 运输	m³	1.00			
115	080401008005	混凝土中层板	(1) 截面形式、尺寸：明挖段中板 (2) 混凝土强度等级：C35 泵送混凝土	按设计图示尺寸以体积计算。 (1) 混凝土制作、浇筑、振捣、养护 (2) 模板制作、安装、拆除 (3) 运输	m³	1.00			
116	080401009004	混凝土顶板	(1) 截面形式、尺寸：明挖段顶板 (2) 混凝土强度等级：C35（P8 抗渗）泵送混凝土	按设计图示尺寸以体积计算。 (1) 混凝土制作、浇筑、振捣、养护 (2) 模板制作、安装、拆除 (3) 运输	m³	1.00			
117	080401012004	混凝土其他构件	(1) 部位：消防水池、电梯基坑、废水池、 (2) 混凝土强度等级：C35（P8 抗渗）泵送混凝土	按设计图示尺寸以体积计算。 (1) 混凝土制作、浇筑、振捣、养护 (2) 模板制作、安装、拆除 (3) 运输	m³	1.00			
118	080401014003	混凝土后浇带	(1) 部位：吊装孔 (2) 混凝土强度等级：C40（P8 抗渗）微膨胀泵送混凝土	按设计图示尺寸以体积计算。 (1) 混凝土制作、浇筑、振捣、养护 (2) 模板制作、安装、拆除 (3) 运输	m³	1.00			

续表

序号	项目编码	项目名称	项目特征描述	工程量计算规则及工作内容	计量单位	工程量	金额（元）		备注
							综合单价	合价	
119	08020202025004	混凝土挡土墙 墙身	(1) 混凝土强度等级：C35 泵送混凝土	按设计图示尺寸以体积计算。(1) 混凝土制作、浇筑、振捣、养护 (2) 模板制作、安装、拆除 (3) 运输	m³	1.00			
		3.12「钢筋工程」							
120	08020601013	现浇混凝土钢筋、连接筋	(1) 种类：普通钢筋 (2) 规格：φ10 以内	按设计图示尺寸以质量计算。(1) 制作 (2) 运输 (3) 安装	t	1.00			
121	08020601014	现浇混凝土钢筋、连接筋	(1) 种类：普通钢筋 (2) 规格：φ10 以外	按设计图示尺寸以质量计算。(1) 制作 (2) 运输 (3) 安装	t	1.00			
122	08020601015	现浇混凝土钢筋、连接筋	(1) 种类：抗震钢筋（带 E） (2) 规格：φ10 以内	按设计图示尺寸以质量计算。(1) 制作 (2) 运输 (3) 安装	t	1.00			
123	08020601016	现浇混凝土钢筋、连接筋	(1) 种类：普通钢筋（带 E） (2) 规格：φ10 以外	按设计图示尺寸以质量计算。(1) 制作 (2) 运输 (3) 安装	t	1.00			
124	08020601017	现浇混凝土钢筋、连接筋	(1) 部位：盾构孔破洞范围内 (2) 种类：玻璃纤维筋 (3) 规格：φ32	按设计图示尺寸以质量计算。(1) 制作 (2) 运输 (3) 安装	t	1.00			
125	08020606004	钢筋接驳器	(1) 种类：预埋钢筋接驳器 (2) 规格：φ25 以内	按设计图示尺寸以数量计算。(1) 制作 (2) 运输 (3) 安装	个	1.00			

续表

序号	项目编码	项目名称	项目特征描述	工程量计算规则及工作内容	计量单位	工程量	综合单价	合价	备注
126	080206006005	钢筋接驳器	(1) 种类：预埋钢筋接驳器 (2) 规格：φ32 以内	按设计图示尺寸以数量计算。 (1) 制作 (2) 运输 (3) 安装	个	1.00			
127	080206012010	预埋铁件	(1) 种类：预埋铁件、吊钩 (2) 具体详见图纸	按设计图示尺寸以质量计算。 (1) 制作 (2) 运输 (3) 安装	t	1.00			
128	080206007003	植筋	(1) 规格：φ25 插筋（与吊钩焊接） (2) 植入深度：根据设计图纸设置	按设计图示尺寸以数量计算。 (1) 定位、钻孔、清孔 (2) 钢筋加工成型 (3) 注胶、植筋 (4) 抗拔试验 (5) 养护 (6) 运输	根	1.00			
129	080206007004	植筋	(1) 规格：φ20 插筋（与吊钩焊接） (2) 植入深度：根据设计图纸设置	按设计图示尺寸以数量计算。 (1) 定位、钻孔、清孔 (2) 钢筋加工成型 (3) 注胶、植筋 (4) 抗拔试验 (5) 养护 (6) 运输	根	1.00			

3.2 [盾构法]

3.21 [管片制作]

续表

序号	项目编码	项目名称	项目特征描述	工程量计算规则及工作内容	计量单位	工程量	综合单价	合价	备注
							金额（元）		
130	04403004001	预制钢筋混凝土管片	(1) 直径：φ6200mm (2) 厚度：400mm (3) 宽度：1500mm (4) 混凝土强度等级：C50 (P12) (5) 预理：螺栓套筒预理	按设计图示尺寸以体积计算。 (1) 制作、混凝土浇筑 (2) 场内运输、场外运输至施工现场 (3) 试拼装 (4) 费用包含：管片预制厂场地及建设费用摊销 (5) 注浆孔及增设注浆孔的预留、预理综合考虑	m³	1.00			
131	08206002001	预制构件钢筋	(1) 种类：HPB300、HRB400 (2) 规格：含接头	按设计图示尺寸以质量计算。 (1) 制作 (2) 运输 (3) 安装	t	1.00			
132	08206002002	特殊衬砌环背覆钢板	(1) 种类：钢板 Q235B钢、HRB400钢筋 综合 (2) 油漆：无溶剂超厚膜型环氧涂料二度	按设计图示尺寸以质量计算。 (1) 制作 (2) 运输 (3) 安装	t	1.00			
		3.22「盾构掘进」							
		3.221「掘进—TBM盾构（含空推）」							
133	04403001001	盾构吊装	(1) 直径：φ6200mm (2) 规格型号：TBM盾构机 (3) 始发方式：整体始发	按设计图示数量计算。 (1) 盾构机安装 (2) 车架安装 (3) 管线连接、调试 (4) 完成设计要求、施工规范及工序所需的全部相关工作内容	台·次	1.00			
134	04403001002	盾构吊装	(1) 直径：φ6200mm (2) 规格型号：TBM盾构机 (3) 始发方式：分体始发	按设计图示数量计算。 (1) 盾构机安装 (2) 车架安装 (3) 管线连接、调试 (4) 完成设计要求、施工规范及工序所需的全部相关工作内容	台·次	1.00			

续表

序号	项目编码	项目名称	项目特征描述	工程量计算规则及工作内容	计量单位	工程量	金额（元）综合单价	金额（元）合价	备注
135	04040300 1003	盾构吊拆	(1) 直径：φ6200mm (2) 规格型号：TBM盾构机	按设计图示数量计算。 (1) 盾构机拆除 (2) 车架拆除 (3) 管线拆除 (4) 完成设计要求、施工规范及工序所需的全部相关工作内容	台·次	1.00			
136	04040300 10001	盾构基座、反力架	(1) 材质：型钢 (2) 规格：见施工图纸、施工方案 (3) 部位：盾构基座、反力架 (4) 其他：考虑残值回收	按设计图示尺寸以质量计算。 (1) 制作、安装、拆除 (2) 完成设计要求、施工规范及工序所需的全部相关工作内容	t	1.00			
137	08030301 2001	盾构机转场运输	(1) 转场范围：从某站点转至某站点 (2) 转场距离：5km	按设计图示数量计算。 (1) 盾构机及所有配套（含车架）运输 (2) 完成设计要求、施工规范及工序所需的全部相关工作内容	台·次	1.00			
138	08030301 0001	盾构机调头	(1) 直径：φ6200mm (2) 规格型号：TBM盾构机 (3) 始发方式：整体始发	按设计调头（过站）次数计算。 (1) 盾构机、车架拆除 (2) 盾构机、车架调头 (3) 轨道、钢板等设施安装、拆除 (4) 盾构机、车架安装 (5) 连接管线、调试	台·次	1.00			
139	08030301 1001	盾构机过站	(1) 直径：φ6200mm (2) 规格型号：TBM盾构机	按设计调头（过站）次数计算。 (1) 盾构机、车架过站 (2) 过轨道等设施安装、拆除 (3) 连接管线、调试	台·次	1.00			

续表

序号	项目编码	项目名称	项目特征描述	工程量计算规则及工作内容	计量单位	工程量	综合单价	合价	备注
140	040403002001	盾构掘进	(1) 直径：φ6200mm (2) 规格：TBM盾构机 (3) 地质：土方、硬岩、软岩、综合考虑 (4) 掘进施工段类别：负环段、进洞段、正常段、出洞段 (5) 密封舱材料品种：综合考虑 (6) 弃土（浆）运距：30km (7) 管片外侧防水：外侧涂渗透性改性环氧涂料	按设计图示掘进长度计算。 (1) 掘进 (2) 管片拼装 (3) 密封舱添加材料 (4) 负环管片拆除 (5) 隧道内管线路铺设、拆除 (6) 泥浆制作 (7) 泥浆处理 (8) 土方、废浆外运 (9) 涂料涂刷	m	1.00			
141	040403002002	盾构掘进（空推）	(1) 直径：φ6200mm (2) 规格：TBM盾构机 (3) 掘进施工段类别：导洞段 (4) 密封舱材料品种：综合考虑 (5) 导台：C30混凝土、HPB300级钢筋 (6) 初次支护与管片之间充填：用豆粒石充填，然后注浆	按设计图示掘进长度计算。 (1) 空推掘进 (2) 管片拼装 (3) 密封舱添加材料 (4) 豆粒石充填，然后注浆 (5) 隧道内管线路铺设、拆除 (6) 涂料涂刷	m	1.00			
142	040403005001	管片设置密封条	(1) 管片直径、宽度、厚度：φ6200mm，宽度1500mm，厚度400mm (2) 密封条材料：复合性弹性橡胶+遇水膨胀橡胶 (3) 密封条规格：厚度3.5mm+1.5mm	按设计图示数量计算。 密封条安装	环	1.00			
143	040403006001	隧道洞口柔性接缝环	(1) 材料：钢筋混凝土、遇水膨胀橡胶止水条 (2) 规格：650mm×1000mm (3) 部位：进出洞口 (4) 混凝土强度等级：C35（P12） (5) 钢环板：Q235，详见图纸 (6) 洞口临时设施：洞口钢环板、橡胶套 (7) 注浆：超细水泥浆	按设计图示尺寸以隧道管片外径周长计算。 (1) 制作、安装临时防水环板 (2) 制作、安装、拆除临时止水缝 (3) 拆除临时洞口管片 (4) 安装洞口管片 (5) 安装钢环板 (6) 柔性接缝环 (7) 洞口钢筋混凝土环圈 (8) 注浆	m	1.00			

续表

序号	项目编码	项目名称	项目特征描述	工程量计算规则及工作内容	计量单位	工程量	金额（元）综合单价	金额（元）合价	备注
144	04040307001	管片嵌缝	(1) 直径：φ6200mm (2) 材料：遇水膨胀防水垫圈、聚氨酯密封膏	按设计图示数量计算。 (1) 管片嵌缝槽表面处理、配料嵌缝 (2) 管片手孔封堵	环	1.00			
145	04040303001	同步注浆	(1) 浆液品种：水泥砂浆 (2) 配合比：42.5级抗硫酸盐水泥、掺加8kg/m³水泥基渗透结晶 (3) 注浆类型：一次注浆	按管片外径和盾构壳体外径所形成的充填体积计算。 (1) 制浆 (2) 送浆 (3) 压浆 (4) 封堵 (5) 清洗 (6) 运输	m³	1.00			
146	08010302001	二次注浆	(1) 地层情况：岩石 (2) 浆液种类及配合比：水泥和水玻璃双浆液、配合比1：0.2（体积比） (3) 注浆方法：压力注浆 (4) 水泥强度等级：42.5 (5) 注浆类型：二次注浆	以立方米计量、按设计图示尺寸以加固体积计算。 (1) 成孔 (2) 注浆导管制作、安装 (3) 浆液制作、压浆 (4) 运输	m³	1.00			
147	04040302003	滑槽	(1) 部位：管片预埋滑槽（含配套螺栓） (2) 规格：热轧形式，按设计要求	按设计图示长度计算。 制作、安装。	m	1.00			
148	08020601001	预埋铁件	种类：进出洞衬砌预埋件	按设计图示尺寸以质量计算。 (1) 制作 (2) 运输 (3) 安装	t	1.00			
		3.222「掘进—复合土压平衡盾构」							
		3.223「掘进—复合泥水平衡盾构」							
		3.224「掘进—双模盾构」							

续表

序号	项目编码	项目名称	项目特征描述	工程量计算规则及工作内容	计量单位	工程量	综合单价	合价	备注
		3.23【地层断裂带加固】							
		3.24【盾构进出洞端头加固、洞门围护结构凿除】							
		3.3【矿山法】							
		4【风井】		三级清单					
		4.1【主体结构工程】							
		4.2【钢筋工程】							
		4.3【砌筑工程】							
		4.4【人防门工程】							
		4.5【装饰工程】							
		5【联络通道工程】		三级清单					
		5.1【初期支护工程】							
		5.2【二次衬砌工程】							
		5.3【砌筑工程】							
		6【斜井工程】		三级清单					
		6.1【洞外工程】							
		6.2【超前支护工程】							
		6.3【初期支护工程】							
		6.4【二次衬砌工程】							
		6.5【背后注浆工程】							
		6.6【回填工程】							
		7【施工竖井】		三、四级清单					
		7.1【施工竖井－不兼作主体结构】							

续表

序号	项目编码	项目名称	项目特征描述	工程量计算规则及工作内容	计量单位	工程量	综合单价	合价	备注
		7.2【施工竖井—兼作主体结构】							
		8【防水工程】		二级清单					
387	080403003010	卷材防水	(1) 部位: 顶板; (2) 卷材品种: 高分子（自粘）防水卷材厚度为 1.7mm, 高分子主材厚度为 1.2mm, 粘胶层厚度为 0.5mm; (3) 保护层: C20 细石混凝土 80mm 厚	按设计图示尺寸以面积计算。 (1) 基层处理 (2) 抹找平层 (3) 抹（铺）隔离层 (4) 缓冲层铺设 (5) 防水层、加强层铺设 (6) 接缝、嵌缝 (7) 保护层铺设 (8) 运输	m²	1.00			
388	080403003011	卷材防水	(1) 部位: 侧墙; (2) 卷材品种: 高分子（自粘）防水卷材厚度为 1.7mm, 高分子主材厚度为 1.2mm, 粘胶层厚度为 0.5mm; (3) 找平层: 20mm 厚水泥砂浆	按设计图示尺寸以面积计算。 (1) 基层处理 (2) 抹找平层 (3) 抹（铺）隔离层 (4) 缓冲层铺设 (5) 防水层、加强层铺设 (6) 接缝、嵌缝 (7) 保护层铺设 (8) 运输	m²	1.00			
389	080403003012	卷材防水	(1) 部位: 底板; (2) 卷材品种: 高分子（自粘）防水卷材厚度为 1.7mm, 高分子主材厚度为 1.2mm, 粘胶层厚度为 0.5mm; (3) 保护层厚度为 C20 细石混凝土 50mm 厚	按设计图示尺寸以面积计算。 (1) 基层处理 (2) 抹找平层 (3) 抹（铺）隔离层 (4) 缓冲层铺设 (5) 防水层、加强层铺设 (6) 接缝、嵌缝 (7) 保护层铺设 (8) 运输	m²	1.00			

续表

序号	项目编码	项目名称	项目特征描述	工程量计算规则及工作内容	计量单位	工程量	金额（元）		备注
							综合单价	合价	
390	080403002006	施工缝	(1) 部位：水平施工缝 (2) 材质：钢边橡胶止水水带 (3) 规格：宽 350mm (4) 工艺要求：含施工缝清扫、刷水泥基涂料、预埋注浆管、加强层防水卷材等图纸含所有工作内容	按设计图示尺寸以长度计算。 (1) 制作 (2) 安装 (3) 运输	m	1.00			
391	080403002007	施工缝	(1) 部位：竖直或环向施工缝 (2) 材质：钢边橡胶止水水带 (3) 规格：宽 350mm (4) 工艺要求：含施工缝清扫、刷水泥基涂料、预埋注浆管、加强层防水卷材等图纸含所有工作内容	按设计图示尺寸以长度计算。 (1) 制作 (2) 安装 (3) 运输	m	1.00			
392	080403003013	卷材防水	(1) 部位：侧墙突出部分节点防水卷材（往地连墙） (2) 卷材品种：高分子（自粘）防水卷材厚度为 1.7mm，高分子主材厚度为 1.2mm，粘胶层厚度为 0.5mm	按设计图示尺寸以长度计算。 (1) 基层处理 (2) 抹找平层 (3) 抹（铺）隔离层 (4) 缓冲层铺设 (5) 防水层、加强层铺设 (6) 接缝、嵌缝 (7) 保护层铺设 (8) 运输	m²	1.00			
393	080403001007	变形缝	(1) 部位：风道、通道接口的顶板、侧墙 (2) 材质：钢边橡胶止水水带 (3) 规格：宽 350mm (4) 工艺要求：含施工缝清扫、塞缝、嵌缝、加强层防水卷材、不锈钢排水槽等图纸含所有的工作内容	按设计图示尺寸以长度计算。 (1) 制作 (2) 安装 (3) 运输	m	1.00			

续表

序号	项目编码	项目名称	项目特征描述	工程量计算规则及工作内容	计量单位	工程量	金额（元）		备注
							综合单价	合价	
394	08040300108	变形缝	(1) 部位：风道、通道接口的底板 (2) 材质：钢边橡胶止水带 (3) 规格：宽 350mm (4) 工艺要求：含施工缝清扫、塞缝、嵌缝、加强层防水卷材、不锈钢排水槽等图纸含所有工作内容	按设计图示尺寸以长度计算。 (1) 制作 (2) 安装 (3) 运输	m	1.00			
395	08040300109	隧道接头防水	(1) 部位：车站与盾构隧道接头防水 (2) 材质：帘布橡胶板 (3) 规格：见图纸 (4) 工艺要求：含施工缝清扫、安装等图纸含所有工作内容	按设计图示尺寸以点数（长度、面积）计算。 (1) 基层处理 (2) 堵漏处理 (3) 表面处理	m	1.00			
396	08040306008	立柱桩节点防水	(1) 部位：临时立柱桩与底板 (2) 材质：1.5mm 厚防水涂膜	按设计图示尺寸以点数（长度、面积）计算。 (1) 基层处理 (2) 堵漏处理 (3) 表面处理	个	1.00			
397	08040306012	降水井穿通防水层防水	(1) 部位：降水井穿通防水层防水 (2) 材质：见图纸	按设计图示尺寸以点数（长度、面积）计算。 (1) 基层处理 (2) 堵漏处理 (3) 表面处理	个	1.00			
398	08040306013	接地线穿通防水层防水	(1) 部位：接地线穿通防水层防水 (2) 材质：见图纸	按设计图示尺寸以点数（长度、面积）计算。 (1) 基层处理 (2) 堵漏处理 (3) 表面处理	个	1.00			

续表

序号	项目编码	项目名称	项目特征描述	工程量计算规则及工作内容	计量单位	工程量	综合单价	合价	备注
399	080403006014	管道穿墙体防水	(1) 部位：管道穿墙体防水 (2) 材质：见图纸	按设计图示尺寸以点数（长度、面积）计算。 (1) 基层处理 (2) 堵漏处理 (3) 表面处理	个	1.00			
400	080403002008	出土口、盾构预留口后浇部分防水	(1) 部位：出土口、盾构预留口后浇部分防水 (2) 材质：钢边橡胶止水带 (3) 规格：宽350mm (4) 工艺要求：含施工缝清扫、刷水泥基涂料、预理注浆管、加强层防水卷材等图纸含所有工作内容	按设计图示尺寸以长度计算。 (1) 制作 (2) 安装 (3) 运输	m	1.00			
				二级清单					
9		【周围建筑物保护注浆地基加固】							
401	080103001001	止浆板	(1) 材料种类及配合比：C30素混凝土 (2) 厚度：200mm厚	按设计图示尺寸以体积计算。 (1) 分层铺填 (2) 碾压、振密或夯实、找平 (3) 运输	m³	1.00			
402	080103020002	注浆（袖阀管）	(1) 地层情况：土质 (2) 成孔深度、间距：1000mm×1000mm (3) 浆液种类及配合比：水泥浆1:1 (4) 注浆方法：袖阀管注浆	按设计注浆量以体积计算。 (1) 浆液制作 (2) 钻孔 (3) 注浆 (4) 堵孔 (5) 运输	m³	1.00			
403	080103014001	粉喷桩	(1) 地层情况：土质 (2) 空桩长度、桩长：桩长30m (3) 桩径：800mm双管旋喷桩 (4) 粉体种类、掺量：水泥 (5) 水泥强度等级、石灰粉要求：42.5	按设计图示尺寸以桩长计算。 (1) 预搅下钻、喷粉搅拌提升成桩 (2) 运输 (3) 注浆	m	1.00			

续表

序号	项目编码	项目名称	项目特征描述	工程量计算规则及工作内容	计量单位	工程量	综合单价	合价	备注
404	080104003001	锚杆	(1) 地层情况：普通土 (2) 锚杆（索）类型、部位：φ25，挡土墙 (3) 钻孔深度：5m	以米计量，按设计图示尺寸以钻孔深度计算。 (1) 钻孔、浆液制作、压浆 (2) 锚杆、锚索制作、安装 (3) 张拉锚固 (4) 锚杆（锚索）施工平台搭设、拆除 (5) 运输	m	1.00			
405	080104007001	喷射混凝土（水泥砂浆）支护	(1) 部位：挡土墙 (2) 厚度：40mm (3) 混凝土（砂浆）类别、强度等级：C20混凝土 (4) 钢筋网：φ8@200×200	按设计图示尺寸以面积计算。 (1) 修整边坡 (2) 混凝土（砂浆）制作、运输、喷射、养护 (3) 钻排水孔、安装排水管 (4) 喷射施工平台搭设、拆除 (5) 回弹料清理、运弃	m²	1.00			
				三、四级清单					
		10【特殊地基处理】							
		10.1【孤石处理】							
		10.2【岩溶处理】							
		10.3【桩基托换】							
				二级清单					
		11【杂散电流防护】							
460	080103020023	杂散电流防护	(1) 规格、材质：见施工图 (2) 材质：钢质；焊接	按项包干，投标人根据情况自行投标报价。 (1) 焊接 (2) 跨接 (3) 端子制作安装	项	1.00			

续表

序号	项目编码	项目名称	项目特征描述	工程量计算规则及工作内容	计量单位	工程量	金额（元）		备注
							综合单价	合价	
		12 【疏散平台】		二级为清单					
461	08030301 4002	疏散平台	(1) 平台：疏散平台预制活性粉末混凝土（RPC）板的制作安装以及场内场外运输、混凝土强度等级满足设计要求 (2) 支撑：疏散平台角钢支撑以及钢梁、肢尖肢背、止移钢板的制作、安装、场内场外运输，角钢及配套材料满足设计要求 (3) 扶手：疏散平台扶手的制作安装及设计要求、扶手材质满足场内场外运输，扶手材料满足安装设计要求	按项包干，投标人根据情况自行投标报价。 (1) 平台制作安装 (2) 运输	m²	1.00			
		13 【综合接地】		二级为清单					
463	08080800 1001	接地体	(1) 综合接地 (2) 具体做法详见图纸，含竖向接地体及水平接地体 (3) 按项计算	按项包干，投标人根据情况自行投标报价	项	1.00			
464	08080800 3002	接地引出装置	(1) 名称：接地引上线 (2) 材质：铜排	按设计图示数量计算。 (1) 制作、安装 (2) 灌注 (3) 补刷油漆 (4) 运输	处	1.00			
465	08080800 2002	接地母线	镀锌扁钢	按设计图示尺寸以长度计算。 (1) 挖填土 (2) 制作、安装 (3) 补刷油漆 (4) 运输	m	1.00			

续表

序号	项目编码	项目名称	项目特征描述	工程量计算规则及工作内容	计量单位	工程量	金额（元）		备注
							综合单价	合价	
466	080808004002	接地端子箱（板）	(1) 名称：接地端子板 (2) 规格：见图纸	按设计图示数量计算。 (1) 制作、安装 (2) 运输	台	1.00			
467	080808006002	接地跨接	类别：变形缝处跨接	按设计图示数量计算。 (1) 制作 (2) 跨接 (3) 补刷油漆 (4) 运输	处	1.00			
468	080206012006	预埋铁件	(1) 种类：接地埋件 (2) 规格：见图纸	按设计图示尺寸以质量计算。 (1) 制作 (2) 运输 (3) 安装	t	1.00			
469	080808008002	接地装置调试	名称：接地装置调试	按设计图示数量计算。 接地测试	系统	1.00			
470	030409004002	均压环	名称：主体钢筋焊接点	按设计图示尺寸以长度计算（含附加长度）。 (1) 均压环敷设 (2) 钢铝窗接地 (3) 柱主筋与圈梁焊接 (4) 利用圈梁钢筋焊接 (5) 补刷（喷）油漆	m	1.00			

注：限于篇幅，部分清单未详细展开描述，如需了解，可向编者索取。

附件3-3　城市轨道交通工程标准化工程量清单——装修工程

序号	项目编码	项目名称	项目特征	计算规则和工作内容（三级清单）	计量单位	工程量	金额（元）		备注
							综合单价	合价	
		1【公共区装饰】							
		1.1【楼地面工程】							
1	011102001001	亚光面灰麻花岗石 800mm× 800mm×25mm (ST-01A、ST-02A)	(1) 部位：适用于公共区地面 (2) 面层材料品种、规格、颜色：800mm×800mm×25mm 亚光面灰麻花岗石（六面刷界面处理剂） (3) 结合层厚度、砂浆配合比：10mm 厚，1：2 水泥砂浆铺贴结合层 (4) 找平层厚度、砂浆配合比：20mm 厚 1：3 干硬水泥砂浆找平结合层，面上撒素水泥 (5) 素水泥浆结合层一道 (6) 100mm 厚（站厅）、50mm 厚（站台）素水泥浆 (7) C20 细石混凝土垫层	按设计图示尺寸以面积计算。门洞、空圈、暖气包槽、壁龛的开口部分并入相应的工程量内。 (1) 基层清理 (2) 垫层浇筑 (3) 抹找平层 (4) 面层铺设、磨边 (5) 嵌缝 (6) 刷防护材料 (7) 酸洗、打蜡 (8) 材料运输	m²	1.00			
2	011106001001	亚光面灰麻花岗石楼梯踏步（防滑槽）(ST-01F)	(1) 部位：适用于楼梯踏步面 (2) 面层材料品种、规格、颜色：25mm 亚光面灰麻花岗石（六面刷界面处理剂） (3) 粘结层厚度、材料种类：10mm 厚 1：2 水泥砂浆铺贴结合层 (4) 素水泥浆结合层一道 (5) 找平层厚度、砂浆配合比：20mm 厚 1：3 干硬水泥砂浆找平结合层，面上撒素水泥 (6) 100mm 厚（站厅）、50mm 厚（站台）素水泥浆垫层 (7) C20 细石混凝土垫层	按设计图示尺寸以楼梯（包括踏步、休息平台及≤500mm 的楼梯井）水平投影面积计算。楼梯与楼地面相连时，算至梯口梁内侧边沿；无梯口梁者，算至最上一层踏步边沿加 300mm。 (1) 基层清理 (2) 垫层浇筑 (3) 抹找平层 (4) 面层铺设、磨边 (5) 嵌缝 (6) 刷防护材料 (7) 酸洗、打蜡 (8) 材料运输	m²	1.00			

续表

序号	项目编码	项目名称	项目特征	计算规则和工作内容	计量单位	工程量	金额（元）		备注
							综合单价	合价	
3	011102003001	防滑地砖	(1) 部位：适用于卫生间地面 (2) 面层材料品种、规格、颜色：300mm×300mm×10mm/200mm×200mm×10mm防滑地砖 (3) 结合层厚度，砂浆配合比：10mm厚1：2水泥砂浆铺贴结合层 (4) 找平层厚度，砂浆配合比：30mm厚1：3干硬水泥砂浆找平结合层、面上撒素水泥 (5) 涂刷两遍聚氨酯防水涂料（2mm厚），四周沿墙上翻2800mm高 (6) 20mm厚1：2水泥砂浆找平、面做基层表面清理 (7) 90mm厚（站厅）/40mm厚（站台）C20细石混凝土垫层、并从门口向地漏找1%坡	按设计图示尺寸以面积计算。 (1) 基层清理 (2) 垫层浇筑 (3) 抹找平层 (4) 涂刷防水层 (5) 面层铺设、磨边 (6) 嵌缝 (7) 刷防护材料 (8) 酸洗、打蜡 (9) 材料运输	m²	1.00			
4	011108003001	盲道地砖 （CT01 中黄色盲道砖 300mm×300mm×20mm）	(1) 部位：适用于站厅层、站台层、通道盲道布置 (2) 面层材料品种、规格、颜色：300mm×18mm盲道砖 (3) 贴结合层厚度，材料种类：10mm厚1：2水泥砂浆铺贴结合层 (4) 找平层厚度，砂浆配合比：20mm厚1：3干硬水泥砂浆找平结合层、面上撒素水泥 (5) 素水泥浆结合层一道	按设计图示尺寸以面积计算。 (1) 清理基层 (2) 垫层浇筑 (3) 抹找平层 (4) 面层铺设、磨边 (5) 勾缝 (6) 刷防护材料 (7) 酸洗、打蜡 (8) 材料运输	m²	1.00			

续表

序号	项目编码	项目名称	项目特征	计算规则和工作内容	计量单位	工程量	综合单价	合价	备注
							金额（元）		
5	011102001002	石材楼地面	(1) 部位：适用于车站绝缘区地面 (2) 面层材料品种、规格、颜色：25mm厚亚光面花岗石 (3) 结合层厚度、砂浆配合比：50mm厚1：2水泥砂浆铺贴结合层 (4) 防护材料种类：5mm三聚绝缘层 (5) 绝缘漆层 (6) 20mm找平层	按设计图示尺寸以面积计算。门洞、空圈、暖气包槽、壁龛的开口部分并入相应的工程量内。 (1) 基层清理 (2) 抹找平层 (3) 刷绝缘漆、铺设绝缘层 (4) 面层铺设、磨边 (5) 嵌缝 (6) 酸洗、打蜡 (7) 材料运输	m²	1.00				
6	1110200 1003	石材楼地面（门槛石）	(1) 面层材料品种、规格、颜色：25mm厚亚光面花岗石 (2) 结合层厚度、砂浆配合比：10mm厚1：2水泥砂浆铺贴结合层 (3) 找平层厚度、砂浆配合比：20mm厚1：3干硬水泥砂浆找平、素水泥浆结合层一道 (4) C20细石混凝土垫层	按设计图示尺寸以面积计算。 (1) 基层清理 (2) 垫层浇筑 (3) 抹找平层 (4) 面层铺设、磨边 (5) 嵌缝 (6) 刷防护材料 (7) 酸洗、打蜡 (8) 材料运输	m²	1.00				
7	011105002001	花岗岩石材踢脚	(1) 面层材料品种、规格、颜色：90mm高、40mm厚弧形花岗石踢脚 $R=25$mm (2) 粘贴层厚度、材料种类：专用胶水与镀锌角钢粘接	以米计量，按延长米计算。 以平方米计量，按设计图示长度乘以高度以面积计算。 (1) 基层清理 (2) 底层抹灰 (3) 面层铺设、磨边 (4) 擦缝 (5) 磨光、酸洗、打蜡 (6) 刷防护材料 (7) 材料运输	m/m²	1.00				

续表

序号	项目编码	项目名称	项目特征	计算规则和工作内容	计量单位	工程量	金额（元）		备注
							综合单价	合价	
8	011101002001	白色无机预制水磨石地面（ST-01A）	(1) 面层厚度：800mm×800mm×25mm 无机预制水磨石（六面刷界面处理剂），填缝剂填缝 (2) 10～12mm厚石材专用胶粘剂 (3) 专用胶粘剂界面层 (4) 20～30mm厚1：3 水泥砂浆找平层（养护28天以上） (5) 素水泥浆结合层一道 (6) C20细石混凝土垫层 (7) 无机预制水磨石在出厂前六面（正面、底面、侧面）须做防护处理，确保有效的保护无机预制水磨石表面不受污染 (8) 防护剂需满足《天然石材防护剂》GB/T 32837—2016 的要求	按设计图示尺寸以面积计算。门洞、空圈、暖气包槽、壁龛的开口部分并入相应的工程量内。 (1) 基层清理 (2) 垫层浇筑 (3) 抹找平层 (4) 面层铺设 (5) 嵌缝条安装 (6) 磨光、酸洗打蜡 (7) 材料运输	m²	1.00			
9	011106005001	预制无机水磨石楼梯面层	(1) 部位：适用于楼梯踏面 (2) 面层材料品种、规格、颜色：预制无机水磨石楼梯面层 (3) 粘结层厚度、材料种类：10mm厚1：2 水泥砂浆铺贴结合层 (4) 素水泥浆结合层一道 (5) 找平层厚度、砂浆配合比：20mm厚1：3干硬水泥砂浆找平结合层，面上撒素水泥 (6) 100mm厚（站厅）、50mm厚（站台）C20细石混凝土垫层	按设计图示尺寸以楼梯（包括踏步、休息平台及≤500mm 的楼梯井）水平投影面积计算。楼梯与楼地面相连时，算至梯口梁内侧边沿；无梯口梁者，算至最上一层踏步边沿加300mm。 (1) 基层清理 (2) 垫层浇筑 (3) 抹找平层 (4) 面层铺设 (5) 贴嵌防滑条 (6) 磨光、酸洗、打蜡 (7) 材料运输	m²	1.00			

续表

序号	项目编码	项目名称	项目特征	计算规则和工作内容	计量单位	工程量	金额（元）		备注
							综合单价	合价	
10	011101002002	灰色无机预制水磨石盲道（ST-02D）	(1) 面层厚度、水泥石子浆配合比：300mm×300mm×(25+4) mm 无机预制水磨石（六面刷界面处理剂）、美缝剂填缝；(2) 10～12mm厚石材专用胶粘剂；(3) 专用胶粘剂界面层；(4) 20～30mm厚1：3水泥砂浆找平层（养护28天以上）；(5) 素水泥浆结合层一道；(6) C20细石混凝土垫层；(7) 无机预制水磨石在出厂前六面（正面、侧面、底面）须做防护处理，确保有效地保护无机预制水磨石表面不受污染；(8) 防护剂须满足《天然石材防护剂》GB/T 32837—2016的要求	按设计图示尺寸以面积计算。扣除凸出地面构筑物、设备基础、室内铁道、地沟等所占面积，不扣除间壁墙及≤0.3m²柱、垛、附墙烟囱及孔洞所占面积。门洞、空圈、暖气包槽、壁龛的开口部分不增加面积。(1) 基层清理 (2) 垫层浇筑 (3) 抹找平层 (4) 面层铺设 (5) 嵌缝条安装 (6) 磨光、酸洗打蜡 (7) 材料运输	m²	1.00			
11	010904004002	楼（地）面变形缝	(1) 嵌缝材料种类：成品 U 型 8mm×(1.5+5+1.5)mm宽黄铜变形缝 (2) 防护材料种类：5mm厚 PE 黑色橡胶合成材料 (3) PE 橡胶胶燃烧性能等级应符合《建筑材料及制品燃烧性能分级》GB 8624—2012不燃等级B1级标准：黄铜技术要求应符合《加工铜及铜合金牌号和化学成分》GB/T 5231—2012的有关规定	以米计量，按延长米计算。(1) 清缝 (2) 填塞防水材料 (3) 盖缝制作、安装 (4) 刷防护材料	m	1.00			
12	010904004003	楼（地）面变形缝	(1) 嵌缝材料种类：实心 L×5mm×25mm黄铜条，材质为59-1国标黄铜 (2) 具有良好的屈服强度和疲劳强度，具有较好的延展性、耐用性、耐高温，耐高压、耐磨损、柔韧性强、使用寿命长 (3) 铜条外观要求颜色纯正、不发黑、不生锈	以米计量，按延长米计算。(1) 清缝 (2) 填塞防水材料 (3) 盖缝制作、安装 (4) 刷防护材料	m	1.00			

续表

序号	项目编码	项目名称	项目特征	计算规则和工作内容	计量单位	工程量	综合单价	合价	备注
		1.2【墙柱面工程】							
		1.3【天花工程】							
		1.4【其他细部构造】							
		1.5【楼扶梯做法细部构造】							
		1.6【站厅门套细部构造】							
		1.7【柱饰面】							
		1.8【搪瓷钢板墙面与门窗接口细部】							
		1.9【扶手栏杆及细部】							
		1.10【卫生间细部】							
		1.11【嵌入式商铺细部】							
		1.12【客服中心（3工作位）、监控亭】		三级清单					
		1.13【地铁公共艺术装饰】							
		2【设备区装饰】							
		2.1【楼地面工程】							
		2.2【墙柱面工程】							
		2.3【天花工程】		三级清单					
		2.4【其他】							
		3【标识导向及广告灯箱】							
		3.1【站外部分】							
		3.2【吊挂式标识】							
		3.3【悬挑式标识】							
		3.4【柱立式标识】		三级清单					
		3.5【贴附式标识】							
		3.6【嵌入式标识】							
		3.7【广告灯箱】							
		4【地面附属建筑】		二级清单					

续表

序号	项目编码	项目名称	项目特征	计算规则和工作内容	计量单位	工程量	综合单价	合价	备注
							金额（元）		
241	010603003001	钢管柱	(1) 钢材品种、规格：Q235B 镀锌矩形管。 (2) 防火要求：钢骨架防腐及防火说明：除锈应清除氧化皮和锈蚀等污染物，除锈等级为 Sa2.5，做法详见总说明。防火等级为二级，钢柱耐火极限为 2.5h，防火涂料采用厚涂型，防腐涂料，氟碳面漆。 (3) 钢梁耐火极限为 1.5h，防火涂料采用薄涂型。应选用消防部门认可的防火材料，骨架面漆采用氟碳面漆。	按设计图示尺寸以质量计算。不扣除孔眼的质量。焊条、铆钉、螺栓等不另增加质量。钢管柱上的节点板、加强环、内衬管、牛腿等并入钢管柱工程量内。 (1) 制作 (2) 安装 (3) 探伤 (4) 除锈、油漆 (5) 防火涂料	t	1.000			
242	010604001001	钢梁	(1) 钢材品种、规格：Q235B 镀锌矩形管。 (2) 防火要求：钢骨架防腐及防火说明：除锈应清除氧化皮和锈蚀等污染物，除锈等级为 Sa2.5，做法详见总说明。防火等级为二级，钢柱耐火极限为 2.5h，防火涂料采用厚涂型，防腐涂料，氟碳面漆。 (3) 钢梁耐火极限为 1.5h，防火涂料采用薄涂型。应选用消防部门认可的防火材料，骨架面漆采用氟碳面漆。	按设计图示尺寸以质量计算。不扣除孔眼的质量。焊条、铆钉、螺栓等不另增加质量。制动梁、制动板、制动桁架、车档并入钢吊车梁工程量内。 (1) 制作 (2) 安装 (3) 探伤 (4) 除锈、油漆 (5) 防火涂料	t	1.000			
243	080206012001	预埋铁件	(1) 规格：柱脚预理件（含螺栓锚栓、钢筋、铁件等）、Q345B 钢板。 (2) 按实以质量计算	以设计图示尺寸以质量计算。 (1) 制作 (2) 运输 (3) 安装	t	1.000			
244	010609B002001	栓钉	规格：8M20 对穿螺栓 8.8 级	以设计图示尺寸以数量计算。 (1) 制作 (2) 运输 (3) 安装	套	1.00			

续表

序号	项目编码	项目名称	项目特征	计算规则和工作内容	计量单位	工程量	综合单价	合价	备注
245	011209001001	带骨架幕墙	(1) 面层材料品种、规格、颜色：8mm＋1.52PVB＋6mm 钢化夹胶浅灰色玻璃 (2) 骨架材料种类、规格：铝合金装饰立柱 (3) 隔离带、框边封闭材料品种、规格：三元乙丙密封胶条（外注耐候密封胶） (4) 面层固定方式：ST4.2×25 不锈钢自攻自钻螺钉@300，2mm厚防腐垫片 (5) 隐藏钢吊环（氟碳喷涂）	按设计图示框外围尺寸以面积计算。与幕墙同种材质的窗所占面积均不扣除。 (1) 骨架制作、运输、安装 (2) 面层安装 (3) 隔离带、框边封闭 (4) 嵌缝、塞口 (5) 配件安装	m²	1.00			
246	011209B001001	采光天棚	(1) 面层材料规格、品种、颜色：6＋1.14PVB＋6mm 钢化夹层玻璃 (2) 骨架材料种类、规格，中距：HM140~100mm×100mm×6mm×9mm变截面工字钢（氟碳喷涂） (3) 60mm×4mm 圆钢管（氟碳喷涂） (4) φ50 钢支座、不锈钢驳接件	成品采光天棚按设计图示尺寸以面积计算。其余采光天棚均按设计图示尺寸以展开面积计算。 (1) 骨架制作、运输安装 (2) 面层安装 (3) 配件安装 (4) 清洗	m²	1.00			
247	011209002001	全玻（无框玻璃）幕墙	(1) 玻璃品种、规格、颜色：8mm＋1.52PVB＋6mm 钢化夹层玻璃 (2) 幕墙龙骨：玻璃肋	按设计图示尺寸以面积计算。带肋全玻幕墙按展开面积计算。 (1) 玻璃肋、幕墙安装 (2) 嵌缝、塞口 (3) 配件安装 (4) 清洗	m²	1.00			

续表

序号	项目编码	项目名称	项目特征	计算规则和工作内容	计量单位	工程量	金额（元）		备注
							综合单价	合价	
248	011102001001	石材楼地面（地1 花岗石地面）	(1) 出入口平台地面/紧急疏散口平台地面； (2) 面层材料品种、规格、颜色：毛面灰麻花岗石。600mm×600mm×20mm厚 (3) 结合层厚度、砂浆配合比：25mm厚DSM15 地面水泥砂浆，刷素水泥浆结合层一道 (4) 找平层厚度、砂浆配合比：50mm厚C20 细石混凝土 (5) 防护层材料种类：200mm 厚C15 混凝土 (6) 垫层：80mm厚水泥石粉垫层	按设计图示尺寸以面积计算。门洞、空圈、暖气包槽、壁龛的开口部分并入相应的工程量内。 (1) 基层清理 (2) 垫层浇筑 (3) 抹找平层 (4) 面层铺设、磨边 (5) 嵌缝 (6) 刷防护材料 (7) 酸洗、打蜡 (8) 材料运输	m²	1.00			
249	011106001001	石材楼梯面层	(1) 出入口平台地面/紧急疏散口平台地面 (2) 面层材料品种、规格、颜色：毛面灰麻花岗石。600mm×600mm×20mm厚 (3) 粘结层厚度、材料种类：25mm厚DSM15 地面砂浆，刷素水泥浆结合层一道 (4) 找平层厚度、砂浆配合比：25mm厚DSM15 地面水泥砂浆，刷素水泥浆结合层一道	按设计图示尺寸以楼梯（包括踏步、休息平台及≤500mm的楼梯井）水平投影面积计算。楼梯与楼地面相连时，算至梯口梁内侧边沿；无梯口梁者，算至最上一层踏步边沿加300mm。 (1) 基层清理 (2) 抹找平层 (3) 面层铺贴、磨边 (4) 贴嵌防滑条 (5) 勾缝 (6) 刷防护材料 (7) 酸洗、打蜡 (8) 材料运输	m²	1.00			

续表

序号	项目编码	项目名称	项目特征	计算规则和工作内容	计量单位	工程量	金额（元）		备注
							综合单价	合价	
250	011102001003	石材楼地面（地2 花岗石地面）	(1) 面层材料品种、规格、颜色：毛面水磨花岗岩，600mm×600mm×20mm厚 (2) 结合层厚度、砂浆配合比：25mm厚DSM15地面砂浆，刷素水泥浆结合层一道 (3) 垫层：100mm厚C15混凝土 (4) 200mm厚水泥石屑稳定层 (5) 地基夯实	按设计图示尺寸以面积计算。门洞、空圈、暖气包槽、壁龛的开口部分并入相应的工程量内。(1) 基层夯实 (2) 水稳层铺设 (3) 垫层铺设 (4) 面层铺设、磨边 (5) 嵌缝 (6) 刷防护材料 (7) 酸洗、打蜡 (8) 材料运输	m²	1.00			
251	011101003002	素混凝土楼地面（地4 素混凝土地面）	(1) 部位：外扩高风亭间地面 (2) 面层厚度、面层压光：抹，面层压光 (3) 200mm厚C15钢筋混凝土基层 (4) 钢筋ϕ8@200×200铺设	按设计图示尺寸以面积计算。扣除凸出地面构筑物、设备基础、室内铁道、地沟等所占面积，不扣除间壁墙及≤0.3m²柱、垛、附墙烟囱及孔洞所占面积，门洞、空圈、暖气包槽、壁龛的开口部分不增加面积。(1) 混凝土浇筑 (2) 钢筋制作、安装 (3) 表面压光 (4) 养护 (5) 材料运输	m²	1.00			

续表

序号	项目编码	项目名称	项目特征	计算规则和工作内容	计量单位	工程量	综合单价	合价	备注
252	011102003002	块料楼地面（地5 地面铺砖）	(1) 适用于：场地铺砖 (2) 面层材料品种、规格、颜色：环保透水砖（规格、颜色与市政道路地砖材料一致） (3) 找平层厚度，砂浆配合比：20mm厚DSM15地面砂浆 (4) 140mm厚C20透水混凝土 (5) 100mm级配碎石 (6) 土基压实（压实度不小于90%）	按设计图示尺寸以面积计算。门洞、空圈、暖气包槽、壁龛的开口部分并入相应的工程量内。 (1) 土体压实 (2) 碎石铺设 (3) 混凝土垫层铺设 (4) 抹找平层 (5) 面层铺设、磨边 (6) 嵌缝 (7) 材料运输	m²	1.00			
253	011101003001	细石混凝土楼地面（地3 细石混凝土地面）	(1) 部位：冷却塔周围栏内地面（冷却塔设备基础周围已有硬面地除外） (2) 面层厚度，混凝土强度等级：300mm厚C30钢筋混凝土，随打随抹光（配筋φ8@200×200） (3) 100mm厚素混凝土垫层	按设计图示尺寸以面积计算。扣除凸出地面构筑物、设备基础、室内铁道、地沟等所占面积，不扣除间内及孔洞所占面积。门洞、空圈、暖气包槽、壁龛的开口部分不增加面积。 (1) 垫层铺设 (2) 钢筋制作、安装 (3) 面层混凝土浇筑 (4) 抹平赶光	m²	1.00			
254	011102001002	石材楼地面	(1) 无障碍电梯厅地面 (2) 面层材料品种、规格、颜色：毛面灰麻花岗石，600mm×600mm×20mm (3) 结合层厚度，砂浆配合比：25mm厚DSM15地面砂浆，刷素水泥浆结合层一道 (4) 找平层厚度，砂浆配合比：50mm厚C20细石混凝土	按设计图示尺寸以面积计算。门洞、空圈、暖气包槽、壁龛的开口部分并入相应的工程量内。 (1) 基层清理 (2) 抹找平层 (3) 面层铺设、磨边 (4) 嵌缝 (5) 刷防护材料 (6) 酸洗、打蜡 (7) 材料运输	m²	1.00			

续表

序号	项目编码	项目名称	项目特征	计算规则和工作内容	计量单位	工程量	综合单价	合价	备注
							金额（元）		
255	011204001001	石材墙面（墙1干挂石材外墙）	(1) 部位：出入口石材墙面、紧急疏散口石材墙面、无障碍电梯厅石材墙面、风亭组石材墙面 (2) 面层材料品种、规格、颜色：干挂磨光花岗石板（不小于25mm厚）耐候胶嵌缝 (3) 墙体类型：钢筋混凝土墙或MU7.5灰砂砖墙体 (4) 安装方式：200mm×150mm×8mm厚后置埋板、2-M12mm×120mm化学螺栓 (5) 钢骨架：L50mm×5mm厚热镀锌角钢横梁 (6) 5mm厚聚合物水泥防水砂浆压光 (7) 20mm厚DPM15聚合物水泥纤维抹灰砂浆找平层，预埋铁件四周预留回槽，密封胶嵌缝10mm×10mm (8) 预埋铁件红丹打底防锈	按镶贴表面面积计算。 (1) 墙面找平层铺设，防水砂浆压光 (2) 金属骨架制作安装 (3) 刷防锈漆（镀锌构件可取消此项） (4) 石材饰面板安装 (5) 嵌缝 (6) 刷防护材料 (7) 磨光、酸洗、打蜡	m²	1.00				
256	011407001001	墙面喷刷涂料	(1) 基层类型：配套专用界面处理剂 (2) 涂料品种、喷刷遍数：防水外墙涂料 (3) 刮腻子要求：满刮腻子两遍 (4) 防水涂料：1.2mm厚聚合物水泥防水涂料	按设计图示尺寸以面积计算。 (1) 找平层铺设 (2) 防水层涂刷 (3) 刮腻子 (4) 涂料涂刷	m²	1.00				

续表

序号	项目编码	项目名称	项目特征	计算规则和工作内容	计量单位	工程量	金额（元）		备注
							综合单价	合价	
257	010902003001	屋面刚性层	（1）刚性层厚度：40mm厚C30细石混凝土，表面压实抹光，内配φ4@150，双向，间距4500~6000设缝，缝内置10mm厚挤塑聚苯板，上缝嵌填聚氨酯胶密封胶，深10mm：表面凹入3mm，用聚合物水泥防水砂浆保护 （2）隔离层：干铺无纺布 （3）隔热层：40mm厚挤塑聚苯板（JS粘贴） （4）主防水层2：3.0mm厚自粘防水改性沥青聚酯胎防水卷材 （5）主防水层1：1.5mm厚聚合物水泥防水涂料（I型） （6）找平层（兼防水层）：15mm厚聚合物水泥砂浆 （7）找坡层：C25找坡细石混凝土，2%坡度，最薄处20mm	按设计图示尺寸以面积计算，不扣除房上烟囱、风帽底座、风道等所占面积 （1）找坡层铺设 （2）找坡层铺设 （3）防水涂料涂刷 （4）防水卷材铺设 （5）隔热层铺设 （6）隔离层铺设 （7）钢筋网制作、安装 （8）细石混凝土面层混凝土浇筑 （9）分缝填缝 （10）养护	m²	1.00			
258	010901003001	铝镁锰合金屋面板	（1）0.9mm厚65/400型直立锁边铝镁锰合金屋面板 （2）0.47mm厚聚乙烯防水透气膜 （3）直立锁边镁铝锰板＋2.0mm厚聚合物改性沥青防水垫层 （4）100mm厚增水保温岩棉 （5）80mm×60mm×4mm厚热镀锌钢结构檩条间距为1200 （6）25mm厚隔汽膜	按设计图示尺寸以面积计算，不扣除屋面面积≤0.3m²孔洞所占面积。 （1）基层板制作、安装 （2）檩条制作、安装 （3）保温层铺设 （4）隔汽膜、透气膜铺设 （5）封边 （6）屋面板铺设	m²	1.00			

续表

序号	项目编码	项目名称	项目特征	计算规则和工作内容	计量单位	工程量	金额（元）		备注
							综合单价	合价	
259	011207001001	墙面装饰板	(1) 龙骨材料种类、规格、中距：40mm×20mm×3mm厚热镀锌钢方通 (2) 面层材料品种、规格、颜色：3mm厚浅灰色铝单板	按设计图示墙净长乘以净高以净面积计算。扣除门窗洞口及单个面积＞0.3m²的孔洞所占面积。 (1) 基层清理 (2) 龙骨制作、运输、安装	m²	1.00			
260	011301001001	天棚抹灰（棚1，刮腻子顶棚）	(1) 部位：无障碍电梯厅顶棚 (2) 面层：底板刮大白浆腻子两遍 (3) 基层类型：钢筋混凝土板底面清理干净	按设计图示尺寸以面积计算。不扣除间壁墙、垛、柱、附墙烟囱、检查口和管道所占的面积。带梁天棚、梁两侧抹灰面积并入天棚面积内，板式楼梯底面抹灰按斜面计算，锯齿形楼梯底板抹灰按展开面积计算。 基层清理	m²	1.00			
261	010507001001	散水、坡道	(1) 面层厚度：800mm宽，150mm厚C15细石混凝土散水DSM25地面砂浆压实赶光，与墙体连接处、转折处及每隔6米处设缝，缝宽20mm，密封胶嵌缝 (2) 150mm厚C15混凝土垫层 (3) 素土夯实，向外找坡4%	按设计图示尺寸以水平投影面积计算。不扣除单个面积≤0.3m²的孔洞所占面积。 (1) 地基夯实 (2) 铺设垫层 (3) 混凝土制作、运输、浇筑、振捣、养护 (4) 变形缝填塞	m²	1.00			
262	011503001001	无障碍坡道栏杆	(1) 无障碍坡道栏杆 (2) 扶手材料种类、规格：φ40×2不锈钢管扶手 (3) 栏杆材料种类、规格：φ20×3不锈钢管 (4) 固定配件种类：120mm×120mm×6mm厚方钢	按设计图示尺寸以扶手中心线长度（包括弯头长度）计算。 (1) 制作 (2) 运输 (3) 安装 (4) 刷防护材料	m	1.00			

续表

序号	项目编码	项目名称	项目特征	计算规则和工作内容	计量单位	工程量	金额（元） 综合单价	金额（元） 合价	备注
264	011503005001	自行车支架	(1) 扶手材料种类、规格：60mm×4mm 亚光不锈钢管与埋件焊接 (2) 固定配件种类：200mm×200mm×300mmC15混凝土基座 (3) 垫层：150mm厚3：7灰土垫层	以设计图示尺寸以数量计算。 (1) 垫层铺筑 (2) 基础混凝土浇捣 (3) 钢架制作、安装 (4) 运输	个	1.00			
265	040204002001	人行道块料铺设（盲道砖）	(1) 块料品种、规格：60mm厚透水路面砖粗砂扫缝后洒水封缝 (2) 垫层：材料品种，厚度：20mm厚中砂 (3) 200mm厚级配水泥稳定碎石，压实系数≥0.95 (4) 100mm厚级配砂砾石，压实系数≥0.93 (5) 路基碾压，压实系数≥0.93	按设计图示尺寸以面积计算，不扣除各类井所占面积，但应扣除侧石、树池所占面积。 (1) 基层夯实 (2) 砂石垫层铺筑 (3) 水稳石铺筑 (4) 透水砖中砂铺设	m²	1.00			
266	040204002002	人行道块料铺设（盲道砖）	(1) 面层品种、规格：300mm×300mm不小于12mm厚的黄色人造石地砖、盲条及盲点凸出表平宜不为5mm (2) 垫层材料品种，厚度：20mm厚中砂 (3) 200mm厚级配水泥稳定碎石，压实系数≥0.95 (4) 100mm厚级配砂砾石，压实系数≥0.93 (5) 路基碾压，压实系数≥0.93	按设计图示尺寸以面积计算，不扣除各类井所占面积，但应扣除侧石、树池所占面积。 (1) 基层夯实 (2) 砂石垫层铺筑 (3) 水稳石铺筑 (4) 盲道砖中砂铺设	m²	1.00			
267	010807005001	金属格栅窗	(1) 部位：风亭铝格栅 (2) 框、阔材质：铝合金装饰格栅 (3) M6×25mm不锈钢装饰螺栓	(1) 按设计图示洞口尺寸面积计算； (2) 格栅制作、安装； (3) 五金安装	m²	1.00			

5【措施项目】

二级清单

续表

序号	项目编码	项目名称	项目特征	计算规则和工作内容	计量单位	工程量	综合单价	合价	备注
							金额（元）		
268	8131100 6001	已完工程及设备保护	已完工装饰面保护	根据项目情况投标方自行考虑。工程竣工验收前，对已完工程及设备进行维护、看护发生的人工与使用材料的费用等。不包括由于特殊原因导致长期停工而发生的对已完工程及设备进行保护以及人员看护等费用	项	1.00			
269	011701B005001	活动脚手架	(1) 搭设方式：综合考虑。(2) 脚手架材质：装饰用活动脚手架	按消耗量定额规则计算。(1) 场内、场外材料搬运(2) 搭、拆脚手架(3) 拆除脚手架后材料的堆放	m²	1.00			

注：限于篇幅，部分清单未详细展开描述，如需了解，可向编者索取。

第四章

超高性能混凝土定价机制研究

(广州南沙开发区建设科学技术委员会办公室、广东拓腾工程造价咨询有限公司)

第一节　引言

超高性能混凝土（Ultra-High Performance Concrete，简称 UHPC）是一种超高强、高韧性、耐久性优异的新型混凝土，具有诸多优越性能，自从产生以来，世界各国对其研究和应用的势头发展迅猛。近年来，UHPC 在我国逐步兴起，尤其在装饰预制构件、人防工程、军事防爆工程、桥梁工程等领域中的研究和应用发展迅速。UHPC 研发之初存在较多技术短板，但发展到今天，相关配合比设计已经趋于成熟，应用优势较为明显，但在造价、标准体系和施工工艺方面仍不够完善，一定程度上影响了 UHPC 的推广应用。为了进一步科学了解 UHPC 的相关情况，熟悉该材料的应用范围、技术性能、实施特点及定价机制，以便今后更好地在南沙区推广应用，2021 年上半年，我们组织相关设计、生产、施工等单位对 UHPC 进行了技术研讨和现场调研，并搜集整理了业内相关资料。现将有关研究情况，特别是超高性能混凝土组合桥面铺装体系应用情况总结如下。

第二节　超高性能混凝土基本情况

（一）UHPC 定义及性能指标

超高性能混凝土基于最紧密堆积（低孔隙率）理论和低水胶比，含有较高比例的微细短钢纤维。根据住房和城乡建设部发布的《建筑业 10 项新技术（2017 版）》的定义，超高性能混凝土（UHPC）是一种超高强（抗压强度可达 150MPa 以上）、高韧性（抗折强度可达 16MPa 以上）、耐久性优异的新型超高强高性能混凝土，是一种组成材料的颗粒级配达到最佳的水泥基复合材料。超高性能混凝土 UHPC 的基本组成见表 4-1。

在技术指标方面，UHPC 的水胶比一般不大于 0.22，胶凝材料用量一般为 700～1000kg/m³，宜掺加高强微细钢纤维，钢纤维的抗拉强度不宜小于 2000MPa，体积掺量不宜小于 1.0%，宜采用聚羧酸系高性能减水剂。UHPC 与普通混凝土或高性能混凝土不同的方面包括：不使用粗骨料，使用硅灰和纤维（钢纤维或复合有机纤维），水泥用量较大，水胶比很低，三者材料性能对比见表 4-2。

超高性能混凝土 UHPC 基本组成   表 4-1

基本组成	kg/m³	质量百分含量（%）
水泥	700～1010	27.0～38.0
硅灰	230～320	8.5～9.5
磨细石英砂	0～230	0.0～8.0
细砂	760～1050	39.0～41.0
金属纤维	150～190	5.5～8.0
高效减水剂	15～25	0.5～1.0
水	155～210	5.5～8.0
水胶比	0.14～0.27	—

普通混凝土、高性能混凝土和超高性能混凝土材料性能对比   表 4-2

性能指标	普通混凝土（NSC）	高性能混凝土（HPC）	超高性能混凝土（UHPC）
抗压强度（MPa）	20～40	40～96	120～180
水胶比	0.40～0.70	0.24～0.35	0.14～0.27
圆柱劈裂抗拉强度（MPa）	2.5～2.8	—	4.5～24
最大骨料粒径（mm）	19～25	9.5～13	0.4～0.6
孔隙率	20%～25%	10%～15%	2%～6%
孔尺寸（mm）	—	—	0.000015
韧性	—	—	比 NSC 大 250 倍
断裂能（kN·m/m）	0.1～15	—	10～40
弹性模量（GPa）	14～41	31～55	37～55
断裂模量（第一条裂缝）（MPa）	2.8～4.1	5.5～8.3	7.5～15
极限抗弯强度（MPa）	—	—	18～35
透气性 k（24h，40℃）（mm）	3×10	0	0
吸水率	<10%	<6%	<5%
氯离子扩散系数（稳定状态扩散）（mm²/s）	—	—	<2×10e－12
抗冻融性能	10%耐久	90%耐久	100%耐久
抗表面剥蚀性能	表面剥蚀量＞1	表面剥蚀量为 0.08	表面剥蚀量为 0.01
泊松比	0.11～0.21	—	0.19～0.24
徐变系数	2.35	1.6～1.9	0.2～1.2
流动性（工作性）（mm）	测量坍落度	测量坍落度	测量坍落度
含气量	4%～8%	2%～4%	2%～4%

（二）国内生产情况

目前，UHPC 的配合比设计已经较为成熟，但 UHPC 在原材料制备、生产和施工环节要求较高，应用范围也有待进一步拓展。因此，国内也形成了一批专业厂商开发各类 UHPC 构件产品和应用市场，如中路杜拉国际工程股份有限公司、上海罗洋新材料科技有限公司、中铁大桥科学研究院有限公司、中交公路长大桥建设国家工程研究中心有限公司、广东冠生土木工程技术股份有限公司、湖南固力工程新材料有限责任公司、华新新型建材（武汉）有限公司等。

第三节　应用情况

UHPC 堪称耐久性最好的工程材料，适当配筋的 UHPC 力学性能接近钢结构，同时 UHPC 具有优良的耐磨、抗爆性能。因此，UHPC 特别适合用于大跨径桥梁、抗爆结构（军事工程、银行金库等）和薄壁结构，以及用在高磨蚀、高腐蚀环境。目前，UHPC 已经在一些实际工程中应用，如大跨径人行天桥、公路铁路桥梁（实例见表 4-3）、薄壁筒仓、核废料罐、钢索锚固加强板、ATM 机保护壳等。

钢—UHPC 组合桥面技术部分应用实例汇总表　　　　　　　　　　表 4-3

序号	桥名	跨径（m）	桥型	年份
1	广东肇庆马房大桥第 11 跨	64	简支梁桥	2011
2	广东佛山佛陈大桥	58.51＋112.8＋58.51	连续梁桥	2014
3	湖南长沙河西交通枢纽市政配套工程	54	简支梁桥	2015
4	北京通州通惠河大桥	11.5＋60＋18.5	上承式梁拱组合桥	2015
5	天津滨海新区海河大桥	310	独塔斜拉桥	2015
6	北京通州北运河大桥	30＋40＋70＋40＋30	上承式拱桥	2016
7	湖南株洲枫溪大桥	300	自锚式悬索桥	2016
8	广东汕头礐石大桥	518	双塔双索面斜拉桥	2016
9	广东东莞梨川大桥	138	无背索竖琴式斜拉桥	2016
10	浙江嘉兴焦山门桥	36.5	梁桥挂孔	2016
11	贵州贵阳歆民路桥	32＋56＋32	钢结构 V 构桥	2016
12	广东江门广中江高速龙溪互通 A 匝道桥	28＋50＋28	连续梁桥	2016
13	浙江嘉兴沈荡大桥	72	钢桁梁桥	2016
14	浙江湖州五一大桥	60＋128＋60	钢—混凝土混合梁连续梁桥	2017
15	杭瑞高速岳阳洞庭湖大桥	1480＋453.6	钢桁梁悬索桥	2017
16	广东深圳岗厦北交通枢纽钢便桥	30＋2×46＋34＋32	连续梁桥	2017
17	湖南长沙桐关大桥	50＋50	连续梁桥	2017
18	湖南湘潭昭华大桥	168＋228	自锚式悬索桥	2018
19	湖南郴州赤石大桥	165＋3×380＋165	斜拉桥（混凝土梁加固）	2016
20	四川成都日月大道（成温路）快速路改造	37＋46＋46（左幅） 46＋46＋42（右幅）	连续梁桥	2018
21	四川成都云龙湾大桥	30＋80＋205＋80＋30	自锚式悬索桥	2018
22	沪通长江大桥天生港航道桥铁路桥面	141.5＋336＋141.8	刚性梁柔性拱桥	2018

序号	桥名	跨径（m）	桥型	年份
23	海南铺前跨海大桥	2×230（主桥）	斜拉桥	2018
		10×58（引桥）	钢箱简支梁桥	
24	吉林大安高架桥	31.2	梁桥	2018
25	广东隆升大桥	185	拱桥	2018
26	长沙红枫路桥	30+70+30	梁桥	2018
27	太原市摄乐桥	30+150+150+30	斜拉桥	2016
28	蒙华铁路公安长江大桥	98+182+518+182+98	斜拉桥	2018
29	蒙华铁路洞庭湖大桥	2×406	斜拉桥	2018
30	金沙江公铁两用桥	336	钢箱拱桥	2018
31	军山长江大桥	48+204+460+204+48	斜拉桥	2018
32	英德北江四桥	70+2×120+70	钢箱简支梁桥	2020
33	上海新泖港大桥桥	双向6车道，全长1385m，道路红线宽度50m	斜拉桥	2020

UHPC 由于具有高强、高韧性的特点，已成功应用于国内高速铁路的电缆沟盖板（RPC盖板）、长沙横四路某跨街天桥、马房北江大桥 UHPC 桥面铺装层等。

2020 年中国 UHPC 用量超过 4 万 m³（仅含民用项目用量，不含未收集到的工业项目用量），使用了逾 7 万吨 UHPC 预混料。UHPC 主要应用在钢—UHPC 桥面、桥梁构件连接（湿接缝）、预制构件、建筑幕墙和维修加固。其中，由于 UHPC 桥梁设计规范不完善，全预制装配式桥梁采用 UHPC，基本属于试验性工程；超高性能轻型组合桥面已有地方标准及规范可参照执行，适用面相对广泛。本节重点对钢—UHPC 组合桥面应用情况及效果进行分析介绍。

（一）钢—UHPC 组合桥面应用及效果

钢—UHPC 组合桥面铺装体系（图 4-1）已成功应用于国内 30 余座实桥，涵盖了梁桥、拱桥、斜拉桥和悬索桥等各类基本桥型，既有旧钢桥桥面加固，也有新建钢桥桥面铺装；还成功应用于国内数座大跨度公路与铁路桥梁，相关成套技术在数座桥梁维修加固中也得到了应用。

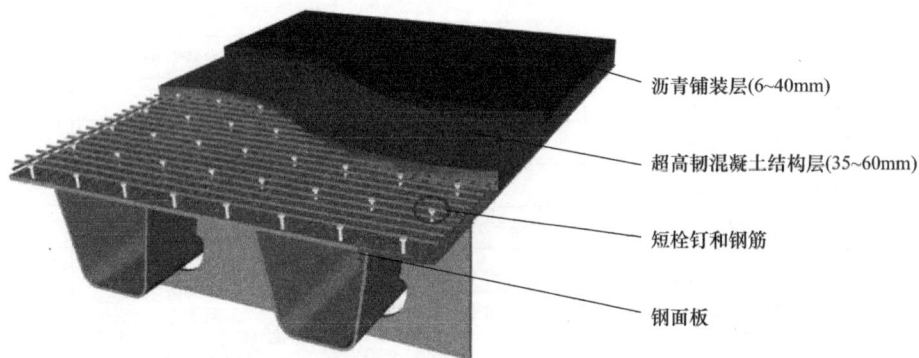

沥青铺装层(6~40mm)

超高韧混凝土结构层(35~60mm)

短栓钉和钢筋

钢面板

图 4-1 钢—UHPC 组合桥面结构

　　2011 年，马房大桥为目前国内最早使用超高性能混凝土组合桥面技术的工程案例。马房大桥位于广东省肇庆市马房镇，该桥为跨径 64m 正交异性板钢桥面简支梁桥，1984 年建成通车。该桥距离广州市 60km 左右，交通比较便利，由于桥面板刚度小（板厚 12mm，角钢加劲肋高 120mm），交通量大，重车多，造成了桥面铺装短期使用后就出现大量车辙、开裂、推移和拥包等病害，钢箱梁疲劳裂纹不断发展。1984 年竣工时的钢桥面铺装层为 7cm 厚阿油氯丁胶乳改性沥青混凝土；1992 年第一次翻修时采用沥青混凝土铺装层；2001 年第二次翻修时改为 8cm 厚双层 SAC 密实型沥青混凝土。

　　自 2011 年以来，采用多种不同铺装方案进行维修和实桥对比试验。马房大桥共有 14 跨，目前共实施了 5 种桥面铺装方案（图 4-2）：第 1～9 跨采用沥青混凝土（SAC，2015 年修补更换为日本进口环氧沥青，如图 4-3 所示），第 10 跨采用日本进口环氧沥青桥面（图 4-4），第 11 跨采用超高性能混凝土组合桥面（图 4-5），第 12 跨采用双层钢夹心板（SPS）（图 4-6），第 13、14 跨采用聚合物改性混凝土。

图 4-2　马房大桥桥面铺装方案示意图

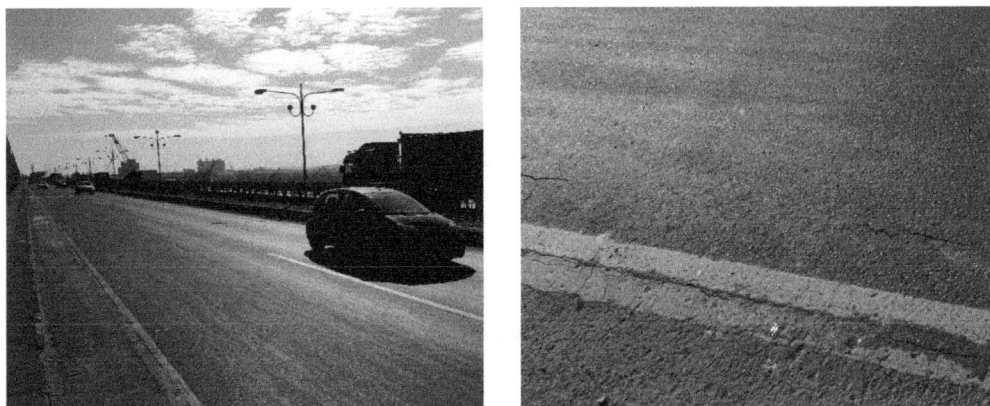

图 4-3　第 1～9 跨采用日本进口环氧沥青修补后（2015—2018）

注：使用约 3 年，行车道边缘出现细小纵向裂纹。

图 4-4　第 10 跨采用日本进口环氧沥青桥面（2011—2018）

注：使用约 8 年，行车道边缘及车道中间出现纵向贯通裂纹，伸缩缝处出现病害。

图 4-5　第 11 跨超高性能混凝土桥面（2011 年 11 月—2018 年 12 月）

图 4-6　第 12 跨采用双层钢夹心板（SPS）（2015 年 12 月—2018 年 12 月）

注：使用约 3 年，出现车辙、推移、伸缩缝破损，叠层钢板脱开等病害。

目前除超高性能混凝土桥面铺装方案外的其余桥面铺装方案均出现不同程度的病害。

病害主要表现为沥青铺装层脱落导致桥面塌陷、正交异性桥面板顶面混凝土开裂等病害、伸缩缝处病害、钢箱梁顶板疲劳裂纹等。

第 11 跨，54m 范围采用 5cmSTC＋3cm 沥青混凝土铺装层组合的 UHPC 桥面，另外 10m 范围采用超高性能混凝土裸露（未铺设沥青铺装层）。通过"栓钉＋环氧树脂胶粘剂"的复合方式连接 STC 层与钢面板。超高性能混凝土组合桥面，从 2011 年 11 月通车至 2020 年 12 月，一直未曾维修，完好无损。此外，UHPC 铺装后，钢箱梁顶板的疲劳裂纹发展渐缓，后续不再发展。

马房大桥的运营情况如下：

（1）采用超高性能混凝土桥面铺装方案的第 11 跨桥面运营 8 年以来行车状况良好；第 10 跨桥面采用日本环氧沥青方案，运营 3 年后沿车道两侧纵向已开裂，钢板面层产生了病害；第 1~9 跨桥面改良为环氧沥青方案之后，自 2016 年通车运营 2 年以来，暂未发现明显病害；第 12 跨采用 SPS 方案的桥面运营中，部分钢板已脱落，出现明显病害；第 13、14 跨采用聚合物方案的桥面已经出现大面积的破损病害。

除超高性能混凝土桥面铺装以外的方案，桥面均出现不同程度的开裂或破损，且运营 3 年左右就需要封闭桥梁维修，由此带来的社会影响和养护维修压力很大，可见超高性能混凝土桥面铺装方案在众多方案中占有较大优势。

（2）马房大桥所采用的超高性能混凝土厚度为 5cm，钢板顶面栓钉直径 13mm，高度 5.5cm，栓钉基本间距 15cm，钢筋网间距 3.75cm，直径 10mm，下保护层 2cm，上保护层 0.5cm，钢筋网绑扎连接，5cm 的 UHPC 层等效钢板厚度约为 30mm。施工中须采用专业设备搅拌，搅拌不均匀会导致结团；布料后要及时整平，否则会形成局部硬块；2d 节水保湿养护，保证表面不失水；再经 48~72h 蒸汽养护，皂化打磨后铺沥青，施工时需采用成熟的成套设备。

（3）通过 2012 年中国铁道科学研究院对马房大桥的检测结论可知：采用超高性能混凝土铺装方案的桥面未见混凝土开裂破损的现象，新铺装完毕后，构件应力明显下降，相对于原铺装状态，应力降低幅度达 80%~92%。有效降低了正交异性钢桥面板开裂的风险，并且该桥面局部刚度较大，超高性能混凝土的各项力学性能较优，采用该种材料从本质上避免了正交异性钢桥面结构体系的病害。

（二）旧桥维修加固应用

UHPC 广泛应用于既有桥梁加固，UHPC 与 NC（普通混凝土）截面粘结性能强，强度增长快速，1d 可达 80MPa，工作性能优异，坍落度可达 600~700mm，28d 收缩率小于 150 微应变。UHPC 与 NC 相比：抗氯离子渗透及扩散提高 80~100 倍，冻融性能提高 150 倍，磨耗指标提高 30 倍。学术研究及试验验证，UHPC 与 NC 的界面粘结优异，破坏面均发生在 NC。

UHPC 应用于既有桥梁加固无损伤和少量损伤的原结构，既实现加固、维修的目的，提高了桥面整体刚度，也实现了提高原荷载设计等级，简易、快速施工，节约工期的目的。

山东某高速公路在役桥梁的 T 形梁被桥下货车横向撞损，裂缝较多。为了尽快恢复桥梁的承载能力，山东省交通科学研究院采用钢模外包、内部填充 UHPC 的方式进行加固（图 4-7）。荷载试验表明效果良好，至今运营一年左右，未出现明显问题。

图 4-7　高速公路撞损桥梁钢模外包灌注 UHPC 维修加固

中铁桥研科技有限公司完成了宜城汉江大桥的 UHPC 湿接缝加固工程（图 4-8）。该桥全长 1886.95m，始建于 1986 年，2017 年经检测评定，桥梁技术状况等级被评为 3 类，桥面铺装技术状态被评为 4 类，于 2020 年启动维修加固工作。为了提高东、西引桥 50m、30m 预应力混凝土 T 梁接缝承载力，将原接缝层凿除，采用 UHPC 湿接缝浇筑改造，宽度分别为 80cm、40cm，接缝厚度为 10cm。

图 4-8　宜城汉江大桥的 UHPC 湿接缝加固

（三）伸缩缝后浇段应用

大量工程实践表明，桥梁伸缩缝在车辆荷载的长期冲击作用下，随着运营时间的推移，经常出现混凝土破损、开裂、坑洞等病害，显著增加了运营维护成本，严重影响行车舒适性并具有较大的安全隐患。伸缩缝后浇段病害成为桥梁运营过程中的一大痛点。如何保证后浇段混凝土质量，确保行车舒适性与安全性，成为亟待解决的问题。

广东阳茂高速改扩建工程，为保证新旧桥梁拼接带位置的拼接质量和结构耐久性，减少后续病害，拼接带采用 UHPC 宽湿接缝方案（图 4-9），适用于 13m、16m、20m 跨预应力混凝土空心板内边板拼接处、TJ1 合同段阳阳铁路跨线桥、TJ4 合同段南水河大桥连续箱梁拼接带。

图 4-9　阳茂高速改扩建工程新旧桥面板湿接缝

（四）预制桥梁应用

UHPC+NC预应力无腹筋组合结构能有效减轻结构自重（减轻自重的40%～60%），实现快速、全预制、装配式理念。

2020年，英德北江四桥102m大跨径UHPC预制箱梁首个节段浇筑成功（图4-10），在桥梁主体结构梁板上应用大体量UHPC材料，在国内实际工程建设中尚属首次，是UHPC桥梁施工建设领域的一项重大突破。

图4-10　英德北江四桥成型102m公路桥梁节段的模型图

广州北环高速扩建F匝道桥（图4-11）是国内首座UHPC无筋预应力体系桥梁。其采用超高性能混凝土的后张预制Ⅰ形梁（6片），梁长16m，梁高62cm，顶、底缘宽度均为40cm，腹板厚度10cm，跨径16m。预制Ⅰ形梁体内未配置纵向钢筋及箍筋，预制Ⅰ形梁顶设置15cm厚C50钢纤维混凝土和2cm厚沥青超薄磨耗层桥面铺装，预制Ⅰ形梁之间采用UHPC搭板形式。

图4-11　广州北环高速扩建F匝道桥

在人行天桥方面，目前广东和湖南均已建造了20座UHPC人行天桥，建立起了拥有技术和经济优势的UHPC人行天桥U形梁、π形梁设计（图4-12）、预制生产和架设技术体系。采用UHPC建造人行天桥的优势体现在：对比钢箱梁节约成本约20%；结构重量小，安装施工快捷，4个小时可完成主梁安装；超长结构寿命，梁体终身免费维修，运营费用低。此外，湖南湘潭的18座人行天桥，从开始UHPC梁预制生产到架设完成，仅用了50天。

图 4-12　π 形梁人行天桥（芙蓉大道 9 号桥）

（五）装配式建筑应用

UHPC 应用于装配式建筑结构，模块化产品，尺寸适应性强，结构轻便，装运、安装便捷，临时支撑少，节省工序占用的时间，具有较好的刚度，避免承台超方、欠方。目前，UHPC 应用于装配式建筑结构中，主要是在建筑幕墙或外立面。2020 年，UHPC 在建筑领域的应用案例明显增加，取得较大进展。

恒基·旭辉天地（The Roof）项目，位于上海中心城区新天地（图 4-13）。项目由四座建筑构成，外立面采用 2500 个大小不一的 UHPC 花钵和 UHPC 幕墙板组成，整个建筑被植物所覆盖，形成一个水平和垂直的立体花园。花钵体型较大，除自重外还要承受土壤、水分和植物重量，以及风荷载和安装固定产生的应力；幕墙系统部分采用大板块，其中首层板块为通高转角一体板，高度超过 4m。设计选材需要考虑的关键因素包括材质的力学性能、韧性、致密性、体积稳定性、耐久性、耐污染性、是否易生产制造等，UHPC 是最佳选择。采用 UHPC 制造薄壁花钵，可减轻自重，满足承载需求和牢固固定，也适合制造大尺寸幕墙板，共计使用了 450t UHPC 预混料预制生产花钵和幕墙板。

图 4-13　恒基·旭辉天地（UHPC 花钵和幕墙）

深汕科技园展示中心（图 4-14），采用 UHPC 外立面蜂巢状格栅幕墙，面积达 8500m²。

图 4-14 深汕科技园展示中心（UHPC 蜂巢状格栅幕墙）

中国建筑设计院设计的舟山海洋文化艺术中心二期工程（图 4-15）由"一厅六中心"构成，位于舟山新城。建筑分为 4 个单体与室外廊道，平面呈蜂巢状，酷似一个个岛礁。外立面由现浇 UHPC 格栅与网状外框架结构构成，造型独特，总计使用约 1000t UHPC 预混料。

图 4-15 舟山海洋文化艺术中心二期工程（现浇 UHPC 格栅）

第四节 技术性能对比及经济性分析

在技术性能方面，UHPC 堪称耐久性最好的工程材料，适当配筋的 UHPC 力学性能接近钢结构，同时 UHPC 具有优良的耐磨、抗爆性能。而就经济性而言，UHPC 前期投入较高，但后续维护成本低，全寿命周期成本较低，经济效益明显。本节重点对钢—UHPC 组合桥面铺装的技术性能和经济性进行对比分析。

（一）钢—UHPC 组合桥面

1. 常用铺装方式的技术性能对比 （表 4-4）

常用铺装方式的技术性能对比 表 4-4

序号	指标		方案1：浇筑式沥青混凝土铺装	方案2：环氧沥青混凝土铺装	方案3：钢—UHPC 轻型组合桥面
1	材料特性	高温稳定性	细集料含量高，孔隙率小，高温稳定性较差（6℃，动稳定度为1282次）	属于热固性材料，动稳定度大，高温稳定性好（70℃，动稳定度为5460次）	UHPC层不存在高温稳定性问题，温度线膨胀系数与钢材一致
2		低温抗裂性	抗低温开裂能力较强（−10℃，极限弯曲强度为12.5MPa）	抗低温开裂能力强（−15℃，极限弯曲强度为20.4MPa）	UHPC抗冻等级在1000次以上，极限弯曲强度在40MPa以上
3		抗疲劳性	一般	较好	UHPC层提高了结构刚度，大幅降低了结构的应力幅，抗疲劳性能好。试验表明，在UHPC层应力幅为0.0～21.3MPa的疲劳荷载作用下经历310万次疲劳循环，轻型组合桥面的UHPC层表面未见裂纹
4		水稳定性	浸水马歇尔试验结果表明，残留稳定度较高，水稳定性较好	浸水马歇尔试验结果表明，残留稳定度高，水稳定性好	UHPC不存在水稳定性问题
5		抗渗水性	孔隙率小于1%	好	UHPC抗渗性能等级大于P20，可到P50
6		线收缩性	2.4	2	1.2
7	施工控制	施工难度	无特殊要求，施工难度较小	对温度（15度）、湿度、时间等要求严格，施工难度大	专业队伍施工，施工难度一般
8		施工所需设备	Cooker施输车、浇筑式沥青混凝土摊铺机	为缩短养护工期，需要加热养护，需移动式加热养护设备	UHPC专有施工设备
9	对结构的影响		无影响	无影响	可提高结构刚度，与结构协同受力，降低钢结构疲劳开裂风险
10	寿命		5～8年	5～10年	UHPC层与主体结构一致
11	养护维修		维修工艺较复杂，费用高	维修工艺复杂，费用高	一般情况仅需对沥青面层按使用年限进行常规更换

2. 常用铺装方式的全寿命周期经济性对比 （表 4-5）

经对比分析，上述 3 种方案的初期投入成本：方案 3 比方案 1 高出 72%，比方案 2 高出 15%。如果按全寿命周期成本考虑，方案 3 比方案 1 节约成本 67%，比方案 2 节约成本 78%，方案 3 的全寿命周期成本明显低于方案 1 和方案 2。

另外，如果新建桥梁采用钢—UHPC 轻型组合桥面方案，可以减少钢板厚度 4～6mm，则初始投资基本与其他方案相当，但上述分析未考虑其桥面结构周期性维修造成的社会成本，以及常规铺装难以解决的钢结构疲劳开裂引起的钢结构裂缝修复的经济成本。

常用铺装方式的全寿命周期经济性对比 表 4-5

序号	对比方案	做法	铺装综合单价（元/m²）A	每次翻修综合单价（元/m²）B	翻修次数（次）C	合计翻修综合单价（元/m²）D＝B×C	全寿命周期综合单价（元/m²）E＝A+D
1	方案1：浇注式沥青混凝土方案	1. 上层：改性沥青混凝土 SMA13（40mm）； 2. 粘层：改性乳化沥青（300~500g/m²）； 3. 下层：浇注沥青混凝土 GA13（厚度 40m，再在表面撒布 5~10mm 预拌碎石）； 4. 防水粘结层：胶粘剂（100~200g/m²），Eliminator 防水层（两层，2500~3500g/m²），ZedS94 底涂层（200g/m²）； 5. 钢板：钢桥面板（钢箱梁部分），喷砂除锈 Sa2.5 级，粗糙度 50~100μm	1190	1190	6	7140	8330
2	方案2：环氧沥青混凝土方案	1. 上层：环氧沥青混凝土 EA10（35mm）； 2. 粘层：环氧树脂粘结剂（用量 0.6±0.05kg/m²）； 3. 下层：环氧沥青混凝土 EA10（40mm）； 4. 防水粘结层：环氧树脂粘结剂（用量 0.4±0.05kg/m²），环氧富锌漆（60~80μm）； 5. 钢板：钢桥面板（钢箱梁部分），喷砂除锈 Sa3.0 级，粗糙度 80~150μm	1770	1770	6	10620	12390
3	方案3：UHPC 桥面方案	1. 上层：改性沥青混凝土 SMA13（35m）； 2. 防水粘结层：改性环氧树脂粘结层； 3. 下层：UHPC 超高性能混凝土层（50mm 包含栓钉和钢筋）； 4. 防腐层：环氧富锌漆（75~100μm）； 5. 钢板：钢桥面板（钢箱梁部分）	2041	114	6	684	2725

注：1. 全寿命周期按 100 年考虑，沥青铺装按设计寿命 15 年更换 1 次，全寿命同期内翻修 6 次。

　　2. 翻修范围：方案 1：浇注式沥青方案全结构（80mm，不含钢桥面板）；方案 2：环氧沥青方案全结构（75mm，不含钢桥面板）；方案 3：改性环氧树脂粘结层＋改性沥青混凝土 SMA13（35mm，不含 UHPC）

3. 钢梁疲劳开裂的风险对比

钢—UHPC 轻型组合结构桥面，大幅提高了桥面板刚度，大幅降低了钢面板的疲劳应力幅，基本消除了钢面板疲劳开裂的可能性。如果原钢面板维持不变而采用环氧沥青，则钢面板基本无法避免继续发生疲劳开裂。

4. 环保性能对比

在桥梁百年寿命期间，钢—UHPC 轻型组合结构桥面相对环氧沥青铺装可减少固体建筑垃圾 $8400m^3$（注：UHPC 层厚度按 50mm 计，$14000×12×0.05＝8400$）。

5. 社会效益对比

钢—UHPC 轻型组合结构桥面，更换面层时可以随刨随铺，非常便捷，时间短，对交通影响小；更换环氧沥青铺装则需要重新对钢面板进行防腐涂装，受天气等因素影响大，时间长，对交通影响大。

综合上所述，钢—UHPC 轻型组合桥面铺装方案的技术性能明显优于浇筑式沥青混凝土铺装和环氧沥青混凝土铺装方案，且能取得显著的经济效益和社会效益，其推广和应用前景广阔。

（二）旧桥维修加固

钢—UHPC 组合加固技术性能有：进一步降低加固重量，提升加固后结构承受活荷载的能力；可有效减小加固混凝土尺寸，节省材料用量（加固混凝土厚度减少到 40～50mm，钢板减薄到 4mm）；UHPC 抗弯拉能力高，在高温度、使用荷载等作用下不会出现开裂，可实现使用阶段的全截面受力，提高了全截面刚度；采用 UHPC 加固桥面，降低了有害物的侵蚀，保障了上下部结构的耐久性，可替代防水层。

（三）伸缩缝后浇段

桥梁伸缩缝后浇段混凝土病害主要有混凝土断裂、剥落以及混凝土与桥主体结构、桥面沥青混凝土铺装层发生脱粘分离等几种类型。

目前桥梁伸缩缝后浇段普遍采用的材料为普通混凝土、微膨胀高强混凝土和钢纤维混凝土等几种传统材料。UHPC 较传统材料不仅具有较高的断裂韧性及抗冲击能力，也具有较好的耐久性，非常符合伸缩缝后浇段混凝土的受力环境。在伸缩缝后浇段采用 UHPC，能够充分发挥材料性能，有效减缓和杜绝后浇段混凝土病害的产生。

（四）预制桥梁

UHPC＋NC 预应力无腹筋 UHPC 组合结构能解决普通混凝土结构开裂、下挠等病害，杜绝收缩，减少收缩及徐变对结构体系的影响；解决钢结构耐久性问题，实现全寿命周期免维护；在项目建设初期成本基本持平，全寿命周期经济性更为显著。

全预制结构便于工厂化、集中化、规模化生产方式，可采用 I 形和 U 形等简化断面形式，对不同施工场景，可提供定制产品。

（五）装配式建筑

UHPC 在建筑幕墙及外立面的应用上具有优良的性能和广阔的应用前景：精确复制模具的表面和几何图案，在图形质感和外形上具有超强的塑造能力和无限的可能性；无机的、以天然矿物为基础的原材料带来环保和生态友好的环境；超强耐久性和低维护成本超越多种石材；超高强度使 UHPC 板材比石材、普通的混凝土预制件、多数陶板更轻、更薄；更高的跨度和重量比，减少了与主体的连接点数量，简化或取消背负钢架，节约了安装成本和五金连接件成本；具有优良的后加工性能，包括切割、钻孔、表面效果加工和胶粘。

第五节 定价机制

UHPC 应用产品属于新材料新工艺，处在快速发展阶段，现阶段应用规模还不大，产品成本高，市场价格高。从相关生产厂家了解的情况看，目前主要是研发成本、原材料成本、施工成本等生产成本较高。价格偏高会影响产品的应用范围和规模，不利于产品的推广应用，而价格偏低又难以抵消新产品的研发成本，影响研发投入，进而影响新产品的推广应用。因此，合理确定 UHPC 产品的价格，对其推广应用极其重要。

从工程计价角度看，现阶段广东省内缺少针对 UHPC 产品应用的相关计价定额，采用的计价方式主要是参照造价主管部门发布的类似定额计价，主材价根据市场询价确定；没有类似计价定额的，则按补充定额子目方式计价，人、材、机械等费用根据市场询价或发承包双方协调确定。目前在广东省，桥梁维修加固、预制桥梁、桥梁湿接缝、装配式建筑幕墙及外立面等 UHPC 应用产品，可参考现有房建或市政定额中的类似定额子目进行调整计价。而对于钢—UHPC 组合桥面铺装，由于 UHPC 属于新材料、新工艺，其性能特点决定了 UHPC 不仅材料成本较高，而且拌和、施工、养护的技术要求高，施工难度大，需要采用专用的拌和、摊铺和养护机械，相应的人工和机械成本投入较大。广东省现有市政定额和公路工程预算补充定额等无匹配定额子目可以套用，可借用的类似定额子目难以满足 UHPC 超高性能混凝土桥面铺装的施工工艺特点和工作内容等方面的要求，给计价工作带来了一定的难度。

为便于开展 UHPC 超高性能混凝土桥面铺装的计价工作，让计价真实反映该项目的工艺特点和工作内容要求，有必要对 UHPC 超高性能混凝土桥面铺装所包含的工作内容，人工、材料、机械等费用标准等进行梳理和了解，探讨其科学合理的计价机制，为今后该类项目的计价工作提供参考。本节重点以南沙某大桥项目为样本，对现阶段钢—UHPC 组合桥面铺装的定价机制进行调研和分析。

（一）根据市场询价进行组价

以广州南沙某大桥项目为样本，梳理了相关工作内容，并选取行业内 4 家供应商进行调研，搜集整理 4 家供应商在人工、材料、机械设备等方面的单方造价组成情况，详见表 4-6。

根据设计图纸，南沙某大桥项目属于城市桥梁，根据市政定额计价规则，采用补充定额子目的方式进行计价，人工费、材料费和机械费根据上述单价调研数据，按供应商 1 的价格取定，南沙某大桥项目组价 UHPC 超高性能混凝土桥面铺装的不含税综合单价约为 1443 元/m² （不含栓钉和钢筋网）。如综合考虑铺装层内栓钉和钢筋网，则计算后的不含税综合单价约为 1904.96 元/m² （含栓钉和钢筋网）。

超高性能混凝土单价组成汇总表　　　　　　　　　　　表 4-6

工作内容：机械设备进出场，超高性能混凝土材料场内运输、拌和、浇筑、振捣、摊铺、抹平、收面、养护（含保湿养护、高温蒸汽养护）、表面抛丸糙化。

序号	名称	人工费（元/m³）	材料费（元/m³）	机械费（元/m³）	合计（元/m³）	合计（50mm厚）（元/m²）	备注
1	供应商 1	5700	18000	5150	28850	1443	
2	供应商 2	5590	17754	6328	29672	1484	

序号	名称	人工费（元/m³）	材料费（元/m³）	机械费（元/m³）	合计（元/m³）	合计（50mm厚）（元/m²）	备注
3	供应商3	3950	18500	6150	28600	1430	
4	供应商4	4350	18850	6500	29700	1485	

注：1. 以上单价为不含税价，综合考虑了管理费和利润。
   2. 报价包含的主要内容：
   （1）人工费：主要包含搅拌站安拆维护、UHPC拌和、浇筑、振捣、摊铺、抹平、收面、保湿养护、蒸养棚安拆、蒸汽养护、人员进退场等费用。
   （2）材料费：主要包含UHPC原材料、蒸养棚、湿养膜、钢板、轨道、包装费、运输费、周转材料摊销费等费用。
   （3）机械费：主要包含UHPC专用拌合机、专用摊铺机、智能振捣整平一体机、蒸养自动控温系统、蒸汽养生锅炉、工作桥及施工所需的吊车、泵车、运输车、叉车、设备进退场费等相关机械使用和摊销费用。

（二）参照类似公路定额换算组价

经查阅了交通部颁布的《公路工程预算定额》JTG/T 3832—2018及相关省份公路工程补充预算定额，目前《湖南省公路工程新增补充预算定额（2020年）》已补充了钢一超高韧性混凝土相关定额，包括湘5-1-1-1桥面厚度5cm铺筑STC混凝土泵送、湘5-1-1-2桥面厚度每增减0.5cm铺筑STC混凝土泵送、湘5-1-1-3栓钉安装、湘5-1-1-4 STC混凝土蒸汽养生等4个定额子目。该定额与钢—UHPC组合桥面铺装工作内容基本一致，由于公路定额体系与市政定额体系不同，为便于对比，笔者参照上述公路定额重新按市政补充定额子目进行组价，工料机内容及消耗量参照公路定额，工料机单价按广州市信息价进行调整，管理费和利润按广东省市政定额标准计算。经计算，南沙某大桥项目UHPC超高性能混凝土桥面铺装的不含税综合单价约为1529.87元/m²（不含栓钉和钢筋网），如综合考虑铺装层内栓钉和钢筋网，不含税综合单价约为1998.73元/m²（含栓钉和钢筋网）。组价内容详见表4-7。

综合单价分析表　　　　　　　　　　　　　　　　　　表4-7

清单编码	040203007006		清单名称	UHPC超高性能混凝土		单位	m²
综合单价	1529.87		数量	1.00		综合合价	1529.87
编码	名称		单位	工程量		单价	合价
补子目1	桥面厚度5cm铺筑UHPC混凝土泵送		100m²	0.01		123491.35	1234.91
补子目2	UHPC混凝土蒸汽养生		100m²	0.01		29495.68	294.96
	合计						1529.87
1	定额直接费		元				1461.57
1.1	人工费		元				130.68
R001	人工		工日	1.188		110	130.68
1.2	材料费		元				129.78
C007	钢纤维		t	0.0136		6860	93.3
C008	钢板		t	0.0008		3872	3.1
C001	镀锌钢管		t	0.0004		4847.01	1.94

续表

编码	名称	单位	工程量	单价	合价
C002	水	m³	0.21	4.58	0.96
C003	其他材料费	元	13.22	1	13.22
C004	蒸养架	m²	0.1	64.06	6.41
C005	螺栓（镀锌）	套	0.3125	6.32	1.98
C006	保温篷布	m²	0.442	7.81	3.45
C009	锯材	m³	0.0013	1504.42	1.96
C011	环氧富锌漆	kg	0.014	135.87	1.9
C012	湿养膜	m²	1.02	1.8	1.84
1.3	机具费	元			324.69
J002	25t 以内汽车式起重机	台班	0.0046	1605.7	7.39
J003	小型机具使用费	元	3.9454	1	3.95
J004	60m³ 以内 STC 高强韧性混凝土输送泵	台班	0.0036	2390.69	8.61
J005	STC 智能振动整平系统	台班	0.0043	4193.5	18.03
J006	60m³ 以内 STC 混凝土智能搅拌站	台班	0.0042	8933.12	37.52
J007	STC 混凝土智能布料机	台班	0.0068	4310.45	29.31
J008	工作平台车	台班	0.004	2298.89	9.2
J009	检修车	台班	0.004	1038.77	4.16
J010	蒸养锅炉	台班	0.055	3587.93	197.34
J001	6m³ 以内混凝土搅拌运输车	台班	0.0064	1437.67	9.2
1.4	主材费	元			804.38
C010	UHPC 超高性能混凝土	t	0.1238	6500	804.7
1.5	设备费	元			
1.6	管理费	元	人工费＋机具费	15.82%	72.04
2	利润	元	人工费＋机具费	15%	68.31
3	综合单价	元			1529.87

（三）已完成类似项目计价情况

经查阅佛山某大桥、汕头某大桥的造价资料（表 4-8），该两个项目为公路桥梁，桥面铺装采用超高性能混凝土组合桥面技术，参照公路相关定额进行换算组价。其中佛山某大桥"厚 45mm 混凝土（STC）（栓钉 $D=150$mm）"经审定的含税综合单价为 1716.73 元/m²，汕头某大桥"5cmSTC 层（含钢筋及剪力钉）"经审定的含税综合单价为 2078.55 元/m²。

综上所述，UHPC 超高性能混凝土桥面铺装的定价机制建议采用补充定额子目的方式进行计价，工料机费用可通过市场询价或参照《湖南省公路工程新增补充预算定额（2020 年）》进行计算。

广东省内类似项目综合单价对比表　　　　表 4-8

序号	项目名称	清单名称	含税综合单价（元/m²）	不含税综合单价（元/m²）	备注
1	佛山某大桥	5cmSTC 层（含钢筋及剪力钉）	1907.48	1718.45	根据厚 45mm 混凝土（STC）换算。2014 年项目
2	汕头某大桥	5cmSTC 层（含钢筋及剪力钉）	2078.55	1872.57	2016 年项目
3	南沙某大桥	5cmUHPC 层（含钢筋及剪力钉）	2076.41	1904.96	2020 年项目

第六节　实施建议

（1）UHPC 产品性能优异，具有良好的社会效益和经济效益，广泛应用于正交异性钢桥面铺装、旧桥加固、预制桥梁、装配式建筑结构等。到目前为止，超高性能混凝土组合桥面结构已经在国内 40 余座桥梁工程中得到了应用，该种桥面体系因其超高的力学性能和超高的耐久性能在实际运营中表现优异，得到了行业的高度认可，建议加大其推广应用的力度和范围。

目前 UHPC 应用场景集中于住房和城乡建设部发布的《建筑业 10 项新技术（2017 版）》提到的装饰预制构件、人防工程、军事防爆工程、桥梁工程等，暂不具备在土木工程领域大面积使用的基础。结合南沙区实际，我们认为经过国内科研机构、有关企业的多年研究和众多项目的实践，UHPC 技术已经较为成熟，鉴于其超高的力学性能和耐久性能，可在南沙区基础建设领域中的一些特殊工程部位加以运用，提升我区基础设施建设品质，减少今后维修养护成本。

1）UHPC 特别适合应用于大型桥梁工程，建议在万龙大桥等下一步实施的特大桥梁工程以及既有旧桥大中修项目中推广运用钢—UHPC 组合桥面铺装，在工程可行性研究报告中加以明确。

2）国家正大力推进建筑产业化、装配化，全预制装配式 UHPC 结构具有重量轻、配筋少、截面尺寸小、易于装配的特点，在今后的人行天桥建设中可以探索性运用全预制装配式 UHPC 新工艺。相比同等承载力的钢结构形式天桥，全预制装配式 UHPC 建筑在设计应用合理的基础上，在减少构件重量、减少建筑整体自重、降低运输吊装安装施工费用等方面，不但能获得经济效益，还能提升装配式建筑质量。

（2）UHPC 产品近年来发展迅速，应用范围越来越广，规模也越来越大，建议造价主管部门在充分调研的基础上补充计价定额，特别是 UHPC 超高性能混凝土桥面铺装的相关定额，进一步完善现有计价定额体系，为 UHPC 产品的计价提供科学、合理的依据和支撑，促进行业健康、有序发展。

（3）UHPC 产品供应商处在 UHPC 产品应用的最前端，是新产品推广应用的核心，一方面要进一步加大新产品的研发和推广力度，另一方面要降低产品成本，合理确认产品的市场价格，并加大对产品全寿命周期成本的研究和分析，积累科学、准确的成本数据，为 UHPC 产品的应用提供可信的数据支撑。

二、计价依据篇

第五章

城市轨道交通工程人工、机械动态指数测算报告

(广州中咨城轨工程咨询有限公司)

第一节 测算背景、必要性及目的

(一) 测算背景

为贯彻落实党的十九大和十九届二中、三中、四中全会精神，以及中共中央、国务院发布的《关于构建更加完善的要素市场化配置体制机制的意见》，充分发挥市场在资源配置中的决定性作用，依照住房和城乡建设部于 2020 年 7 月发布的《关于印发工程造价改革工作方案的通知》(建办标〔2020〕38 号) 中的相关工作要求，为推进《广东省城市轨道交通工程综合定额 (2018)》(以下简称轨道综合定额) 人工费和机械费市场化，进一步完善广东省建筑市场主要劳务用工价格信息监测平台的市场化机制，广东省建设工程标准定额站组织开展了广东省城市轨道交通工程人工费调整指数和机械费调整系数测算工作。

1. 广东省建筑市场主要劳务用工价格信息监测平台介绍

轨道综合定额由广东省住房和城乡建设厅发布，自 2018 年 4 月 1 日起施行，定额采用全费用综合人工方式表现，不再按人工单价和人工消耗量方式显示。为了继续改革和完善人工费管理制度，逐步实现定额人工费和市场人工费的并轨，做好新定额在广东省各市的人工费调整、发布工作，按照《广东省住房和城乡建设厅转发〈住房城乡建设部关于加强和改善工程造价监管的意见〉的通知》(粤建价〔2017〕248 号) 的工作部署，广东省建设工程标准定额站组织研发了"广东省建筑市场主要劳务用工价格信息监测平台"。

该平台目前主要应用于广州、佛山和东莞地区的城市轨道交通工程劳务用工监测工作，以"月"为监测周期，施工单位配合每月 1～10 日在劳务价格监测平台填报本单位上月真实的劳务价格信息，填报数据以市场真实人工费进行提交。

城市轨道交通工程（土建）劳务用工按工作内容划分为 24 个主要工种，对该 24 个主要劳务工种的工作内容、费用组成、人工占比系数和计算公式进行明确定义。通过在该平台动态填报真实的建筑市场劳务价格信息，促进工程人工费用合理反映市场实际，便于各建设主体参考，同时引导劳务合同双方合理确定建筑工人工资水平，切实维护劳务市场正常秩序，具体内容见附件 5-1。

2. 轨道综合定额人工费介绍

广东省住房和城乡建设厅办公室于 2018 年 3 月 30 日发布《广东省住房和城乡建设厅关于印发〈广东省城市轨道交通工程综合定额〉的通知》（粤建市〔2018〕62 号）。轨道综合定额是广东省城市轨道交通工程计价的标准，是编审城市轨道交通工程设计概算、招标控制价、施工图预算、工程计量与价款支付、工程价款调整、竣工结算，调解工程造价纠纷，鉴定工程造价的依据。

轨道综合定额人工费是按照 2017 年广东省建筑市场综合水平取定，各时期各地区的水平差异和幅度差可按各市发布的动态人工调整系数进行调整。人工费指直接从事施工作业的生产工人的薪酬，已经综合考虑了不同工种、不同技术等级等因素，内容包括工资性收入、社会保险费、住房公积金、职工福利费、工会经费、职工教育经费及特殊情况下发生的工资等，具体组成详见附件 5-2。

3. 轨道综合定额机械费介绍

广东省住房和城乡建设厅办公室于 2019 年 1 月 11 日印发《广东省建设工程计价依据 2018》（以下简称计价依据），该计价依据包括《广东省房屋建筑与装饰工程综合定额 2018》《广东省市政工程综合定额 2018》《广东省通用安装工程综合定额 2018》《广东省园林绿化工程综合定额 2018》和《广东省建设工程施工机具台班费用编制规则 2018》。该计价依据更加贴合市场、较为完善，如在人工费的定额编制上采用全费用人工薪酬方式表现，不再显示人工单价和消耗量，解决了人工单价偏低、消耗量偏高的矛盾；在材料费的定额编制上将落后、需淘汰的定额项目、施工机械进行了替换处理，增加了先进的施工工艺，同时增加了新材料的应用，提高了机械化程度，反映了广东省建筑业发展水平及应用现状。

计价依据与轨道综合定额使用了两套机械台班库，两套机械台班库的目录、分类、编号、名称基本一致，但人工、材料、折旧费、修理费的消耗量及单价不同，其中人工费区别较大，在轨道综合定额机械台班单价中，人工类型为"一般技工"，单价为 110 元/工日，在计价依据机械台班单价中，人工类型为"机上人工"，单价为 230 元/工日。

（二）测算的必要性

围绕城市轨道交通工程造价管理市场化数据需求，以落地应用为目的，借鉴港澳先进经验做法，融合国内工程造价管理特点，总结方法、技术经验，研究城市轨道交通工程人工价格指数和机械费用指数市场化应用体系，为建立轨道建设行业工程造价数据库提供支持。本测算报告最终将形成人工费调整指数和机械费调整系数编制方法，挖掘数据应用场景。

通过对人工费调整指数和机械费调整系数的测算，促进城市轨道交通工程造价数据库的建设，形成按劳务工种类型的劳务市场人工价格调整指数，以及两套机械台班库的统一的机械费用调整系数，为城市轨道交通工程劳务用工价格、机械费用价格的科学决策与管理提供参考数据，促进城市轨道交通项目建设投资管控得力、项目有序推进。

（三）测算目的

现今，我国工程价格执行的是在计划经济和市场指导价双主导下的政府投资定价制度，工程价格执行市场发挥调节作用下的工程计价改革，其特点是清单计价、量价分离、风险分担。根据中共中央、国务院发布的《关于构建更加完善的要素市场化配置体制机制的意见》中提出"市场决定，有序流动，充分发挥市场配置资源的决定性作用，推动要素配置依据市场规则、市场价格、市场竞争实现效益最大化和效率最优化"要求，住房和城乡建设部发布《关于印发工程造价改革工作方案的通知》，进一步推进工程造价市场化改革，并提出了"完善工程计价依据发布机制、搭建市场价格信息发布平台，统一信息发布标准和规则，鼓励企事业单位通过信息平台发布各自的人工、材料、机械台班市场价格信息，供市场主体选择"等具体改革要求和工作方向。

因此，本测算的目的是从新形势出发，适应城市轨道交通工程造价市场化、信息化试点工作的需要，从市场动态行情出发，形成人工费调整指数编制方法；为统一广东省建设工程机械台班库，使省内机械费水平保持一致，形成机械费调整系数编制方法。

第二节 测算方法与过程

（一）人工费调整指数测算方法

1. 各工种每月平台填报数据

根据《关于召开城市轨道交通工程劳务用工价格信息监测工作座谈会的通知》的工作部署，广东省建设工程标准定额站组织了广州地铁集团有限公司、佛山市铁路投资建设集团有限公司，东莞市轨道一号线建设发展有限公司等相关单位，并选取了广州地铁八号线北延段工程、十号线、十一号线、十二号线、十八号线和二十二号线，佛山地铁三号线、东莞地铁一号线等部分试点项目，自2019年1月起开展主要城市轨道交通工程项目的劳务用工价格信息监测工作。

城市轨道交通工程劳务用工监测工作采集的数据成果见附件5-3。

2. 城市轨道交通工程各工种人工费在总人工费中占比测算

为分析城市轨道交通土建工程的24个主要劳务工种人工费在总人工费上的占比，本测算报告抽选了广州市轨道交通七号线二期工程、广州市轨道交通十号线工程、广州市轨道交通十二号线工程三个项目的概算文件进行占比测算，整理结果分别如下。

（1）广州市轨道交通七号线二期工程

在广州市轨道交通七号线二期工程中，人工费占比高于5%的主要劳务工种分别为混凝土工（19.14%），钢筋工（17.64%），盾构综合用工（14.04%），一般机械用工（7.76%），普工（土建）（6.58%），钢支撑工（6.32%），电焊工（5.01%），如表5-1和图5-1所示。

广州市轨道交通七号线二期工程人工费统计表　单位：（元）　　表 5-1

概算总额	建筑工程费	其中：人工费
17565514594.90	7405076157.97	1051213935.71
占比（人工费/概算总额）：5.98%		占比（人工费/建筑工程费）：14.20%

工种名称	人工费	占比
混凝土工	201175940.47	19.14%
钢筋工	185414615.60	17.64%
盾构综合用工	147623592.88	14.04%
一般机械用工	81585440.46	7.76%
普工（土建）	69200237.01	6.58%
钢支撑工	66423126.19	6.32%
电焊工	52664483.44	5.01%
灌注桩成孔用工	50698966.00	4.82%
木工（模板工）	33962564.44	3.23%
抓斗成槽用工	30425225.77	2.89%
旋喷桩、注浆用工	25455622.77	2.42%
爆破工	25177703.05	2.40%
防水工	14848522.86	1.41%
管片拼装工	13589467.54	1.29%
抹灰工	10131162.02	0.96%
铺轨工	6526251.84	0.62%
架子工（脚手架工）	5980626.89	0.57%
信号工	5220221.55	0.50%
电工	4116496.87	0.39%
双轮铣成槽用工	3425095.37	0.33%
搅拌桩用工	3234313.67	0.31%
汽车吊工、履带吊工	2667315.96	0.25%
水电工	2337836.41	0.22%
镶贴工	2266216.35	0.22%
砌筑工（砖瓦工）	1519234.95	0.14%
测量工	1334529.82	0.13%
桩机综合用工	992320.40	0.09%
幕墙工	924381.02	0.09%
土方工	620195.10	0.06%
保温工	545527.83	0.05%
龙门吊工、塔吊工	446971.03	0.04%
油漆工	376487.65	0.04%
安装工	303242.50	0.03%

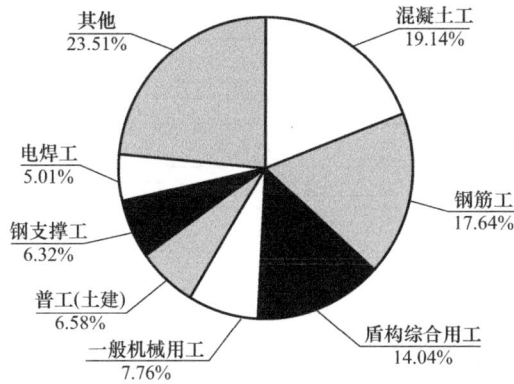

图 5-1　广州市轨道交通七号线二期工程人工费占比

（2）广州市轨道交通十号线工程

在广州市轨道交通十号线工程中，人工费占比高于 5% 的主要劳务工种分别为钢筋工（20.04%），混凝土工（19.98%），盾构综合用工（8.03%），灌注桩成孔用工（6.82%），木工（模板工）（5.70%），一般机械用工（5.65%），钢支撑工（5.07%），如表 5-2 和图 5-2 所示。

广州市轨道交通十号线工程人工费统计表　　（单位：元）　　　　表 5-2

概算总额	建筑工程费	其中：人工费
24098812603.12	8075362217.34	1494566689.53
占比（人工费/概算总额）：6.20%		占比（人工费/建筑工程费）：18.51%

工种名称	人工费	占比
钢筋工	299537615.28	20.04%
混凝土工	298598257.29	19.98%
盾构综合用工	119968966.85	8.03%
灌注桩成孔用工	101885949.80	6.82%
木工（模板工）	85180597.95	5.70%
一般机械用工	84418882.95	5.65%
钢支撑工	75708878.48	5.07%
普工（土建）	67404261.27	4.51%
爆破工	62216231.45	4.16%
电焊工	57847028.63	3.87%
架子工（脚手架工）	45390495.18	3.04%
旋喷桩、注浆用工	34855758.71	2.33%
安装工	26358147.44	1.76%
抓斗成槽用工	25659135.71	1.72%
防水工	20349313.06	1.36%
抹灰工	19026873.25	1.27%
铺轨工	11656902.87	0.78%

工种名称	人工费	占比
管片拼装工	11629009.37	0.78%
砌筑工（砖瓦工）	7149262.38	0.48%
双轮铣成槽用工	6061265.70	0.41%
信号工	5082947.06	0.34%
汽车吊工、履带吊工	4855260.97	0.32%
搅拌桩用工	4586969.10	0.31%
镶贴工	3884664.15	0.26%
水电工	3177548.82	0.21%
电工	3101494.25	0.21%
测量工	2385318.65	0.16%
保温工	1811162.78	0.12%
幕墙工	1352477.61	0.09%
桩机综合用工	1277931.88	0.09%
油漆工	957066.71	0.06%
土方工	648053.63	0.04%
龙门吊工、塔吊工	542960.30	0.04%

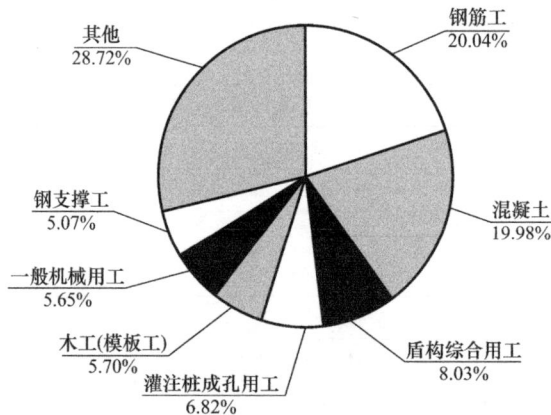

图 5-2　广州市轨道交通十号线工程人工费占比

（3）广州市轨道交通十二号线工程

在广州市轨道交通十二号线工程中，人工费占比高于5%的主要劳务工种分别为混凝土工（18.61%），钢筋工（17.47%），盾构综合用工（11.73%），一般机械用工（7.41%），钢支撑工（7.17%），普工（土建）（5.23%），爆破工（4.95%），如表5-3和图5-3所示。

3. 提取主要劳务工种和进行综合占比分析

根据上述的广州市轨道交通七号线二期工程、广州市轨道交通十号线工程、广州市轨道交通十二号线工程三个项目中各工种人工费在项目概算人工费中的占比情况，综合三个项目的概算人工费和劳务工种测算结果，将三个项目概算的 34 个劳务工种的各工种人工费汇总除以三个项目概算人工费汇总，得出综合占比，见表 5-4。

广州市轨道交通十二号线工程人工费统计表 （单位：元） 表 5-3

概算总额	建筑工程费	其中：人工费
36951802920.64	15371033374.21	1985834536.36
占比（人工费/概算总额）：5.37%		占比（人工费/建筑工程费）：12.92%
工种名称	人工费	占比
混凝土工	369472471.36	18.61%
钢筋工	346981994.44	17.47%
盾构综合用工	232884040.04	11.73%
一般机械用工	147080362.76	7.41%
钢支撑工	142394282.05	7.17%
普工（土建）	103899095.45	5.23%
爆破工	98355112.97	4.95%
电焊工	75416091.96	3.80%
旋喷桩、注浆用工	69157788.20	3.48%
架子工（脚手架工）	63052508.11	3.18%
抓斗成槽用工	53577787.49	2.70%
灌注桩成孔用工	52681412.20	2.65%
木工（模板工）	50286133.61	2.53%
测量工	27545079.71	1.39%
防水工	27033447.38	1.36%
管片拼装工	23409441.00	1.18%
安装工	20513559.62	1.03%
双轮铣成槽用工	15033477.09	0.76%
抹灰工	13355673.98	0.67%
搅拌桩用工	12710010.90	0.64%
铺轨工	11692217.71	0.59%
电工	7044923.03	0.35%
桩机综合用工	5589535.68	0.28%
砌筑工（砖瓦工）	3130246.71	0.16%
幕墙工	3027605.98	0.15%
镶贴工	2573849.39	0.13%
汽车吊工、履带吊工	2563195.13	0.13%
油漆工	1401788.38	0.07%
信号工	1383481.86	0.07%
水电工	1144855.48	0.06%
保温工	1008078.28	0.05%
龙门吊工、塔吊工	227286.46	0.01%
通风工（土建）	104353.00	0.01%
土方工	103348.95	0.01%

关于三个项目概算各工种综合占比的计算，采用以下计算公式：

$$综合占比 = (A_n + B_n + C_n)/(A + B + C)$$

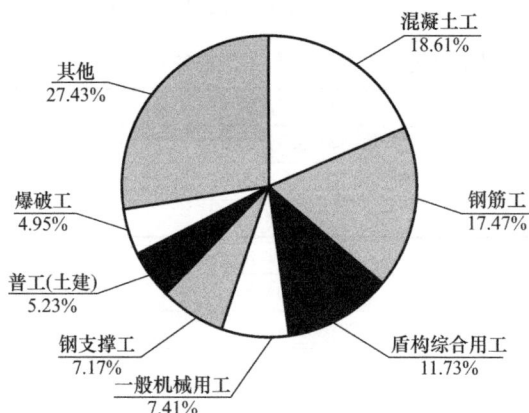

图 5-3 广州市轨道交通十二号线工程人工费占比

式中 A——广州市轨道交通七号线二期工程的人工费总和；

B——广州市轨道交通十号线工程的人工费总和；

C——广州市轨道交通十二号线工程的人工费总和；

A_n——工种 n 在广州市轨道交通七号线二期工程中的人工费；

B_n——工种 n 在广州市轨道交通十号线工程中的人工费；

C_n——工种 n 在广州市轨道交通十二号线工程中的人工费。

根据表 5-4 的结果，选取在"广东省建筑市场主要劳务用工价格信息监测平台"上有较完整填报数据且综合占比较高的工种，作为人工费调整指数的计算样本。选取的主要工种分别为混凝土工，钢筋工，盾构综合用工，一般机械用工，钢支撑工，普工（土建），电焊工，木工（模板工），旋喷桩、注浆用工，架子工（脚手架工），以上 10 个工种人工费占比合计为 80.30％（图 5-4），以上 10 个工种人工费反映了市场劳务价格的主要趋势，故用以上 10 个劳务工种来测算城市轨道交通工程人工价格综合涨幅指数。

概算主要劳务工种和综合占比统计表 表 5-4

序号	工种名称	七号线二期工程（人工费）	十号线工程（人工费）	十二号线工程（人工费）	综合占比
1	混凝土工	201175940.47	298598257.29	369472471.4	19.18％
2	钢筋工	185414615.60	299537615.28	346981994.4	18.36％
3	盾构综合用工	147623592.88	119968966.85	232884040	11.04％
4	一般机械用工	81585440.46	84418882.95	147080362.8	6.91％
5	钢支撑工	66423126.19	75708878.48	142394282	6.28％
6	普工（土建）	69200237.01	67404261.27	103899095.4	5.31％
7	灌注桩成孔用工	50698966.00	101885949.80	52681412.2	4.53％
8	电焊工	52664483.44	57847028.63	75416091.96	4.10％
9	爆破工	25177703.05	62216231.45	98355112.97	4.10％
10	木工（模板工）	33962564.44	85180597.95	50286133.61	3.74％
11	旋喷桩、注浆用工	25455622.77	34855758.71	69157788.2	2.86％
12	架子工（脚手架工）	5980626.89	45390495.18	63052508.11	2.53％

续表

序号	工种名称	七号线二期工程 （人工费）	十号线工程 （人工费）	十二号线工程 （人工费）	综合占比
13	抓斗成槽用工	30425225.77	25659135.71	53577787.49	2.42%
14	防水工	14848522.86	20349313.06	27033447.38	1.37%
15	管片拼装工	13589467.54	11629009.37	23409441	1.07%
16	安装工	303242.50	26358147.44	20513559.62	1.04%
17	抹灰工	10131162.02	19026873.25	13355673.98	0.94%
18	测量工	1334529.82	2385318.65	27545079.71	0.69%
19	铺轨工	6526251.84	11656902.87	11692217.71	0.66%
20	双轮铣成槽用工	3425095.37	6061265.70	15033477.09	0.54%
21	搅拌桩用工	3234313.67	4586969.10	12710010.9	0.45%
22	电工	4116496.87	3101494.25	7044923.03	0.31%
23	砌筑工（砖瓦工）	1519234.95	7149262.38	3130246.71	0.26%
24	信号工	5220221.55	5082947.06	1383481.86	0.26%
25	汽车吊工、履带吊工	2667315.96	4855260.97	2563195.128	0.22%
26	镶贴工	2266216.35	3884664.15	2573849.39	0.19%
27	桩机综合用工	992320.40	1277931.88	5589535.68	0.17%
28	水电工	2337836.41	3177548.82	1144855.48	0.15%
29	幕墙工	924381.02	1352477.61	3027605.98	0.12%
30	保温工	545527.83	1811162.78	1008078.28	0.07%
31	油漆工	376487.65	957066.71	1401788.38	0.06%
32	土方工	620195.10	648053.63	103348.95	0.03%
33	龙门吊工、塔吊工	446971.03	542960.30	227286.46	0.03%
34	通风工（土建）	—	—	104353	0.00%

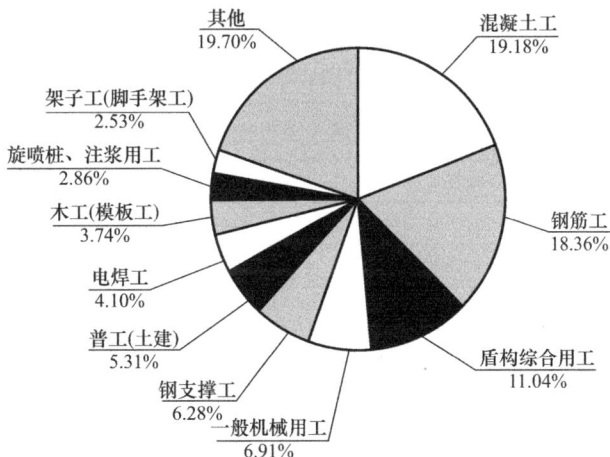

图 5-4　主要劳务工种综合占比

4. 人工费调整指数测算过程

测算方法把以上 10 个劳务工种的涨幅比例作为研究对象，以轨道综合定额编制期作为人工价格基期，以基期后续各月（计算期）某工种平均日薪与基期的该工种平均日薪的比值，乘以该工种占比，并综合 10 个主要工种的涨幅指数。

采用的计算公式如下：

$$I_i = \sum(E_{ni} \div E_{n基期} \times F_n)$$

式中　I_i——计算期的综合指数；

E_{ni}——计算工种 n 的平均日薪工资，采集于广东省建设工程标准定额站每月发布《广东省城市轨道交通工程劳务市场用工价格监测报告》中的该工种平均价格；

$E_{n基期}$——基期工种 n 的平均日薪工资；

F_n——工种 n 的占比，以重新分配占比的结果进行计算。

当出现某工种没有基期价格或某工种没有采集价格数据的情况，均等同最近一期价格，假定无采集价格的时段，无价格变动。

根据以上计算方法，计算自 2019 年 1 月~2020 年 12 月的各月人工费调整指数，见表 5-5。

2019 年 1 月~2020 年 12 月人工费调整指数　　　　　　表 5-5

年度	1 月	2 月	3 月	4 月	5 月	6 月	7 月	8 月	9 月	10 月	11 月	12 月
2019 年	1.00	1.19	1.25	1.15	1.18	1.21	1.24	1.23	1.23	1.18	1.22	1.23
2020 年	1.15	1.24	1.18	1.24	1.25	1.26	1.25	1.25	1.26	1.18	1.27	1.31

5. 人工费用涨幅测算

目前广州市采用轨道交通定额的在建地铁线路共有 7 条，分别是广州市轨道交通七号线二期工程、广州市轨道交通十号线工程、广州市轨道交通十二号线工程、广州市轨道交通十三号线二期工程、广州市轨道交通十四号线二期工程、广州市轨道交通三号线东延段工程和广州市轨道交通五号线东延段工程。

为测算表 5-5 的人工费调整指数对在建城市轨道交通项目造价的影响，选取其中三条线路（即七号线二期工程、十号线工程、十二号线工程）按照表 5-5 的人工费调整指数进行人工费用涨幅测算。三条线路人工费统计表见表 5-6。

在建城市轨道交通工程线路人工费统计表　　（单位：万元）　　表 5-6

项目	概算总额	建筑工程费	其中：人工费
七号线二期工程	1756551.46	740507.62	105121.39
十号线工程	2409881.26	807536.22	149456.67
十二号线工程	3695180.29	1537103.34	198583.45

采用以上测算方法中 2020 年较 2019 年的年度人工费调整指数 1.24 进行人工调整模拟测算，结果如下：

（1）七号线二期工程＝105121.39×1.24＝105121.39≈25229 万元

（2）十号线工程＝149456.67×1.24＝149456.67≈35870 万元

（3）十二号线工程＝198583.45×1.24＝198583.45≈47660 万元

综上，三条线路人工费调整合计增加 108759 万元，三条线路的概算建筑工程费涨幅分别为七号线二期工程 3.41%，十号线工程 4.44%，十二号线工程 3.10%，整体涨幅为 3.53%。

6. 测算方法的优缺点分析

（1）优点

1）能够实时反映市场劳务人工价格波动，体现人工价格的动态特性。

2）能够结合综合占比，综合考虑各工种的价格变动情况，避免因某工种的价格骤变而引起指数起伏较大。

3）可为相关部门制定劳务人工价格提供参考价值。

（2）缺点

1）在平台上报信息的各单位填报的劳务人工费信息可能存在误差，易导致测算指数出现偏差。

2）每一个劳务工种明确定义了填报的劳务工资应包含的工作内容，但实际填报的数据会因各劳务分包合同内容差异而产生偏差。

3）部分工种因采集数据欠缺，因此不能动态反映所有工种的价格变动情况，但参与综合占比计算的工种人工费占比达80%以上。

4）综合占比的测算数据来源于广州市轨道交通七号线二期工程、广州市轨道交通十号线工程、广州市轨道交通十二号线工程3个项目。因各项目的情况不同，可能采用的劳务工种情况也不同，因此工种的综合占比会因项目情况出现偏差，相应的综合指数实际上也会出现偏差。

（二）机械费调整系数测算方法

1. 测算方法

考虑到轨道综合定额发布时间早于计价依据，轨道综合定额机械台班费用低于广东省现行的施工机械费用水平，为使轨道综合定额与计价依据的机械费用水平保持一致，需对轨道综合定额的机械费进行测算并调整。

通过统计采用轨道综合定额的在建轨道交通项目的机械台班费用情况，并用计价依据的机械台班费将其进行替换，剔除个别不是套用轨道综合定额子目的机械台班数据（例如：个别子目套用《广东省建筑与装饰工程综合定额2010》《广东省市政工程综合定额2010》的机械台班），最终形成轨道综合定额机械费用调整系数。

2. 测算数据分析

（1）采用依据轨道综合定额编制的广州市轨道交通十二号线工程、广州市轨道交通七号线二期工程的概算作为案例测算数据。

（2）本次测算主要研究轨道综合定额土建与市政相关专业的机械费用变化幅度。

（3）导出工程案例中用到的轨道综合定额机械台班明细与计价依据机械台班明细，进行数据分析、处理匹配，用计价依据机械台班费替换轨道综合定额机械台班费，得到替换后的机械费用和变化幅度。

（4）在数据处理过程中，剔除非套用轨道综合定额的机械台班的数据，保证测试数据的准确性。

（5）为排除不同市及不同时期信息价对测算结果的影响，本次测算全部采用不含税的定额编制期基价。

3. 机械费调整系数测算过程

本次测算使用的数据是广州市轨道交通十二号线工程和广州市轨道交通七号线二期工程，其中十二号线工程中与土建及市政相关的单位工程一共有 80 个，七号线二期工程中与土建及市政相关的单位工程一共有 16 个，合计测算 96 个单位工程。

测算过程如下：

（1）导出每个单位工程轨道机械台班明细，并根据台班名称及规格型号进行替换，并计算机械费用价差，详见本章附件 5-4，样表见表 5-7。

单位工程轨道机械台班明细　　　　　　　　　　　　　表 5-7

工料机编号	工料机名称	规格	单位	数量	不含税单价（定额价）	合价（不含税）	不含税定额单价（房建）	不含税定额合价（房建）	价差
990101015	履带式推土机	功率75（kW）	台班	119.193	756.38	90155.20	1039.8	123936.88	33781.68
990101050	履带式推土机	功率320（kW）	台班	464.265	2094.37	972342.69	2526.18	1172816.96	200474.27
990106010	履带式单斗液压挖掘机	斗容量0.6（m³）	台班	64.009	759.63	48623.16	1069.5	68457.63	19834.47
990106030	履带式单斗液压挖掘机	斗容量1（m³）	台班	145.927	1095.78	159903.89	1439.74	210096.94	50193.05
990106040	履带式单斗液压挖掘机	斗容量1.25（m³）	台班	17.827	1284.26	22894.50	1648.7	29391.37	6496.87
990106095	长臂挖机	P320	台班	383.792	1817.33	697476.72	2264.53	869108.50	171631.78
990107025	履带式单斗挖掘机（带液压镐）	斗容量1（m³）	台班	1039.954	1270.43	1321188.76	1649.33	1715227.33	394038.57
990113020	平地机	功率90（kW）	台班	0.091	678.1	61.71	969.68	88.24	26.53
990120020	钢轮内燃压路机	工作质量8（t）	台班	0.065	343.71	22.34	488.08	31.73	9.38
990120030	钢轮内燃压路机	工作质量12（t）	台班	325.427	453.47	147571.38	605.9	197176.22	49604.84
990120040	钢轮内燃压路机	工作质量15（t）	台班	0.068	542.53	36.89	700.51	47.63	10.74
990128010	风动凿岩机	气腿式	台班	9446.752	14.29	134994.0861	16.8	158705.43	23711.34752
990129010	风动凿岩机	手持式	台班	3.406	12.13	41.31478	14.1	48.02	6.70982

（2）剔除该单位工程中非套用轨道综合定额的机械台班数据，对每个单位工程的机械费调整前合价与替换后的机械费用增加额进行汇总，详见本章附件 5-4，样表见表 5-8 和表 5-9。

（3）汇总并测算得出十二号线工程与七号线二期工程的整体机械费用涨幅比例与增加机械费占概算工程费的比例，详见表 5-10。

表 5-8

		工程名称	机械费调整前合价	机械费增加	机械费增幅	工程造价
七号线	1 车站	沙东站	72562770.83	13085187.16	18.03%	541734660.27
		大学城南站	107297.0151	36432.3235	33.95%	2599110.24
		洪圣沙站	37236953.94	10716872.21	28.78%	348158525.80
		姬堂站	54246260.23	16675567.75	30.74%	832239739.00
		加庄站	38260285.95	11752441.16	30.72%	364161375.72
		科丰路站	49001880.09	13543310.51	27.64%	449010240.91
		萝岗站	52014217.75	16579248.74	31.87%	555557694.18
		深井站	61960904.83	18784927.08	30.32%	549066228.45
		水西北	41612365.8	12449843.65	29.92%	254641860.21
		水西站	45931385.73	13556491.18	29.51%	477604667.81
		裕丰围站-七号线二期	75015391.51	18347086.17	24.46%	603433098.46
		长洲站	52428839.87	13179023.78	25.14%	349254736.84
	2 区间	7 2 区间	765973670.4	130745837.7	17.07%	132903415.40
		水西北站后折返线	17647305.28	4396287.209	24.91%	75764648.43
	3 轨道	七号线二期-停车场减振单列	676634.9111	190129.7815	28.10%	24199509.66
		七号线二期轨道	19756264.8	4778481.256	24.19%	418997239.53

表 5-9

工程名称	机械费调整前合价	机械费增加	机械费增幅	工程造价
轨道交通十二号线工程同步实施	61776273.67	14644123.08	23.71%	1665341639.93
赤岗—赤沙区间	41043450.44	7272186.701	17.72%	153425527.93
附属工程	280422.4481	50113.81647	17.87%	228032885.62
新市墟站—12 号线	13621031.14	3804244.201	27.93%	45260339.11
新市墟站—14 号线	3523308.049	810579.0656	23.01%	12673936.67
浔峰岗—里横路区间	18001504.59	3284650.189	18.25%	66923352.47
里横路—槎头区间	84983223.85	14682744.65	17.28%	328585144.80
槎头—聚龙区间	55872487.19	9581180.055	17.15%	213364701.64
南航新村—新市墟	30594793.8	5429988.147	17.75%	115366385.40
云溪公园—小金钟区间	20550689.13	4074608.745	19.83%	82927382.44
景云路—广园新村区间	33442371.21	6152384.512	18.40%	81114920.46
广园新村—恒福路区间	74936451.63	13680467.28	18.26%	306572765.25
恒福路—建设六马路区间	29426553.09	5566924.13	18.92%	115325676.12
建设六马路—烈士陵园区间	21937818.67	4215103.241	19.21%	84912685.09
烈士陵园—东湖区间	32899094.34	6209761.741	18.88%	127419109.67
东湖—二沙岛区间	55003799.23	10089560.38	18.34%	205973003.36
二沙岛—岭南广场区间	54310904.45	10570291.6	19.46%	223677338.22
岭南广场—赤岗区间	39394842.85	8559022.522	21.73%	180616446.27
赤沙—赤沙滘区间	58270743.7	10367887.45	17.79%	216023430.38
赤沙滘—仑头区间	50721518.43	8435563.621	16.63%	191810564.87

工程名称	机械费调整前合价	机械费增加	机械费增幅	工程造价
仑头—官洲区间	56876185.27	9176632.143	16.13%	207959512.39
官洲—大学城北	42058453.5	8237808.694	19.59%	170944119.43
大学城北—大学城南	76362240.58	16068797.33	21.04%	319342203.85

根据计价依据机械台班费用及上述测算过程，采用轨道综合定额相应子目的机械费用调整系数是1.22。

4. 机械费用涨幅测算

根据机械费用调整系数1.22，选择十二号线工程与七号线二期工程作为机械费调整测算工程案例，按系数调整后的工程造价变化情况见表5-10。

机械费测算汇总表 （单位：万元）　表5-10

工程名称	原机械费合计	替换后机械费合计	机械费增加合计	机械费涨幅	概算工程费	概算工程费涨幅
七号线二期工程	138443	168325	29882	21.58%	597933	5.00%
十二号线工程	268957	329574	60617	22.54%	1885236	3.22%
合计	407400	497899	90499	22.21%	2483168	3.64%

第三节　测算结论与建议

（一）测算结论分析

人工费调整指数是基于广东省建筑市场城市轨道交通工程主要劳务用工价格信息监测平台中的大数据分析测定的，其反映的是广东省城市轨道交通工程的劳务市场人工费的实际涨幅。本测算方法中2020年较基期的年度人工费调整指数为1.24，人工费调整指数偏高，说明及时调整人工费是非常必要的，及时调整人工费可真实反映城市轨道交通工程投资中人工费用的整体水平，有利于更加准确合理地把握城市轨道交通工程投资造价水平。

机械费调整系数是基于广东省定额体系现有两套机械台班库而测定的。为统一广东省建设工程机械台班库和机械费水平，使用计价依据的机械台班库的机械台班费替换轨道综合定额的机械台班费，在套用轨道综合定额子目时，相应机械台班费乘以调整系数1.22。调整轨道综合定额机械台班费，有利于合理反映城市轨道交通工程造价水平。

结合工程造价改革方案中"坚持市场化改革方向"，广东省建筑市场城市轨道交通工程主要劳务用工价格信息监测平台作为大数据平台，能够起到及时灵敏地反馈城市轨道交通工程劳务价格信息的作用，按照工程造价改革方案中"完善工程计价依据发布机制""搭建市场价格信息发布平台，统一信息发布标准和规则，鼓励企事业单位通过信息平台发布各自的人工、材料、机械台班市场价格信息，供市场主体选择"等内容，劳务用工价格信息监测平台可更好地为省、市建设相关各方提供决策参考和市场监督等功能，进一步规范建筑市场秩序，有效遏制拖欠农民工工资情况的发生。

（二）建议

1. 人工费调整指数的应用与发布方式

（1）人工费调整指数的应用

轨道综合定额是广东省城市轨道交通工程计价的标准，是编审城市轨道交通工程设计概算、招标控制价、施工图预算、工程计量与价款支付、工程价款调整、竣工结算，调解工程造价纠纷，鉴定工程造价的依据，也作为企业投标报价、加强内部管理和核算的参考。定额人工费按照 2017 年广东省建筑市场综合水平取定，各时期各地区的水平差异和幅度差可按各市发布的动态人工调整系数进行调整。

根据上述定额说明，本测算报告的人工费调整指数可作为定额动态人工调整系数使用，是广东省轨道交通工程的人工费调整依据，由广东省定额站按月度、季度、年度发布，供广东省各市造价主管部门、建设各方参照使用。

（2）人工费调整指数发布方式

考虑到广东省建筑市场主要劳务用工价格信息监测平台由广东省建设工程标准定额站组织发布和管理，建议综合劳务人工调整指数由广东省建设工程标准定额站按照本测算方法按月度计算并组织发布。

考虑到轨道综合定额是按照 2017 年广东省建筑市场综合水平取定的，根据本测算方法，该定额应自 2018 年 1 月 1 日起调整人工费：

1）2018 年 1 月 1 日至 2018 年 3 月 31 日，各月的人工费调整指数均为 1；

2）2018 年 4 月 1 日至 2018 年 12 月 31 日，各月的人工费调整指数均为 1.19；

3）2019 年 1 月 1 日至 2020 年 12 月 31 日，按月计算得出人工费调整指数，具体见表 5-11 及图 5-5。

人工费调整指数　　　　　　　　　　　　　　　表 5-11

年度	1 月	2 月	3 月	4 月	5 月	6 月	7 月	8 月	9 月	10 月	11 月	12 月
2019 年	1.19	1.19	1.25	1.15	1.18	1.21	1.24	1.23	1.23	1.18	1.22	1.23
2020 年	1.15	1.24	1.18	1.24	1.25	1.26	1.25	1.25	1.26	1.25	1.27	1.31

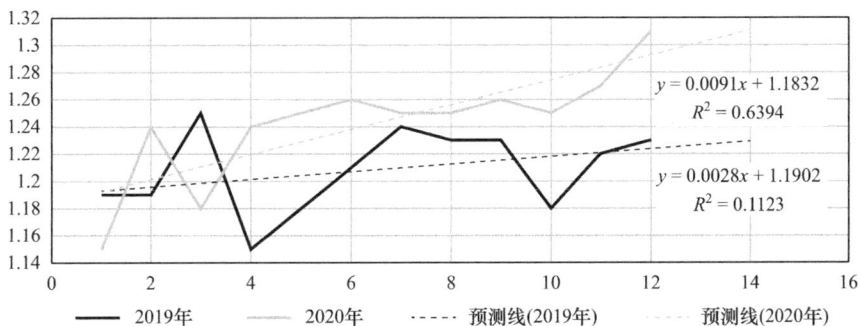

图中标注：
$y = 0.0091x + 1.1832$
$R^2 = 0.6394$

$y = 0.0028x + 1.1902$
$R^2 = 0.1123$

图例：—— 2019年　—— 2020年　----- 预测线(2019年)　　预测线(2020年)

图 5-5　综合人工价格指数线性图表

4）2021 年 1 月 1 日起，广东省建设工程标准定额站依照本测算方法组织发布人工费调整指数。

2. 机械费调整系数应用与发布方式

为统一广东省建设工程机械台班库和机械费水平，统一使用计价依据的机械台班库，轨道综合定额机械费用调整系数由广东省建设工程标准定额站按照本测算方法组织发布，套用轨道综合定额相应子目的，机械费用均乘以机械费调整系数 1.22。

附件:

附件 5-1 建筑工程主要劳务工种目录

附件 5-2 《2018 广东省城市轨道交通工程综合定额》人工费组成明细

附件 5-3 城市轨道交通工程劳务用工价格信息监测工作采集的数据成果

附件 5-4 机械台班测算数据及过程（七号线大沙东站）

附件 5-1 建筑工程主要劳务工种目录 附表 5-1

序号	编码	工种名称	单位	工种定义	包含工作内容	单价计算公式
1	10007	普工（土建）	工日	材料装卸、搬运、场地清理、库房看守，场地安保，交通疏导等辅助用工	包含：材料装卸、搬运、场地清理、库房看守，场地安保，交通疏导等	单价＝当月劳务结算价/考勤总工日
2	10009	木工（模板工）	工日	模板搭、拆、加固用工	包含：模板制作、运输、安装及拆除所需人工费，小型机具和辅材费，模板摊销费，安全文明施工措施费，管理费、利润及税金。不含：吊装机械费	单价＝当月劳务结算价×0.81/考勤总工日
3	10011	钢筋工	工日	使用工具对钢筋进行除锈、校直、焊接、切断及加工成型的用工	包含：钢筋及铁质预埋件（管）的配合卸车、制作及安装，保护层垫块制安，场内运输所需人工费，小型机具和辅材费，缺陷修复费，安全文明施工措施费，管理费、利润及税金。不含：吊装机械费，不含钢筋和接驳器材料费	单价＝当月劳务结算价×0.75/考勤总工日
4	10013	混凝土工	工日	将混凝土浇筑成构件、建筑物、构筑物的用工，主要从事材料的投放及混凝土的搅拌和运输，混凝土的浇筑，混凝土的养护及缺陷修补，混凝土的质量控制及验收等工作	包含：混凝土泵送、浇筑、振捣、养护、修整、清理所需人工费，小型机具和辅材费，缺陷修复费，安全文明施工措施费，管理费、利润及税金。不含：吊装和泵送机械费，砂浆及混凝土材料费	单价＝当月劳务结算价×0.78/考勤总工日
5	10015	架子工（脚手架工）	工日	将钢管、夹具和其他材料搭设成操作平台、安全栏杆、井架、吊篮架、支撑架等，且能正确拆除的用工	包含：脚手架运输、安装及拆除所需人工费，小型机具和辅材费，脚手架摊销费，安全文明施工措施费，管理费、利润及税金。不含：吊装机械费、脚手架租赁费	单价＝当月劳务结算价×0.74/考勤总工日
6	10017	砌筑工（砖瓦工）	工日	利用砂浆或其他黏合材料，按建筑物、构筑物设计技术规范要求，将砖、石、砌块砌筑成各种形状的砌体、屋面等的建筑施工工人	包含：调运砂浆、运砖排砖、砌砖后塞、原浆塞缝、安放木砖、制作安装铁件等所需人工费、小型机具和辅材费，安全文明施工措施费，管理费、利润及税金。不含：砂浆、砖材料费	单价＝当月劳务结算价×0.81/考勤总工日

序号	编码	工种名称	单位	工种定义	包含工作内容	单价计算公式
7	10019	镶贴工	工日	在装饰装修工程中，对建筑内、外表面涂抹各种灰浆及镶贴或挂贴各种装饰面板进行装饰和保护作用的工人	包含：完成该工作所需的人工费、小型机具和辅材费、安全文明施工措施费、管理费、利润及税金。 不含：砂浆、镶贴面主材费	单价=当月劳务结算价×0.87/考勤总工日
8	10025	电焊工	工日	持有合格焊工证，在施工现场从事建筑金属半成品或成品构件加工或特殊金属焊接施工的工人	包含：铁构件、钢筋焊接费	单价=当月劳务结算价/22天
9	10031	防水工	工日	指持有防水作业证书，在地铁车站从事防水卷材、防水涂料施工的作业人员（即底板、侧墙、顶板的外包防水作业人员）	包含：清理垫层、支架搭设（移动台架）、PVC防水板铺设、接头焊缝等所需人工费，小型机具和辅材费，安全文明施工措施费，管理费，利润及税金。 不含：PVC防水板、射钉、垫片、土工布、防水涂料、自粘改性沥青卷材、防水涂料、止水带、钢板止水带和固定钢筋，吊装机械费	单价=当月劳务结算价（不含防水材料）×0.79/考勤总工日
10	10035	抹灰工	工日	指在建筑工程将各种砂浆、装饰性材料涂抹在建筑物柱、墙等表面上的施工工人	包含：完成该工作所需人工费，小型机具和辅材费，安全文明施工措施费，管理费、利润及税金。 不含：砂浆主材费	单价=当月劳务结算价×0.84/考勤总工日
11	10039	电工	工日	指持有特种作业电工证书，从事与电相关工作的工人（包括车站地面电工、隧道电工）	包含：施工现场用电安装	单价=当月劳务结算价/22天
12	10041	通风工（土建）	工日	指在暗挖、盾构隧道等建筑工程施工过程中，从事送排风、除尘、防排烟等通风设备设施的安拆、日常维保等工作的工人，日工作时长按7小时计算	包含：完成该工作所需人工费，小型机具和辅材费，安全文明施工措施费，管理费、利润及税金	单价=当月劳务结算价×0.82/考勤总工日
13	10043	一般机械用工	工日	指挖掘机械、铲土运输机械、压实机械、凿岩机械、路面机械等机械操作员	包含：挖机井下出土，装载机搅拌站上料。叉车叉袋装水泥注浆、装渣；包含：操作人员的工资、社会保险、税金等费用	单价=当月劳务结算价/考勤总工日
14	10057	灌注桩成孔用工	工日	指配合旋挖机施工的人员，主要从事钻筒的钻齿更换、清理钻筒泥土、量测孔深、钻渣留样等工作	包含：场地清理、探孔、钢护筒埋设、泥浆池的开挖和维护、泥浆池的砌筑、沉渣筒、制作、安装、拆除、移动钻机、造浆、钻井、换浆、清孔、清除废浆渣等沉淀物，钢筋笼接驳、钢筋笼吊装、搭拆灌注平台、灌注孔桩混凝土（空桩部分不浇捣混凝土）、振捣及养护、协助检测、现场技术资料的记录整理等所需人工费（含操作司机），水电费，小型机具费和辅材费，施工机械费，安全文明施工措施费，设备进退场费，管理费、利润及税金。 不含：钢筋笼制作人工费，材料费，钢材、混凝土材料费，小型机具费和辅材费	单价=当月劳务结算价×0.235/考勤总工日

序号	编码	工种名称	单位	工种定义	包含工作内容	单价计算公式
15	10059	搅拌桩用工	工日	指在建筑工程中从事基地加固搅拌桩施工的机械设备操作及浆液制备等所有施工人员	包含：泥浆槽开挖，桩机移运、就位，钻孔，水泥浆拌制，接管喷浆，泥浆沉淀处理，泥浆外运等所需人工费（含操作司机）、水电费、小型机具费和辅料费，施工机械费，安全文明施工措施费，设备进退场费，管理费、利润及税金。不含：水泥材料费	单价＝当月劳务结算价×0.75/考勤总工日
16	10061	旋喷桩、注浆用工	工日	指采用旋喷桩及注浆工艺对地基及建构筑物进行加固、截止水处理过程中，参与施工的所有机械设备操作及浆液制备等施工人员	包含：泥浆槽开挖，桩机移运、就位，钻孔，水泥浆拌制，接管喷浆，泥浆沉淀处理，泥浆外运等所需人工费（含操作司机）、水电费、小型机具费和辅料费，施工机械费，安全文明施工措施费，设备进退场费，管理费、利润及税金。不含：水泥、水玻璃材料费	单价＝当月劳务结算价×0.76/考勤总工日
17	10062	龙门吊工、塔式起重机工	工日	指持有特种作业起重设备证书从事塔式起重机、龙门吊操作的人员	—	单价＝当月隧道内劳务结算价/22天
18	10063	汽车吊工、履带吊工	工日	指持有特种作业起重设备证书从事汽车吊、履带吊操作的人员	—	单价＝当月劳务结算价/考勤总工日
19	10065	盾构综合用工	工日	指盾构注浆手、拼装手、电瓶车司机、地面班（吊管片、吊材料、电瓶充电、搅拌站）、隧道综合班（铺轨道、装风管、接管道、看土、岔道工、清洗保洁等），不包含换刀用工	—	单价＝（当月劳务结算价－当月地面劳务结算价）/考勤总工日
20	10107	钢支撑工	工日	指钢支撑安、拆施工用工，包括钢支撑和钢围檩的进出场、安装与拆除、拆分、活络端与固定端的挂钩切割、堆码整齐；牛腿加工、安装、预应力的施加、拆除、换撑倒撑等；吊车、电焊机和预应力设备等全套机械设备的进出场、使用、场内倒运等与钢支撑施工有关的全部工作内容	包含：钢支撑制作、安装、拆除及运输、临时堆放所需人工费，小型机具费和辅料费，油顶（200t），吊车（25～50t），安全文明施工措施费，设备进退场费，管理费、利润及税金。不含：租赁费及场外运输费	单价＝当月劳务结算价×0.43/考勤总工日

序号	编码	工种名称	单位	工种定义	包含工作内容	单价计算公式
21	10109	抓斗成槽用工	工日	指地下连续墙抓斗成槽机操作人员	包含：1. 成槽、入岩配套设备进出场；2. 泥浆系统安装、造浆、换浆；3. 地下连续墙成槽、渣土泥浆场内转运；4. 地下连续成槽刷壁清孔；5. 半成品钢筋进场卸货、堆码、保护、焊接、制作安装、吊装；6. 预埋件安装；7. 半成品王字钢进场卸货、堆码、保护、焊接、制作安装、吊装；8. 导管安拆、浇筑混凝土、封孔、吸泥浆入池；9. 墙面找平（凿除地下连续墙鼓包、倾线等）、地下连续墙防水堵漏等；10. 配合混凝土试块制作等所需人工费（含操作司机）、水电费、小型机具费和辅材费，施工机械费，安全文明施工措施费，设备进退场费，管理费、利润及税金。 不含：钢材、混凝土、接驳器、声测管、测斜管材料费，小型机具费、辅材费	单价＝当月劳务结算价×0.2/考勤总工日
22	10113	双轮铣成槽用工	工日	指地下连续墙双轮铣成槽机操作人员	包含：1. 成槽、入岩配套设备进出场；2. 泥浆系统安装、造浆、换浆；3. 地下连续墙成槽、渣土泥浆场内转运；4. 地下连续成槽刷壁清孔；5. 半成品钢筋进场卸货、堆码、保护、焊接、制作安装、吊装；6. 预埋件安装；7. 半成品王字钢进场卸货、堆码、保护、焊接、制作安装、吊装；8. 导管安拆、浇筑混凝土、封孔、吸泥浆入池；9. 渣土、泥浆外运，运距自行考虑；10. 墙面找平（凿除地下连续墙鼓包、倾线等）、地下连续墙防水堵漏等；11. 配合混凝土试块制作等所需人工费（含操作司机）、水电费、小型机具费和辅材费，施工机械费，安全文明施工措施费，设备进退场费，管理费、利润及税金。 不含：钢材、混凝土、接驳器、预埋件材料费，小型机具费、辅材费	单价＝当月劳务结算价×0.14/考勤总工日
23	10133	常压开仓换刀工（负责隧道盾构机开仓换刀）	小时	指从事隧道盾构机开仓换刀的作业人员，包括常压开仓换刀工和带压开仓换刀工	—	单价（元/小时）＝Σ每次费用/Σ（每次用时×每次入仓人数） 注：每次费用＝每次换刀数量×换刀单价

序号	编码	工种名称	单位	工种定义	包含工作内容	单价计算公式
24	10135	带压开仓换刀工（负责隧道盾构机开仓换刀）	小时	指从事隧道盾构机开仓换刀的作业人员，包括常压开仓换刀工和带压开仓换刀工	包含：换刀工每次的换刀总成本（包括五险一金、体检、吸氧、税金）	单价（元/小时）＝∑每次费用/∑（每次用时×每次入仓人数）注：每次费用＝每次换刀用时的工资成本＋换刀数量×换刀单价

附件 5-2 《2018 广东省城市轨道交通工程综合定额》人工费组成明细

该定额中人工费指直接从事施工作业的生产工人的薪酬，已经综合考虑了不同工种、不同技术等级等因素，内容包括工资性收入、社会保险费、住房公积金、职工福利费、工会经费、职工教育经费及特殊情况下发生的工资等，具体内容如下：

（1）工资性收入：是指按计时工资标准和工作时间或按计件单价支付给个人的劳动报酬；

（2）社会保险费：是指在社会保险基金的筹集过程当中，企业按照规定的数额和期限向社会保险管理机构缴纳的费用，包括基本养老保险费、基本医疗保险费、工伤保险费、失业保险费和生育保险费；

（3）住房公积金：是指企业按规定标准为职工缴纳的住房公积金；

（4）工会经费：是指企业按《中华人民共和国工会法》规定的全部职工工资总额比例计提的工会经费；

（5）职工教育经费：是指按职工工资总额的规定比例计提，企业为职工进行专业技术和职业技能培训，专业技术人员继续教育、职工职业技能鉴定、职业资格认定以及根据需要对职工进行各类文化教育所发生的费用；

（6）职工福利费：是指企业为职工提供的除职工工资性收入、职工教育经费、社会保险费和住房公积金以外的福利待遇支出；

（7）特殊情况下支付的工资：是指根据国家法律、法规和政策规定，因病、婚丧假、事假、探亲假、定期休假、停工学习、执行国家或社会义务等原因按计时工资标准或计时工资标准的一定比例支付的工资。

附件 5-3 城市轨道交通工程劳务用工价格信息监测工作采集的数据成果

广州 2020 年各月工资单价（单位：元）　　　　　　　　　　附表 5-2

工种名称	1月	2月	3月	4月	5月	6月	7月	8月	9月	10月	11月	12月
普工（土建）	230	252	260	265	261	266	269	270	273	277	278	281
木工（模板工）	316	310	319	329	334	331	336	338	338	338	341	346

续表

工种名称	1月	2月	3月	4月	5月	6月	7月	8月	9月	10月	11月	12月
钢筋工	292	312	302	312	329	325	329	330	334	335	340	342
混凝土工	284	295	290	306	311	311	311	308	309	316	326	330
架子工（脚手架工）	319	330	324	336	335	336	338	338	326	338	346	350
砌筑工（砖瓦工）	310	325	285	342	330	332	326	324	324	328	326	329
镶贴工	—	290	305	—	—	—	—	—	—	—	432	422
电焊工	366	347	353	361	358	366	358	366	367	367	374	376
防水工	308	313	315	318	328	345	332	336	339	332	341	343
抹灰工	295	321	297	325	320	315	312	312	314	319	321	326
电工	330	336	332	347	351	348	347	347	346	346	350	351
通风工（土建）	272	282	316	327	349	362	366	366	366	366	367	366
一般机械用工	325	328	347	346	335	334	337	338	340	341	343	346
灌注桩成孔用工	254	317	332	348	363	361	368	365	372	369	370	367
搅拌桩用工	—	270	286	297	309	304	308	310	310	309	313	312
旋喷桩、注浆用工	274	296	302	319	279	276	279	260	260	259	222	207
龙门吊工、塔吊工	319	326	338	346	351	353	352	360	360	359	365	366
汽车吊工、履带吊工	317	346	341	354	343	341	345	347	347	346	349	351
盾构综合用工	306	323	347	360	372	369	368	366	356	351	345	342
钢支撑工	293	270	298	290	306	322	328	341	342	355	371	357
抓斗成槽用工	500	376	332	346	418	476	474	471	473	478	477	479
双轮铣成槽用工	542	460	489	519	503	549	550	548	540	539	548	546
常压开仓换刀工（负责隧道盾构机开仓换刀）	167	—	127	209	224	169	245	226	230	281	304	350
带压开仓换刀工（负责隧道盾构机开仓换刀）	1088	588	818	743	557	715	703	740	753	714	646	638

佛山2020年各月工资单价（单位：元）　　　　　　　　　　附表5-3

工种名称	1月	2月	3月	4月	5月	6月	7月	8月	9月	10月	11月	12月
普工（土建）	274	293	254	248	250	244	256	262	267	263	257	269
木工（模板工）	255	289	267	271	265	264	264	269	277	284	268	310
钢筋工	248	258	260	241	237	241	255	266	272	270	279	279
混凝土工	229	249	239	259	261	259	239	240	241	243	262	260
架子工（脚手架工）	228	277	240	273	267	264	252	276	280	284	260	294
砌筑工（砖瓦工）	204	256	218	219	141	230	245	252	245	258	258	281
镶贴工	233	182	199	182	131	150	—	—	—	—	—	—
电焊工	341	366	334	362	364	358	348	357	357	349	344	371

续表

工种名称	1月	2月	3月	4月	5月	6月	7月	8月	9月	10月	11月	12月
防水工	237	250	227	230	227	230	222	257	255	255	257	255
抹灰工	249	253	196	212	213	213	213	220	260	260	264	299
电工	328	339	315	360	358	354	337	360	341	322	318	356
通风工（土建）	183	247	243	183	—	—	—	—	—	—	—	—
一般机械用工	308	468	298	386	396	400	397	397	400	323	363	417
灌注桩成孔用工	—	—	254	198	254	351	331	303	347	304	349	373
搅拌桩用工	261	293	327	302	302	303	298	298	298	276	299	284
旋喷桩、注浆用工	265	398	247	312	324	290	304	304	305	300	337	303
龙门吊工、塔吊工	246	369	268	279	278	281	308	342	310	297	333	304
汽车吊工、履带吊工	335	317	293	294	293	293	281	281	286	261	311	328
盾构综合用工	178	308	259	338	319	356	319	314	298	295	273	293
钢支撑工	140	136	190	150	180	148	218	249	270	248	261	333
抓斗成槽用工	—	—	—	—	—	—	205	214	305	296	275	—
双轮铣成槽用工	—	—	467	—	—	—	—	—	—	—	—	—
常压开仓换刀工（负责隧道盾构机开仓换刀）	280	60	—	69	56	—	—	—	—	—	—	—
带压开仓换刀工（负责隧道盾构机开仓换刀）	—	520	—	—	—	—	—	—	—	—	—	—

广州2019年各月工资单价（单位：元） 附表5-4

工种名称	1月	2月	3月	4月	5月	6月	7月	8月	9月	10月	11月	12月
普工（土建）	—	246	290	245	245	247	211	226	230	223	223	230
木工（模板工）	—	330	385	333	334	356	341	339	365	331	347	350
钢筋工	—	340	383	323	319	325	322	328	356	314	333	331
混凝土工	—	337	376	290	281	323	298	305	325	288	304	299
注浆工	—	255	261	268	266	—	—	—	—	—	—	—
冲孔桩机用工	—	270	330	331	335	—	—	—	—	—	—	—
桩机综合用工	—	—	—	—	320	357	365	370	370	370	360	355
架子工（脚手架工）	—	394	363	359	358	360	329	342	366	328	337	343
砌筑工（砖瓦工）	—	339	339	318	318	372	360	264	—	—	300	320
镶贴工	—	328	606	283	260	—	—	—	—	—	300	336
电焊工	—	387	417	357	349	353	347	354	373	332	344	357
防水工	—	318	308	309	305	307	310	309	308	296	316	304
抹灰工	—	328	538	242	320	252	328	328	328	328	309	332
电工	—	325	369	322	321	320	319	324	358	308	321	337

续表

工种名称	1月	2月	3月	4月	5月	6月	7月	8月	9月	10月	11月	12月
通风工（土建）	—	—	333	327	313	312	312	352	352	—	352	368
土方机械操作机	—	306	302	317	320	—						
机械工	—	298	440	271	268	184						
起重机械安装拆卸工	—	360	613	274	286	184	480	480	480	—	480	480
盾构机械用工	—	300	301	303	290							
桩机操作工	—	353	336	347	346							
双轮铣机械用工	—	368	379	379	379	392	380	360	376	400	380	376
龙门吊工、塔吊工	—	—	—	—	328	300	316	328	308	333	328	326
汽车吊工、履带吊工	—	—	—	—	—	358	328	336	341	337	335	334
盾构综合用工	—	—	—	—	472	372	451	440	336	388	388	388
钢支撑工	—	297	298	298	300	328	338	337	371	360	332	349
常压开仓换刀工（负责隧道盾构机开仓换刀）	—	250	250	250	250	300	384	396	360	396	304	308
带压开仓换刀工（负责隧道盾构机开仓换刀）	—	430	375	430	575	—	—	—	—	—	—	—

佛山 2019 年各月工资单价（单位：元）　　　　附表 5-5

工种名称	1月	2月	3月	4月	5月	6月	7月	8月	9月	10月	11月	12月
普工（土建）	159	173	189	186	180	209	228	217	201	189	205	213
木工（模板工）	267	277	244	261	270	274	288	282	281	264	284	295
钢筋工	245	252	248	258	277	284	296	295	290	287	291	309
混凝土工	231	245	228	238	254	249	276	270	262	254	271	287
注浆工	—	—	245	251	312	288	232	232	232	232	232	232
冲孔桩机用工	178	187	191	263	265	—	—	—	—	—	—	—
桩机综合用工	—	—	—	—	—	296	296	272	264	320	284	310
架子工（脚手架工）	230	249	218	236	265	265	289	289	281	286	283	299
砌筑工（砖瓦工）	—	345	208	282	319	249	355	296	280	280	302	274
镶贴工	—	327	208	340	300	272	346	243	205	211	232	211
电焊工	273	290	259	267	294	298	314	299	307	297	300	320
防水工	219	237	247	259	285	260	288	277	276	270	279	296
抹灰工	—	260	192	—	289	241	267	200	176	200	200	208
电工	217	217	211	229	265	256	285	254	272	263	273	289
通风工（土建）	—	—	—	—	—	—	372	200				
土方机械操作机	238	251	259	255	271	360	—					
机械工	254	263	257	289	320	360	—					

续表

工种名称	1月	2月	3月	4月	5月	6月	7月	8月	9月	10月	11月	12月
起重机械安装拆卸工	240	—	304	—	368	360	—	—	—	—	—	—
盾构机械用工	—	—	221	242	312	320	280	—	—	—	—	216
桩机操作工	271	255	251	282	287	360	—	—	—	—	—	—
双轮铣机械用工	—	—	—	—	—	—	384	400	—	—	—	—
龙门吊工、塔吊工	—	—	—	—	328	256	256	236	230	243	257	256
汽车吊工、履带吊工	—	—	—	—	240	272	304	264	248	256	283	332
盾构综合用工	—	—	—	—	424	259	285	248	264	224	294	219
钢支撑工	219	228	261	238	264	284	322	309	306	307	297	299
常压开仓换刀工（负责隧道盾构机开仓换刀）	—	—	640	392	324	355	678	659	661	840	840	840
带压开仓换刀工（负责隧道盾构机开仓换刀）	—	—	480	392	304	400	—	—	—	—	—	—

附件 5-4 机械台班测算数据及过程（七号线大沙东站）

附表 5-6

工料机编号	工料机名称	规格	单位	数量	不含税定额单价（轨道）	不含税定额合价（轨道）	不含税定额单价（房建）	不含税定额合价（房建）	价差
990101015	履带式推土机	功率 75（kW）	台班	140.098	756.38	105967.3252	1039.8	145673.90	39706.57516
990101025	履带式推土机	功率 105（kW）	台班	510.575	892.56	455718.822	1198.36	611852.66	156133.835
990101050	履带式推土机	功率 320（kW）	台班	286.31	2094.37	599639.0747	2526.18	723270.60	123631.5211
990106010	履带式单斗液压挖掘机	斗容量 0.6（m³）	台班	912.082	759.63	692844.8497	1069.5	975471.70	282626.8493
990106030	履带式单斗液压挖掘机	斗容量 1（m³）	台班	144.487	1095.78	158325.9649	1439.74	208023.71	49697.74852
990106040	履带式单斗液压挖掘机	斗容量 1.25（m³）	台班	408.087	1284.26	524089.8106	1648.7	672813.04	148723.2263
990106095	长臂挖机	P320	台班	236.683	1817.33	430131.1164	2264.53	535975.75	105844.6376
990107025	履带式单斗挖掘机（带液压镐）	斗容量 1（m³）	台班	731.498	1270.43	929317.0041	1649.33	1206481.60	277164.5922
990120030	钢轮内燃压路机	工作质量 12（t）	台班	214.352	453.47	97202.20144	605.9	129875.88	32673.67536

工料机编号	工料机名称	规格	单位	数量	不含税定额单价（轨道）	不含税定额合价（轨道）	不含税定额单价（房建）	不含税定额合价（房建）	价差
990122050	钢轮振动压路机	工作质量15（t）	台班	6.677	929.95	6209.27615	1116.4	7454.20	1244.92665
990128010	风动凿岩机	气腿式	台班	40078.317	14.29	572719.1499	16.8	673315.73	100596.5757
990149095	抓斗成槽机	履带式液压MHL-5070Y	台班	638.184	3982.88	2541810.29	4462.88	2848138.61	306328.32
990149120	双轮铣成槽机	—	台班	750.955	22437.22	16849342.55	22797.22	17119686.35	270343.8
990206060	振动打拔桩机	激振力400（kN）	台班	18.85	649.39	12241.0015	916.13	17269.05	5028.049
990212020	履带式旋挖钻机	孔径1000（mm）	台班	618.415	1779.86	1100692.122	2166.22	1339622.94	238930.8194
990212040	履带式旋挖钻机	孔径1500（mm）	台班	500.395	2490.05	1246008.57	2998.37	1500369.36	254360.7864
990212135	液压钻机	XU-100	台班	437.827	248.23	108681.7962	378.48	165708.76	57026.96675
990212150	工程钻机	SPJ-300	台班	25.462	331.65	8444.4723	455.92	11608.64	3164.16274
990215020	三轴搅拌桩机	轴径850（mm）	台班	90.162	2455.41	221384.6764	3118.4	281161.18	59776.50438
990220090	三重管旋喷机	—	台班	497.531	1351.74	672532.5539	1591.74	791939.99	119407.44
990301020	履带式电动起重机	提升质量5（t）	台班	30.222	206.96	6254.74512	337.12	10188.44	3933.69552
990302010	履带式起重机	提升质量10（t）	台班	25.462	547.49	13940.19038	824.74	20999.53	7059.3395
990302015	履带式起重机	提升质量15（t）	台班	915.069	665.29	608786.255	957.9	876544.60	267758.3401
990302025	履带式起重机	提升质量25（t）	台班	1930.248	741.44	1431163.077	1037.4	2002439.28	571276.1981
990302035	履带式起重机	提升质量40（t）	台班	561.67	1285.74	722161.5858	1667.09	936354.44	214192.8545
990302040	履带式起重机	提升质量50（t）	台班	85.071	1530.98	130241.9996	1933.61	164494.14	34252.13673
990302045	履带式起重机	提升质量60（t）	台班	137.399	1668.57	229259.8494	2083.68	286295.55	57035.69889
990304004	汽车式起重机	提升质量8（t）	台班	37.173	629.82	23412.29886	919.66	34186.52	10774.22232

工料机编号	工料机名称	规格	单位	数量	不含税定额单价（轨道）	不含税定额合价（轨道）	不含税定额单价（房建）	不含税定额合价（房建）	价差
990304008	汽车式起重机	提升质量10（t）	台班	356.566	704.36	251150.8278	1007.99	359414.96	108264.1346
990304012	汽车式起重机	提升质量12（t）	台班	410.391	728.68	299043.7139	1035.9	425124.04	126080.323
990304020	汽车式起重机	提升质量20（t）	台班	20.919	909.06	19016.62614	1243.46	26011.94	6995.3136
990309020	门式起重机	提升质量10（t）	台班	0.99	407.21	403.1379	671.06	664.35	261.2115
990309030	门式起重机	提升质量20（t）	台班	481.04	606.21	291611.2584	891.56	428876.02	137264.764
990309060	门式起重机	提升质量50（t）	台班	1113.427	1123.05	1250434.192	1491.3	1660453.69	410019.4928
990316010	立式油压千斤顶	提升质量100（t）	台班	391.541	10.59	4146.41919	11.41	4467.48	321.06362
990401015	载货汽车	装载质量4（t）	台班	135.014	348.59	47064.53026	506.6	68398.09	21333.56214
990401020	载货汽车	装载质量5（t）	台班	298.572	371.01	110773.1977	530.56	158410.36	47637.1626
990401025	载货汽车	装载质量6（t）	台班	89.709	387.77	34786.45893	552.75	49586.65	14800.19082
990402015	自卸汽车	装载质量5（t）	台班	56.9	419.66	23878.654	594.53	33828.76	9950.103
990402025	自卸汽车	装载质量8（t）	台班	35001.044	530.85	18580304.21	745.64	26098178.45	7517874.241
990402035	自卸汽车	装载质量12（t）	台班	3939.446	730.19	2876544.075	1093.68	4308493.30	1431949.227
990403015	平板拖车组	装载质量15（t）	台班	410.391	786.81	322899.7427	1167.98	479328.48	156428.7375
990406010	机动翻斗车	装载质量1（t）	台班	2001.464	171.26	342770.7246	301.04	602520.72	259749.9979
990406020	机动翻斗车	装载质量1.5（t）	台班	73.896	193.04	14264.88384	323.14	23878.75	9613.8696
990409020	洒水车	罐容量4000（L）	台班	19.665	408.1	8025.2865	580.78	11421.04	3395.7522
990411010	泥浆罐车	装载容量5000（L）	台班	1979.595	434.94	861005.0493	616.7	1220816.24	359811.1872
990502010	电动双筒快速卷扬机	牵引力10（kN）	台班	1954.682	193.73	378680.5439	314.84	615412.08	236731.537
990502030	电动双筒快速卷扬机	牵引力50（kN）	台班	26.864	253.76	6817.00864	378.47	10167.22	3350.20944

工料机编号	工料机名称	规格	单位	数量	不含税定额单价（轨道）	不含税定额合价（轨道）	不含税定额单价（房建）	不含税定额合价（房建）	价差
990503030	电动单筒慢速卷扬机	牵引力50（kN）	台班	5.037	165.87	835.48719	288.48	1453.07	617.58657
990504020	电动双筒慢速卷扬机	牵引力50（kN）	台班	80.125	194.63	15594.72875	319.14	25571.09	9976.36375
990605060	混凝土振捣器	（插入式）	台班	3792.293	9.01	34168.55993	10.49	39781.15	5612.59364
990605065	混凝土振捣器	（平板式）	台班	2930.738	9.99	29278.07262	11.72	34348.25	5070.17674
990607030	混凝土输送泵车	输送量90（m³/h）	台班	283.082	2019.98	571819.9784	2418.53	684642.31	112822.3311
990608015	混凝土输送泵	输送量30（m³/h）	台班	706.431	647.16	457173.886	854.41	603581.71	146407.8248
990609010	混凝土湿喷机	生产率5（m³/h）	台班	143.544	293.88	42184.71072	546.99	78517.13	36332.42184
990610010	灰浆搅拌机	拌筒容量200（L）	台班	180.325	132.54	23900.2755	253.21	45660.09	21759.81775
990610020	灰浆搅拌机	拌筒容量400（L）	台班	568.213	139.51	79271.39563	260.41	147968.35	68696.9517
990612010	挤压灰浆输送泵	输送量3（m³/h）	台班	180.325	58.07	10471.47275	65.63	11834.73	1363.257
990619025	液压注浆机	HYB60/50-1	台班	568.213	130.18	73969.96834	130.18	73969.97	0
990702010	钢筋切断机	直径40（mm）	台班	1662.684	46.63	77530.95492	48.31	80324.26	2793.30912
990703010	钢筋弯曲机	直径40（mm）	台班	2212.836	28.76	63641.16336	30.06	66517.85	2876.6868
990706010	木工圆锯机	直径500（mm）	台班	230.4	27.72	6386.688	28.17	6490.37	103.68
990730010	锥形螺纹车丝机	直径45（mm）	台班	169.524	40.1	6797.9124	41.05	6958.96	161.0478
990732035	剪板机	厚度×宽度20×2500（mm×mm）	台班	7.47	170.23	1271.6181	195.44	1459.94	188.3187
990732040	剪板机	厚度×宽度20×4000（mm×mm）	台班	0.044	307.86	13.54584	355.05	15.62	2.07636
990733030	板料校平机	厚度×宽度16×2500（mm×mm）	台班	0.044	1158.49	50.97356	1370.26	60.29	9.31788
990736010	刨边机	加工长度9000（mm）	台班	0.066	383.9	25.3374	448.99	29.63	4.29594
990749010	型钢剪断机	剪断宽度500（mm）	台班	0.242	109.96	26.61032	123.74	29.95	3.33476

续表

工料机编号	工料机名称	规格	单位	数量	不含税定额单价（轨道）	不含税定额合价（轨道）	不含税定额单价（房建）	不含税定额合价（房建）	价差
990751010	型钢矫正机	厚度×宽度 60×800 (mm×mm)	台班	0.242	84.14	20.36188	88.72	21.47	1.10836
990768010	电动修钎机	—	台班	2874.895	116.33	334436.5354	121.13	348236.03	13799.496
990783550	多功能冲击钻	DE-76	台班	330.368	12.23	4040.40064	12.71	4198.98	158.57664
990803020	电动多级离心清水泵	出口直径 100（mm）扬程 120m 以下	台班	5772.748	171.5	990026.282	174.7	1008499.08	18472.7936
990803050	电动多级离心清水泵	出口直径 150（mm）扬程 180m 以上	台班	2402.312	325.81	782697.2727	335.55	806095.79	23398.51888
990805055	污水泵	流量 100 (m³/h)	台班	69.774	111.25	7762.3575	112.24	7831.43	69.07626
990806020	泥浆泵	出口直径 100（mm）	台班	451.654	214.59	96920.43186	217.96	98442.51	1522.07398
990901010	交流弧焊机	容量 21（kV·A）	台班	5171.866	63.56	328723.803	64.83	335292.07	6568.26982
990901015	交流弧焊机	容量 30（kV·A）	台班	9428.115	93.01	876908.9762	94.7	892842.49	15933.51435
990901030	交流弧焊机	容量 40（kV·A）	台班	744.165	121.24	90222.5646	123.13	91629.04	1406.47185
990910030	对焊机	容量 75（kV·A）	台班	1807.465	118.34	213895.4081	121.68	219932.34	6036.9331
990913015	二氧化碳气体保护焊机	电流 450（A）	台班	72.332	102.79	7435.00628	120.86	8742.05	1307.03924
990919010	电焊条烘干箱	容量 450×350×450 (cm³)	台班	21.325	19.04	406.028	19.89	424.15	18.12625
991003030	电动空气压缩机	排气量 1 (m³/min)	台班	22.22	55.31	1228.9882	56.3	1250.99	21.9978
991003050	电动空气压缩机	排气量 6 (m³/min)	台班	497.531	236	117417.316	242.77	120785.60	3368.28487
991003070	电动空气压缩机	排气量 10 (m³/min)	台班	17236.273	406.01	6998099.201	415.92	7168910.67	170811.4654
991113010	泥浆制作循环设备	—	台班	1236.478	1154.15	1427081.084	1289.02	1593844.87	166763.7879
991201020	轴流通风机	功率 30（kW）	台班	231.189	157.47	36405.33183	160.58	37124.33	718.99779
991208010	硅整流充电机	输出电流/输出电压 90/190（A/V）	台班	15.343	74.49	1142.90007	75.88	1164.23	21.32677

第六章

建设工程（保障房）投标价格指数

（广联达科技股份有限公司、广东天栋建设管理有限公司）

第一节　编制目的及用途

（一）编制目的

投标价格指数是反映一定时间范围、一定区域内，建筑市场受供求、经济、政策、投标策略等因素影响，工程投标价格相对于某一固定时期的工程投标价格变化程度的比值或比率，用以反映报告期与基建期相比的价格变动趋势及投标价格走势，其表现形式为单项工程投标价格指数。

（二）用途

（1）反映民生工程（保障房）建筑市场投标价格走势；
（2）单项工程投标价格指数应用于项目匡算。

第二节　保障房投标价格指数编制及发布

（一）编制方法概述

投标价格指数（Tender Price Index，简称 TPI）是一种反映一定时期，由于市场价格变化及投标企业的投标策略对工程报价影响幅度的数值，对指导企业编制科学合理的项目造价有着十分重要的作用。投标价格指数作为反映建筑市场交易价格变化的指示灯，其编制方法主要分为以下五个过程，如图 6-1 所示。

1. 前期阶段

前期阶段主要是通过采集当地保障房工程数据，基于已有数据分析后，输出保障房样本工程选定的基本要求和对应的典型工程，以及典型工程所对应的"基本清单（Notional Bills）"。基本清单的核心是列出一般建筑工程内各分部分项工程合价在工程总造价上的占比最具有代表性的清单项目及其数量比重合理的工程量。

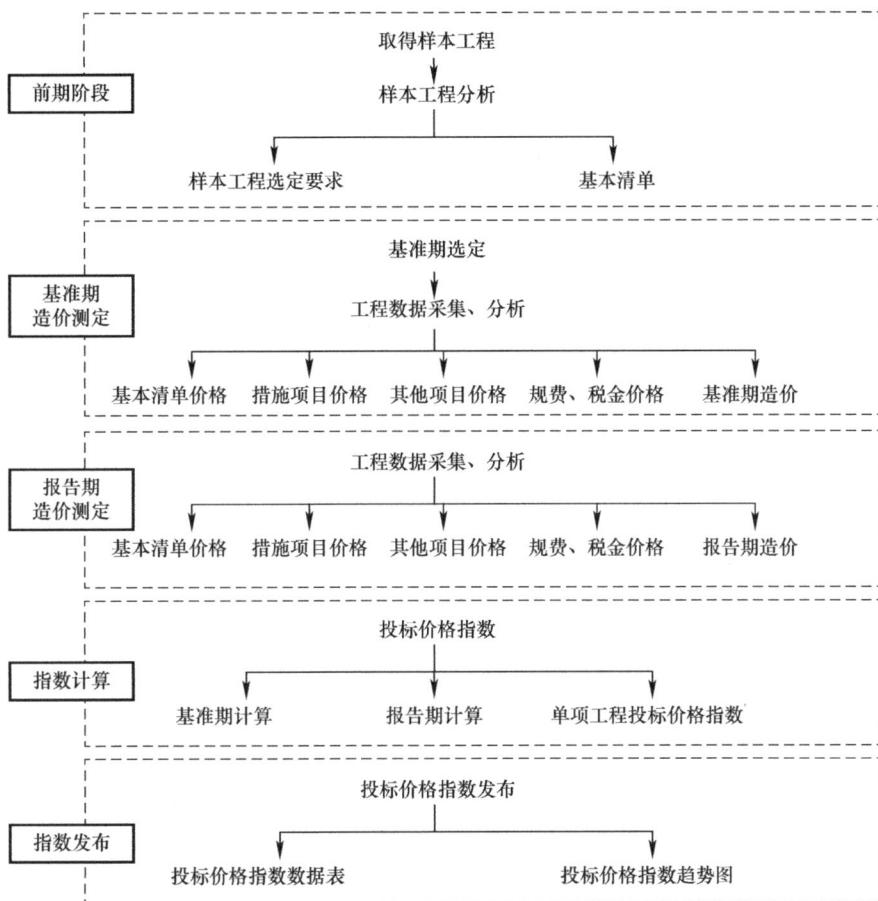

图 6-1　投标价格指数编制流程图

2. 基准期造价测定

明确了基本清单后，需明确投标价格指数测定的基准期，并按照投标价格采集周期范围、样本工程选定标准，采集保障房项目总承包工程评标成绩前三名投标报价数据，以中标单位报价为主，其余两家报价数据为辅；按照以基本清单为工程量清单，以承包商所对应基本清单项的报价为主要项目综合单价，乘以基本清单工程量，计算出选定基准期投标价格的平均综合合价，汇总各清单后计算其总造价，作为基期造价，指数值记作 100。

3. 报告期造价测定

其后每个计算期，按照计算期内保障房总承包工程的评标成绩前三名投标报价数据，以中标单位报价为主，其余两家报价数据为辅，为基本清单套价，计算得出该项目的基本清单造价指数。将计算期内所有适用的工程项目造价指数计算出平均值，即得到每个计算期的投标价格指数，并据此计算出报告期的造价。（若有 1 个总承包投标数据，理论上有 3 个参考工程，形成基于基本清单的工程造价，n 个总承包工程，则有 $3n$ 个适用的工程项目造价数据，形成 n 个保障房的工程造价）。

4. 指数计算

由于投标价格指数有时通过单项工程造价指数变化来反映对建设项目造价的影响程度，因此可以根据不同用途使用相应报告期的价格数据与基准期的价格数据相比，从而计算确定相应的投标价格指数。

5. 指数发布

（1）发布内容：××市保障房投标价格指数数据表（表 6-1）

1）标题：地区＋所发布项目类型＋时间。

2）数据表：年与发布周期（季度）组合的投标价格指数信息结果表，以最近年份倒序排列展示。

××市保障房投标价格指数（××××年×季度）

表 6-1

时间	一季度	二季度	三季度	四季度
2022 年	150	155	149	153.97
2021 年	131	112	140	145
2020 年	113	109	121	101
2019 年	100	103	95	97.85

（2）发布内容：保障房投标价格指数趋势图（图 6-2）

1）标题：地区＋所发布项目类型＋时间。

2）趋势图：以指数值为纵轴，发布期为横轴的趋势图。

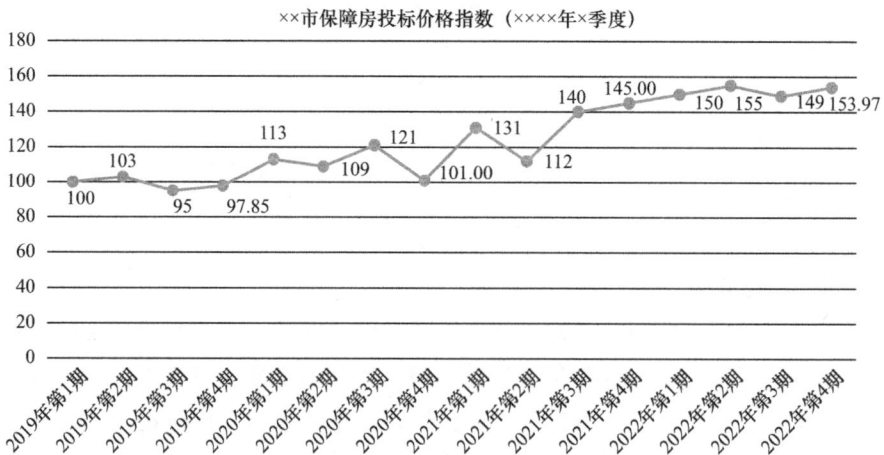

图 6-2　投标价格指数发布示意图

（二）保障房样本工程选定

1. 样本工程项目信息 （表 6-2）

样本工程项目信息表

表 6-2

序号	基本要求	内容
1	工程类型	房屋建筑工程——保障房

续表

序号	基本要求		内容
2	工程所在地		市区
3	结构类型		框架-剪力墙结构
4	建筑面积 （m²）	总建筑面积（m²）	21000
		地上建筑面积（m²）	13000
		地下建筑面积（m²）	8000
5	建设工期		700 日历天以内
6	合同类型		施工总承包合同
7	造价类型		投标报价
8	项目建设难度		正常
9	质量承诺		确保工程质量符合《工程施工质量验收规范》合格标准

2. 样本工程采集资料要求 （表6-3）

样本工程采集要求　　　　　　　　　　　　　　　　　　　表 6-3

序号	核心采集资料	配套资料	备注
1	投标计价文件	施工图纸	
2	合同文件	计量文件（钢筋、土建、安装）	

（三）基本清单确定

1. 基本清单基准要求 （表6-4）

基本清单要求说明　　　　　　　　　　　　　　　　　　　表 6-4

序号	基本要求	要求说明
1	项目组成范围	1.1 包含：地基与基础工程、主体结构工程、室内外装饰工程、安装工程 1.2 不包含：室外附属工程、改造工程、室外排水系统
2	基本清单	2.1 在项目组成范围内正常施工条件下的合并相同清单后的分部分项工程项目清单中，取清单综合合价占比前 80％的清单项目； 2.2 需考虑基本清单中清单内容描述的完整性、工程量及总造价占比合理性以及清单特征描述的通用性，以保障所选的基本清单数据在后期测算过程中连续可获取； 2.3 若已选清单综合合价占比前 80％的清单中，存在清单描述相似且单价也趋于一致的清单时，经过专业判定，属于同一清单的，可进行清单合并，以合并后的清单为基准，形成基本清单； 2.4 若已选清单综合合价占比前 80％的清单中，存在清单描述相似，但单价不同的清单时，选择在施工工期中段施工的清单作为基本清单； 2.5 若已选清单综合合价占比前 80％的清单中，存在清单描述相似，但单价不同的清单时，且开工时间相近，则所有清单都应作为基本清单

2. 项目划分及基本清单数量

　　基本清单按照部位划分为地下工程、地上工程两个部分；按照部位及单位工程专业划分为地下房屋建筑与装饰工程、地下安装工程、地上房屋建筑与装饰工程、地上安装工程四个部分，累计选定 79 条基本清单用于保障房投标价格指数测算，详细划分见表6-5。

基本清单项目划分及清单数量框架 表 6-5

部位	单位工程	分部工程		基本清单数量（项）
A 地下工程	A.1 地下房屋建筑与装饰工程	A.1.1	地基与基础工程	
		A.1.1.1	土石方工程	4
		A.1.1.2	地基处理与边坡支护	5
		A.1.1.3	桩基工程	1
		A.1.1.4	基础工程	1
		A.1.1.5	钢筋工程	4
		A.1.2	主体结构工程	
		A.1.2.1	现浇混凝土工程	9
		A.1.2.2	钢筋工程	5
		A.1.2.3	砌筑工程	1
		A.1.2.4	屋面工程	1
		A.1.3	室内初装工程	
		A.1.3.1	室内初装工程	4
		A.1.4	防水工程	
		A.1.4.1	防水工程	2
	A.2 地下安装工程	A.2.1	电气工程	
		A.2.1.1	电气工程	2
		A.2.2	消防工程	
		A.2.2.1	消防自动报警工程	1
B 地上工程	B.1 地上房屋建筑与装饰工程	B.1.1	主体结构工程	
		B.1.1.1	现浇混凝土工程	8
		B.1.1.2	钢筋工程	3
		B.1.1.3	砌筑工程	3
		B.1.2	室内初装工程	
		B.1.2.1	门窗工程	4
		B.1.2.2	楼地面装饰工程	2
		B.1.2.3	墙、柱面装饰与隔断、幕墙工程	3
		B.1.2.4	油漆、涂料、裱糊工程	3
		B.1.3	外墙面装饰与幕墙工程	
		B.1.3.1	外墙面工程	2
		B.1.4	防水工程	
		B.1.4.1	屋面及防水工程	2
		B.1.5	其他工程	
		B.1.5.1	其他装饰工程	1
	B.2 地上安装工程	B.2.1	电气工程	
		B.2.1.1	电气工程	4
		B.2.2	给排水工程	
		B.2.2.1	给水工程	2
		B.2.2.2	排水工程	2
合计				79

3. 保障房基本清单构成

（1）A.1 地下房屋建筑与装饰工程（表 6-6）

地下房屋建筑与装饰工程基本清单　　　　　　　　　　　表 6-6

A.1.1　地基与基础工程

项目编码	项目名称	项目特征描述	计量单位	工程量	综合单价	综合合价
A.1.1.1	土石方工程					
010101002	挖一般土方	（1）土壤类别：综合考虑 （2）挖土深度：10m 内 （3）其他	m³	40271.05		
010103001	回填方	（1）密实度要求：按设计要求 （2）填方材料品种：一、二类土 （3）回填部位：区域土方	m³	4214.44		
010103002	余方弃置	（1）废弃料品种：泥浆 （2）运距：15km （3）其他	m³	1839.79		
010103002	余方弃置	（1）废弃料品种：土方和淤泥质土等 （2）运距：15km （3）装卸土方、运输、清理场地、其他	m³	40324.47		
	土石方工程合计					
A.1.1.2	地基处理与边坡支护					
010201012	高压喷射注浆桩	（1）桩径：D600 （2）成孔方法：双管旋喷桩 （3）混凝土种类、强度等级：旋喷桩采用复合硅酸盐水泥PC32.5R，水灰比为 1∶1 水泥浆，水泥浆压力为 25～30MPa，气流压力宜大于 0.7MPa，旋转速度为 10r/min，提升速度为 10～12cm/min，每米水泥用量为 250kg，要求桩身强度不少于 2MPa （4）其他	m	2730		
010202007	锚杆（锚索）	（1）钻孔深度：29.5m （2）钻孔直径：D150 （3）杆体材料品种、规格、数量：4×7φ5 钢绞线 （4）浆液种类、强度等级：二次注浆工艺，采用 PC32.5R 复合硅酸盐水泥，水灰比为 0.45～0.55 （5）其他	m	7034		

A.1.1　地基与基础工程

项目编码	项目名称	项目特征描述	计量单位	工程量	综合单价	综合合价
010202007	锚杆（锚索）	(1) 锚杆（索）类型、部位：3ϕ22 (2) 钻孔深度：杆体锚入底板 40d，锚杆锚固在中风化花岗岩中，总长约 6.5～7.3m (3) 钻孔直径：150mm (4) 浆液种类、强度等级：0.4～0.8MPa 压力灌注 M25 水泥砂浆至密实 (5) 其他	m	2428.8		
010515002	预制构件钢筋	(1) 锚杆制作安装：3ϕ22 (2) 其他	t	21.76		
010202009	喷混凝土面层	(1) 部位：喷射混凝土和桩缝填充混凝土 (2) 混凝土（砂浆）类别、强度等级：C20 商品混凝土 (3) 其他	m²	2609.36		
	地基处理与边坡支护合计					
A.1.1.3	桩基工程					
010302001	旋挖桩	(1) 桩径：D800 (2) 成孔方法：旋挖钻孔桩 (3) 混凝土种类、强度等级：水下 C30 商品混凝土 (4) 其他	m³	1839.79		
	桩基工程合计					
A.1.1.4	基础工程					
010503001	基础梁	(1) 冠梁、腰梁 (2) 混凝土强度等级：C30 商品混凝土 (3) 其他	m³	311.49		
	基础工程合计					
A.1.1.5	钢筋工程					
010515002	预制构件钢筋	(1) 锚杆制作安装：3ϕ22 (2) 其他	t	21.76		
010515001	现浇构件钢筋	(1) 钢筋种类、规格：喷射混凝土钢筋网 (2) 其他	t	20.05		
010515001	现浇构件钢筋	(1) 钢筋种类、规格：Ⅲ级螺纹钢 ϕ25 以内 (2) 其他	t	25.013		
010515004	钢筋笼	(1) 钢筋种类、规格：螺纹钢 (2) 钢筋制作、绑扎、安装、其他	t	286.305		
	钢筋工程合计					

A.1.2 主体结构工程

项目编码	项目名称	项目特征描述	计量单位	工程量	综合单价	综合合价
A.1.2.1	现浇混凝土工程					
010501001	垫层 （商品混凝土）	（1）混凝土种类：商品混凝土 （2）混凝土强度等级：C15 （3）采用泵送混凝土	m³	402.78		
010501004	筏板基础	（1）混凝土种类：防水混凝土 （2）混凝土强度等级：C35，P8 （3）采用泵送混凝土	m³	3109.58		
010501004	电梯坑、集水井	（1）混凝土种类：防水混凝土 （2）混凝土强度等级：C35，P8 （3）采用泵送混凝土	m³	154.51		
010502001	矩形柱	（1）混凝土种类：商品混凝土 （2）混凝土强度等级：C35 （3）采用泵送混凝土	m³	479.78		
010503002	矩形梁	（1）混凝土种类：商品混凝土 （2）混凝土强度等级：C30 （3）采用泵送混凝土	m³	566.77		
010504001	直形墙 （地下室侧壁）	（1）部位：地下室侧壁 （2）混凝土种类：防水混凝土 （3）混凝土强度等级：C35，P8 （4）采用泵送混凝土	m³	760.79		
010504001	直形墙	（1）部位：地下室内墙 （2）混凝土种类：商品混凝土 （3）混凝土强度等级：C35 （4）采用泵送混凝土	m³	231.87		
010505001	有梁板	（1）混凝土种类：商品混凝土 （2）混凝土强度等级：C35 （3）采用泵送混凝土	m³	1619.59		
010508001	后浇带（底板）	（1）部位：底板 （2）混凝土种类：C35，P8、微膨胀混凝土 （3）其他	m³	198.58		
	现浇混凝土 工程合计					
A.1.2.2	钢筋工程					
010515001	现浇构件钢筋	（1）钢筋种类、规格：Ⅲ级螺纹钢φ10以内 （2）其他	t	64.92		
010515001	现浇构件钢筋	（1）钢筋种类、规格：Ⅲ级螺纹钢φ10以内箍筋 （2）其他	t	34.38		
010515001	现浇构件钢筋	（1）钢筋种类、规格：Ⅲ级螺纹钢φ10以外箍筋 （2）其他	t	66.446		

A.1.2　主体结构工程

项目编码	项目名称	项目特征描述	计量单位	工程量	综合单价	综合合价
A.1.2.2	钢筋工程					
010515001	现浇构件钢筋	(1) 钢筋种类、规格：Ⅲ级螺纹钢 ϕ25 以内 (2) 其他	t	849.96		
010516003	机械连接	(1) 连接方式：直螺纹连接 (2) 螺纹套筒种类：钢筋直螺纹套筒 (3) 规格：ϕ32 内	个	4478		
	钢筋工程合计					
A.1.2.3	砌筑工程					
010402001	砌块墙	(1) 墙体类型：内墙 (2) 墙厚：200mm (3) 砌块品种、规格、强度等级：蒸压加气混凝土砌块 (4) 砂浆强度等级：M5.0 水泥砂浆 (5) 其他	m³	429.77		
	砌筑工程合计					
A.1.2.4	屋面工程					
010902001	地下室顶板	(1) 部位：地下室顶板 (2) 50mm 厚 C20 细石混凝土保护层，分仓缝@4000 (3) 聚乙烯薄膜隔离层 (4) 耐根穿刺防水层 (5) 20mm 厚 1∶3 水泥砂浆找平层 (6) 找坡层（坡度 1%） (7) 4mm 厚聚氯乙烯防水卷材 (8) 2.0mm 厚聚氨酯防水涂料 (9) 20mm 厚 1∶3 水泥砂浆找平层 (10) 详见：J-20/7 地下室防水做法大样图 (11) 其他	m²	2972.26		
	屋面工程合计					

A.1.3　室内初装工程

项目编码	项目名称	项目特征描述	计量单位	工程量	综合单价	综合合价
A.1.3.1	室内初装工程					
011101005	自流平楼地面	(1) 做法：楼6（适用于地下车库、生活水泵房、密闭通道、消防水泵房） (2) 面层刷环氧自流平地坪面漆 (3) 刮腻子粉刷环氧面漆 (4) 2.0mm 厚聚合物水泥基防水涂膜 (5) 环氧砂浆找坡最低处15mm厚 (6) 刷基层处理剂一道 (7) 其他	m²	6166.96		

续表

A.1.3　室内初装工程

项目编码	项目名称	项目特征描述	计量单位	工程量	综合单价	综合合价
011204003	块料墙面	(1) 做法：内1（适用于门厅、大堂、前室、走廊） (2) 面砖贴至板底（对缝横贴，600mm×600mm，具体样式及颜色另定） (3) 5mm厚1：2.5水泥砂浆（砂浆等级为DPM5） (4) 15mm厚2：1：8混合砂浆（砂浆等级为DPM10）分两次抹灰 (5) 刷素水泥浆一遍 (6) 其他	m²	571.51		
011406001	抹灰面油漆	(1) 做法：顶棚4（适用于地下室、给水井） (2) 防霉漆罩面三道 (3) 2mm厚面层耐水腻子刮平 (4) 3mm厚底基防裂腻子分遍找平 (5) 5mm厚1：0.5：3水泥石灰膏砂浆打底 (6) 刷素水泥浆一道 (7) 其他	m²	6965.07		
011406001	抹灰面油漆	(1) 做法：内5：杀菌防霉乳胶漆墙面（刮耐水腻子）（适用于地下车库墙柱梁、生活水泵房、消防水泵房） (2) 无机涂料（一遍底漆，两遍面漆）（车库墙、柱子1.3m以上部分为白色，1.3m以下部分按不同区域划分颜色，色彩另定） (3) 与产品配套腻子满批找平、打磨三遍 (4) 15mm厚M5水泥砂浆分两次抹 (5) 刷素水泥浆一遍 (6) 其他	m²	5278.13		
	室内初装工程合计					

A.1.4　防水工程

A.1.4.1	防水工程					
010903002	墙面涂膜防水	(1) 做法：地下室侧壁 (2) 50mm厚聚苯板保护层 (3) 2.0mm厚聚氯乙烯防水卷材（内增强型） (4) 2.5mm厚聚氨酯防水涂料 (5) 20mm厚M20水泥砂浆找平 (6) 其他	m²	1546.96		

续表

A.1.4 防水工程

项目编码	项目名称	项目特征描述	计量单位	工程量	综合单价	综合合价
010904002	楼（地）面涂膜防水	(1) 部位：地下室底板 (2) 50mm 厚 C20 细石混凝土保护层，分仓缝间距 4000 (3) 聚乙烯薄膜隔离层 (4) 2.0mm 厚聚氯乙烯防水卷材（内增强型） (5) 2.0mm 厚聚氨酯防水涂料 (6) 20mm 厚 M20 水泥砂浆找平 (7) 其他	m²	4219.47		
	防水工程合计					
A.1 地下房屋建筑与装饰工程合计						

（2）A.2 地下安装工程（表 6-7）

地下安装工程基本清单   表 6-7

A.2.1 电气工程

项目编码	项目名称	项目特征描述	计量单位	工程量	综合单价	综合合价
A.2.1.1	电气工程					
030411001	配管	(1) 名称：难燃塑料电线管 (2) 规格：PC20 (3) 安装方式：暗装	m	8434.34		
	电气工程合计					
A.2.2 消防工程						
A.2.2.1	消防自动报警工程					
030411001	配管	(1) 名称：镀锌钢管 (2) 规格：SC25 (3) 安装方式：暗装	m	4582.16		
	消防自动报警工程合计					
A.2 地下安装工程合计						

（3）B.1 地上房屋建筑与装饰工程（表 6-8）

地上房屋建筑与装饰工程基本清单   表 6-8

B.1.1 主体结构工程

项目编码	项目名称	项目特征描述	计量单位	工程量	综合单价	综合合价
B.1.1.1	现浇混凝土工程					
010501001	垫层	(1) 部位：卫生间、坡屋顶 (2) 轻质混凝土 (3) 其他	m³	336		

续表

B.1.1　主体结构工程

项目编码	项目名称	项目特征描述	计量单位	工程量	综合单价	综合合价
010502001	矩形柱	(1) 混凝土种类：商品混凝土 (2) 混凝土强度等级：C35 (3) 采用泵送混凝土	m³	441.69		
010502001	矩形柱	(1) 混凝土种类：商品混凝土 (2) 混凝土强度等级：C30 (3) 采用泵送混凝土	m³	544.87		
010502002	构造柱	(1) 混凝土种类：C20 商品混凝土 (2) 其他	m³	245.71		
010503002	矩形梁	(1) 混凝土种类：C30 商品混凝土 (2) 其他	m³	923.21		
010504001	直形墙	(1) 混凝土种类：商品混凝土 (2) 混凝土强度等级：C30 (3) 采用泵送混凝土	m³	368.81		
010505001	有梁板	(1) 混凝土种类：商品混凝土 (2) 混凝土强度等级：C30 (3) 采用泵送混凝土	m³	1231.73		
010506001	直形楼梯	(1) 混凝土种类：C30 商品混凝土 (2) 其他	m³	267.21		
	现浇混凝土 工程合计					
B.1.1.2	钢筋工程					
010515001	现浇构件钢筋	(1) 钢筋种类、规格：Ⅲ级螺纹钢 φ10 以内箍筋 (2) 其他	t	134.17		
010515001	现浇构件钢筋	(1) 钢筋种类、规格：Ⅲ级螺纹钢 φ10 以内 (2) 其他	t	149.177		
010515001	现浇构件钢筋	(1) 钢筋种类、规格：Ⅲ级螺纹钢 φ25 以内 (2) 其他	t	227.106		
	钢筋工程合计					
B.1.1.3	砌筑工程					
010402001	砌块墙	(1) 墙体类型：外墙 (2) 墙厚：200mm (3) 砌块品种、规格、强度等级：蒸压加气混凝土砌块 (4) 砂浆强度等级：M5.0 水泥砂浆 (5) 其他	m³	781.54		

B.1.1　主体结构工程

项目编码	项目名称	项目特征描述	计量单位	工程量	综合单价	综合合价
010402001	砌块墙	(1) 墙体类型：内墙 (2) 墙厚：100mm (3) 砌块品种、规格、强度等级：蒸压加气混凝土砌块 (4) 砂浆强度等级：M5.0 水泥砂浆 (5) 其他	m³	606.62		
010402001	砌块墙	(1) 墙体类型：内墙 (2) 墙厚：200mm (3) 砌块品种、规格、强度等级：蒸压加气混凝土砌块 (4) 砂浆强度等级：M5.0 水泥砂浆 (5) 其他	m³	731.71		
	砌筑工程合计					

B.1.2　室内初装工程

项目编码	项目名称	项目特征描述	计量单位	工程量	综合单价	综合合价
B.1.2.1	门窗工程					
010801001	木质门	(1) 门代号及洞口尺寸：木质装饰门 (2) 不锈钢门锁、五金配件安装 (3) 具体详见门窗大样，设计及规范要求 (4) 其他	m²	1240.47		
010802001	金属（塑钢）门	(1) 框、扇材质：铝合金平开门 (2) 玻璃品种、厚度：6mm 透明玻璃 (3) 不锈钢门锁、五金配件安装 (4) 具体详见门窗大样，设计及规范要求 (5) 其他	m²	428.4		
010802001	金属（塑钢）门	(1) 框、扇材质：铝合金推拉门 (2) 玻璃品种、厚度：6mm 透明玻璃 (3) 不锈钢门锁、五金配件安装 (4) 具体详见门窗大样，设计及规范要求 (5) 其他	m²	554.4		
010807001	金属（塑钢、断桥）窗	(1) 框、扇材质：铝合金平开窗 (2) 玻璃品种、厚度：6mm 透明玻璃 (3) 不锈钢门锁、五金配件安装 (4) 具体详见门窗大样，设计及规范要求 (5) 其他	m²	1270.17		
	门窗工程合计					

续表

B.1.2 室内初装工程

项目编码	项目名称	项目特征描述	计量单位	工程量	综合单价	综合合价
B.1.2.2	楼地面装饰工程					
011101001	水泥砂浆楼地面	(1) 做法：楼3（适用于住宅所有区域，除指定区域外） (2) 20mm厚1：2.5水泥砂浆（砂浆等级为DSM20）找平，留粗糙面 (3) 5mm厚隔声垫 (4) 20mm厚1：2.5水泥砂浆（砂浆等级为DSM20）找平 (5) 刷素水泥浆一道 (6) 其他	m²	6930.5		
011406001	抹灰面油漆	(1) 做法：棚3：水泥砂浆顶棚（适用于公共卫生间和住宅卫生间） (2) 2mm厚麻刀（或纸筋）石灰面 (3) 5mm厚1：3水泥砂浆（砂浆等级WPM15）打底扫毛或划出纹道 (4) 刷素水泥浆一遍（内掺建筑胶） (5) 其他	m²	3289.97		
011406001	抹灰面油漆	(1) 做法：内4（适用于楼梯间、电梯机房、电表间、电信间、低压电房、物管低压房、人防警报间、送风机房、排风机房、设备间通道、发电机房、高压开关房、密闭通道） (2) 无机涂料（一遍底漆，两遍面漆） (3) 与产品配套腻子满批找平、打磨三遍 (4) 5mm厚抗裂砂浆，将耐碱玻璃纤维网布一层埋入砂浆中 (5) 刷界面砂浆一遍 (6) 15mm厚1：3水泥砂浆打底、找平，分两次抹 (7) 刷界面处理剂一道 (8) 其他	m²	4905.68		
	油漆、涂料、裱糊工程合计					

B.1.3 外墙面装饰与幕墙工程

项目编码	项目名称	项目特征描述	计量单位	工程量	综合单价	综合合价
B.1.3.1	外墙面工程					
011204003	块料墙面	(1) 做法：外1（使用于二层以上外墙） (2) 1：1水泥（或白水泥掺色）砂浆（细沙）勾缝增强粘结力	m²	6254.84		

B.1.3 外墙面装饰与幕墙工程

项目编码	项目名称	项目特征描述	计量单位	工程量	综合单价	综合合价
011204003	块料墙面	（3）贴 5mm 厚 45mm×45mm 米黄色面砖，刷一遍混凝土界面处理剂 （4）5mm 厚 M20 聚合物水泥砂浆结合层 （5）3mm 厚 M20 抗裂砂浆，将耐碱玻璃纤维网布一层埋入砂浆中 （6）7mm 厚聚合物水泥防水砂浆（干粉类） （7）15mm 厚 M20 水泥砂浆找平层 （8）刷素水泥浆一道（内掺建筑胶） （9）其他	m²	6254.84		
011204003	块料墙面	（1）做法：外1（使用于首至二层外墙） （2）1：1 水泥（或白水泥掺色）砂浆（细沙）勾缝增强粘结力 （3）首至二层外墙采用 45mm×135mm 橘黄色欧式复古仿石砖，在砖粘贴面上随贴随涂刷一遍混凝土界面处理剂 （4）5mm 厚 M20 聚合物水泥砂浆结合层 （5）3mm 厚 M20 抗裂砂浆，将耐碱玻璃纤维网布一层埋入砂浆中 （6）7mm 厚聚合物水泥防水砂浆（干粉类） （7）15mm 厚 M20 水泥砂浆找平层 （8）刷素水泥浆一道（内掺建筑胶） （9）其他	m²	1811.18		
	外墙面工程合计					
B.1.4 防水工程						
B.1.4.1	屋面及防水工程					
010902001	屋面卷材防水	（1）做法：屋1：上人屋面 （2）300mm×300mm 浅色地砖铺平拍实，缝宽 8mm，1：1 水泥砂浆填缝隙 （3）25mm 厚 1：4 干硬性水泥砂浆结合层 （4）50mm 厚 C25 配筋细石混凝土（双向配 φ6@150 钢筋网，每 6m 设缝，缝宽 10mm）	m²	507.76		

B.1.4　防水工程

项目编码	项目名称	项目特征描述	计量单位	工程量	综合单价	综合合价
010902001	屋面卷材防水	（5）0.5mm厚聚乙烯薄膜隔离层 （6）35mm厚挤塑聚苯板保温层 （7）1.5mm厚三元乙丙橡胶卷材 （8）2.0mm厚聚氨酯防水涂料 （9）刷基层处理剂一道 （10）20mm厚M20水泥砂浆找平层 （11）1：3：5陶粒混凝土建筑找坡，最薄处30mm厚 （12）其他	m²	507.76		
010902001	屋面卷材防水	（1）做法：屋2：不上人屋面（梯屋面、周边坡檐） （2）370mm×180mm×140mm浅红色西班牙瓦 （3）钢挂瓦条L30mm×4mm，中距按瓦规格 （4）顺水条－30mm×60mm，中距600mm，固定用直径3.5mm、长40mm水泥钉，间距为600mm （5）35mm厚C20细石混凝土找平层 （6）配直径φ6@500mm×500mm钢筋网 （7）60mm厚聚苯乙烯塑料板保温层 （8）3mm厚SBS改性沥青防水卷材 （9）3mm厚高聚物改性沥青防水涂膜 （10）20mm厚1：3水泥砂浆找平层 （11）其他	m²	939.04		
	屋面及防水工程合计					

B.1.5　其他工程

B.1.5.1	其他装饰工程					
011503001	金属扶手、栏杆、栏板	（1）部位：阳台栏杆 （2）图号：15J403-1D66 （3）其他	m	183.6		
	其他装饰工程合计					
B.1 地上房屋建筑与装饰工程合计						

（4）B.2 地上安装工程（表6-9）

地上安装工程基本清单 表 6-9

B.2.1 电气工程

项目编码	项目名称	项目特征描述	计量单位	工程量	综合单价	综合合价
B.2.1.1	电气工程					
030404017	配电箱	(1) 名称：配电箱 AL1 (2) 内容：成套配电箱安装 (3) 安装方式：悬挂嵌入式	台	176		
030412001	普通灯具	(1) 名称：吸顶灯 (2) 规格：18W（LED灯） (3) 安装形式：吸顶安装	套	1463		
030411004	配线	(1) 名称：铜芯电线 (2) 型号：ZR-BV-4mm² (3) 配线形式：管内穿线	m	52344.34		
030411001	配管	(1) 名称：难燃塑料电线管 (2) 规格：PC25 (3) 安装方式：暗装	m	17400.68		
	电气工程合计					
B.2.2 给排水工程						
B.2.2.1	给水工程					
031001006	PP-R 塑料给水管 DN25	(1) 安装部位：室内 (2) 介质：给水 (3) 材质、规格：PP-R 塑料给水管 DN25 (4) 连接形式：热熔连接 (5) 压力试验及吹、洗设计要求	m	4583.5		
031004006	坐式大便器	(1) 名称：坐式大便器 (2) 组装形式：成品 (3) 附件名称、数量：连体水箱1个 (4) 其他：具体内容详见设计图纸	组	176		
	给水工程合计					
B.2.2.2	排水工程					
031001006	UPVC 塑料排水管 DN100	(1) 安装部位：室内 (2) 介质：污、废水排水 (3) 材质、规格：UPVC 塑料排水管 DN100 (4) 连接形式：粘接	m	2992.64		
031002003	穿楼板套管 DN100	(1) 名称：穿楼板套管 (2) 规格：DN100 (3) 内容：制作、安装	个	1076		
	排水工程合计					
B.2 地上安装工程合计						

（四）基准期造价计算

1. 测算及发布周期选定

鉴于投标价格指数的用途决定了具体分析的项目类型，而根据工程造价区域性、时效性的特征以及一定时期内具体建设项目数量的分布情况，需区分区域及发布周期，同时考虑数据采集、测算所需要的时间。当所采集的符合要求的建设工程造价数据量达到 5 个及以上时，发布周期以月度为宜；当所采集的项目数据有限（小于 5 个），无法满足月度采集量时，发布周期以季度为宜；同时考虑数据的连续性，发布周期选定后不宜变动。

以广州市为例，经统计广州市 2017 年 1 月～2020 年 7 月保障性住房建设情况（表 6-10），总计新开工保障房 31 个，平均每季度新开工保障房 2～3 个（低于最少样本数量 5），因此在满足指数测算、应用的前提下，选择以季度为保障房项目投标价格指数测算及发布的周期。

广州市 2017 年 1 月～2020 年 7 月保障性安居工程年度项目建设清单　　表 6-10

序号	项目名称	项目地点	套数	开工时间
1	新塘、新合公司"城中村"改造项目	广州市新城市中心区天河区东北部	1298	2017 年 2 月
2	广州白云机场扩建工程第三跑道安置区二期项目（西区）	白云区人和镇三福庄、凤岗路以东	1228	2017 年 3 月
3	白云国际机场扩建工程噪音区治理花都区治理项目安置区建设项目	广州市花都区花东镇、花山镇	2166	2017 年 6 月
4	九龙新城首期安置房	中新知识城九龙大道以东	1080	2017 年 10 月
	2017 年合计		5772	
5	萝岗中心城区保障性住房项目（二期）	黄埔区萝岗中心城区西侧，广惠高速南侧地段	1088	
6	华南农业大学公租房项目	广州市天河区五山街	1128	
7	天河区新塘、新合公司"城中村"改造复建住宅项目	广州市新城市中心区天河区东北部，紧邻广州科学城和天河软件园	4076	
8	花都中轴线石岗安置区一期工程（南区）	花都区花城街天贵路以东、景天路以北	2000	
9	花都中轴线罗仙安置区工程（东区）	花都区花城街百寿路以东、永安路以南、永富路以北	366	
10	花都中轴线石岗安置区二期工程	花都区花城街茶园北路以东、玫瑰路以西、景天路以南	2614	
11	中新广州知识城九龙新城安置房项目	黄埔区中新知识城九龙大道以东	336	
12	广州白云机场扩建工程第三跑道安置区二期东区	白云区人和镇	664	
13	广州白云国际机场扩建工程噪音区治理白云区治理项目	位于人和镇北二环高速南面，西临广花公路、东靠江人路	10360	
14	绿地柏玥花园	白云区太和镇北太路与草塘路交界处西北方向	1405	
15	广汽生活区 18# 楼项目	番禺区化龙镇复甦村东部快线以西、金山大道以北地段	740	

续表

序号	项目名称	项目地点	套数	开工时间
16	广铁集团石牌职工公租房项目	天河区枫叶路东侧	324（公租房）	2018 年 11 月
17	增城经济技术开发区二期员工生活配套区项目	增城经济技术开发区创强路以南、新和北路以西	3466（公租房）	2018 年 10 月
18	海珠区南洲路 1026 号地块配建公租房项目	海珠区南洲路 1026 号地块	768（公租房）	2018 年 10 月
19	茶滘城中村改造项目（自编 8a、16b、1 号、15 号地块）	荔湾区东漖北路、茶滘路路段	1964（城市棚户区）	2018 年 11 月
20	增城开发区二期拆迁安置新社区项目	增城开发区永宁大道以南、新惠路以东	1503	
21	新塘镇巷口村龙丰社拆迁安置新社区项目	新塘镇白石村民营大道南侧	45	
	2018 年合计		3693	
22	中新广州知识城九龙新城安置房项目	黄埔区中新知识城九龙大道以东	956（城市棚户区）	2019 年 2 月
23	广州北站综合交通枢纽开发建设项目（天贵路万达城西侧）安置区	花都区天贵路万达城西侧	3471（城市棚户区）	2019 年 4 月
24	萝岗中心城区保障性住房项目（二期）回迁房	黄埔区萝岗中心城区西侧，广惠高速南侧地段	1088（城市棚户区）	2019 年 4 月
25	广铁集团机山巷项目	越秀区广州机务段工人新街机山巷地块	145（公租房）	2019 年 1 月
26	东漖村城中村改造复建安置房二期	荔湾区东漖村辖内地块	721（城市棚户区）	2019 年 1 月
	2019 年合计		5241	
27	九龙新城首期安置房（续建）	中新知识城九龙大道以东	200（城市棚户区）	2019 年 6 月
28	广州市白云区田心村改造项目	白云区同德街田心村地段	1819（城市棚户区）	2019 年 12 月
29	冼村城中村改造项目（三期）	天河区珠江新城猎德大道与金穗路交汇处西北侧	192（城市棚户区）	2019 年 6 月
30	广州北站综合交通枢纽开发建设项目（天贵路万达城西侧）安置区（续建）	花都区天贵路万达城西侧	1256（城市棚户区）	2019 年 4 月
31	茶滘城中村项目（自编 15 号地块）	荔湾区东漖北路茶滘路地段	966（城市棚户区）	2020 年 6 月
	截至 2020 年 7 月合计		4433	

注：以上数据来源于广州市住房和城乡建设局官网。

2. 基准期选定

基于项目级指数应用为背景，结合地域性差异，指数应该区分不同地区分别测算，测算前需要设置一个基准期，即基期。按照保障房项目采集情况及基期确定原则，为便于指数形成及指数应用数据复验，以广州市为例，选定广州市 2020 年第二季度为广州市保障房投标价格指数的基期，其对应 4～6 月发布的价格为基期价格，定义保障房单项工程造价基期指数值（L）为 100，定义保障房基本清单中综合单价基期指数值（L'）为 100。保障房单项工程投标价格基期指数见表 6-11。

保障房单项工程投标价格基期指数 表6-11

指数名称	基期指数值（L）	时间
广州市保障房项目综合指数	100	2020年二季度
××市保障房项目综合指数	100	2020年二季度
…	…	…

3. 基本清单综合单价确定规则 （表6-12）

基本清单综合单价确定规则 表6-12

序号	基本规定	说明
	1. 单价调整方法	
1.1	基本清单应按照已中标样本工程的中标价、未中标样本工程单价优先级顺序来选用。详见1.2、1.3、1.4	
1.2	已中标样本工程对比基本清单，按照基本清单编码（前9位）、名称、项目特征、计量单位为基准，在该样本工程中选择与基本清单相同的清单综合单价	（1）已中标样本工程中有适用于基本清单工程项目的，应采用该项目的单价； （2）已中标样本工程中没有适用但
1.3	当已中标样本工程中没有与基本清单相同的清单时，采用该样本工程中合适的或相近的清单，分析其价格差异原因且适当调整后用作基本清单综合单价	有类似于基本清单工程项目的，可在该样本工程合理范围内参照类似项目的单价； （3）已中标样本工程中没有适用，
1.4	已中标样本工程对比基本清单，若该样本工程中出现已中标单价不合理、明显错误以及样本工程中没有合适的或者相近的清单等情况，则以未中标项目单价来确定其基本清单价格。详见1.4.1、1.4.2、1.4.3	也没有类似基本清单项目的，则在上一期该清单单价的基础上进行适当调整后，作为本期基本清单单价
1.4.1	已中标样本工程对比基本清单，若该样本工程中出现已中标单价不合理、明显错误情况，则以该项目中标公示第二名、第三名投标人投标价格中合理报价作为基本清单价格；若第二名、第三名报价均合理，则取平均价来确定基本清单价格	
1.4.2	已中标样本工程对比基本清单，若该样本工程中没有合适的或者相近的清单等情况，则以上一期投标价格指数对应基本清单单价的基础上进行适当工料机价格调整后，来确定本期基本清单单价	
1.4.3	所有未中标单价套价的基本清单应该用星号（＊）标识	
1.5	人工费和部分材料费应与最新市场工料价格信息对比，保证其合理性，避免因不平衡报价等引起单价偏差	
	2. 总价调整方法	
2.1	若该样本工程合同允许工料机价差调整，则在基本清单的总价中增加一个适当的百分比，用以矫正因通货膨胀引起的价格影响 百分比计算：年均预计通货膨胀率×1/2×合同工期（日历天）365	年均预计通货膨胀率在每季度初确认
2.2	其余适用于通过总价百分比来矫正基本清单总价的情形如下： a. 项目所处位置； b. 工地周边环境； c. 特殊的合同条件	如在偏远地区、现场作业面有限、工作时间有影响等情况，综合考虑调整系数

4. 基本清单分部分项工程费

（1）A.1地下房屋建筑与装饰工程（表6-13）

地下房屋建筑与装饰工程分部分项费　　　　　　　　　表 6-13

A.1.1　地基与基础工程

项目编码	项目名称	项目特征描述	计量单位	工程量	综合单价	综合合价
A.1.1.1	土石方工程					
010101002	挖一般土方	（1）土壤类别：综合考虑 （2）挖土深度：10m 内 （3）其他	m³	40271.05		
010103001	回填方	（1）密实度要求：按设计要求 （2）填方材料品种：一、二类土 （3）回填部位：区域土方	m³	4214.44		
…	…	…		…	…	

（2）A.2地下安装工程（表6-14）

地下安装工程分部分项费　　　　　　　　　表 6-14

A.2.1　电气工程

项目编码	项目名称	项目特征描述	计量单位	工程量	综合单价	综合合价
A.2.1.1	电气工程					
030411001	配管	（1）名称：难燃塑料电线管 （2）规格：PC20 （3）安装方式：暗装	m	8434.34		
030411001	配管	（1）名称：镀锌钢管 （2）规格：SC25 （3）安装方式：暗装	m	4582.16		
…	…	…		…	…	

（3）B.1地上房屋建筑与装饰工程（表6-15）

地上房屋建筑与装饰工程分部分项费　　　　　　　　　表 6-15

B.1.1 主体结构工程

项目编码	项目名称	项目特征描述	计量单位	工程量	综合单价	综合合价
B.1.1.1	现浇混凝土工程					
010502001002	矩形柱	（1）混凝土种类：商品混凝土 （2）混凝土强度等级：C30 （3）采用泵送混凝土	m³	544.87		
010502002002	构造柱	（1）混凝土种类：C20 商品混凝土 （2）其他	m³	245.71		
…	…	…		…	…	

（4）B.2 地上安装工程（表 6-16）

地上安装工程分部分项费　　　　　　　　　　　　　　表 6-16

B.2.1　电气工程

项目编码	项目名称	项目特征描述	计量单位	工程量	综合单价	综合合价
B.2.1.1	电气工程					
030404017	配电箱	（1）名称：配电箱 AL1 （2）内容：成套配电箱安装 （3）安装方式：悬挂嵌入式	台	176		
030412001	普通灯具	（1）名称：吸顶灯 （2）规格：18W（LED 灯） （3）安装形式：吸顶安装	套	1463		
...	...	...		...	...	

（5）分部分项工程费汇总（表 6-17）

基本清单分部分项工程费汇总　　　　　　　　　　　　表 6-17

序号	项目内容	金额（元）	备注
1	分部分项工程费汇总		
A.1	地下房屋建筑与装饰工程		
A.2	地下安装工程		
B.1	地上房屋建筑与装饰工程		
B.2	地上安装工程		

5. 措施项目费确定 （表 6-18）

措施项目费计算　　　　　　　　　　　　　　　　　表 6-18

序号	公式	说明
1	已中标样本工程措施费占比＝已中标样本工程措施项目费合计×100%/已中标样本工程分部分项工程费合计	以上结果保留两位小数
2	基本清单措施费＝基本清单分部分项工程费合计×已中标样本工程措施费占比	

6. 其他项目费确定 （表 6-19）

其他项目费计算　　　　　　　　　　　　　　　　　表 6-19

序号	公式	说明
1	已中标样本工程其他项目费占比＝已中标样本工程其他项目费合计×100%/已中标样本工程分部分项工程费合计	以上结果保留两位小数
2	基本清单其他项目费＝基本清单分部分项工程费合计×已中标样本工程其他项目费占比	

7. 税金确定 （表6-20）

税金计算

表 6-20

序号	公式	说明
1	税金项目清单＝（基本清单分部分项工程费＋基本清单对应措施费＋基本清单对应其他项目费＋规费）×增值税税率	以上结果保留两位小数

8. 基准期造价确定

项目A、项目B、项目C……表示本计算期内保障房样本工程项目按照基本清单构成，根据基本清单综合单价确定基本规定，完成各样本项目分部分项工程费汇总，再根据措施项目费确定方法、其他项目费确定方法，税金确定方法，以基本清单为依据，测算出各项目的含税造价；再根据样本工程现场作业情况、工期要求、特殊合同条件等影响要素，综合考虑调整系数，最后根据调整后的工程造价计算平均价格，得出基准期保障房工程造价，且该造价所对应的投标价格指数值记作100。见表6-21。

基准期造价计算

表 6-21

序号	项目内容	金额（元）			
		项目A	项目B	项目C	…
1	分部分项工程费汇总				
1.1	地下房屋建筑与装饰工程				
1.2	地下安装工程				
1.3	地上房屋建筑与装饰工程				
1.4	地上安装工程				
2	措施项目				
2.1	已中标样本工程措施费占比（%）				
3	其他项目				
3.1	已中标样本工程其他项目费占比（%）				
4	规费				
5	增值税（9%）				
6	含税造价				
7	调整系数				
8	调整后造价				
9	平均价				

（五）报告期造价计算

1. 基本清单综合单价确定

参照基准期基本清单综合单价确定方法执行。

2. 措施项目费确定

参照基准期措施项目费确定方法执行。

3. 其他项目费确定

参照基准期其他项目费确定方法执行。

4. 税金确定

参照基准期税金计算方法及相应费率来执行。

5. 报告期造价确定

参照基准期造价确定方法执行。

6. 单项工程投标价格指数

计算公式：

$$P = \frac{P_1}{P_0} \times L$$

式中字母含义见表6-22。

字母含义 　　　　　　　　　　　　　　　　　　表 6-22

指数 P	P_1	P_0	L
P 为项目级投标价格指数，结果保留两位小数	保障房报告期造价，结果保留两位小数	保障房基期造价，结果保留两位小数	保障房基期项目级投标价格指数值为 100

第三节　投标价格指数编制说明

1. 保障房样本工程选定

样本工程选定，目的主要有两个：一方面是用于编制基本清单；另一方面则是为过程投标价格指数测算而采集。用于编制基本清单的项目，需满足以下几个要求（表6-23）。

样本工程选定要求说明　　　　　　　　　　　　表 6-23

序号	项目信息		基本要求	要求说明
1	工程类型		房屋建筑工程——保障房	房屋建筑工程——保障房
2	工程所在地		市区	市区
3	结构类型		框架-剪力墙结构	当地常见保障房、住宅项目结构类型
4	建筑面积（m²）	总建筑面积（m²）	21000	当地常见保障房项目的单项工程项目建设规模
		地上建筑面积（m²）	13000	
		地下建筑面积（m²）	8000	
5	建设工期		700 日历天以内	相应规模项目正常施工天数
6	合同类型		施工总承包合同	不同合同类型，主要考虑是否调差以及是否有对投标报价有影响的特殊合同条款，选择常规做法
7	造价类型		投标报价	投标报价
8	项目建设难度		正常	从项目所处环境、设计、施工工艺多维度考虑，选择项目建设难度常规的项目

序号	项目信息	基本要求	要求说明
9	质量承诺	确保工程质量符合《工程施工质量验收规范》合格标准	合格标准

2. 样本工程选定影响因素分析

因为测算投标价格指数过程中，所采集到的样本数据是由不同保障房项目所取得的，而不同项目受经济、环境、建设规模、周期等因素影响，导致各项目有所差异，所以结合基本清单所对应的项目建设清单，对于样本工程应仔细分析其项目的背景，并作出适当的调整。以下是应该注意调整的项目：

（1）工程所在地

基本清单所对应的典型工程为市区建设项目，因此在指数测算过程中，若所采集的样本工程处于较偏远地方，其造价一般都会偏高，主要是因为物料运输、采购等因素对成本会有直接的影响。

（2）结构类型

结构设计中，不同方案的选择及不同建筑材料的选用对工程造价会有较大影响，像基础类型选用、进深与开间的确定、层高与层数的确定、结构类型选择等都存在着技术经济分析问题。基本清单所对应的项目是框架-剪力墙结构，建筑结构由基础、柱、墙体、梁、楼板、屋面板等部分组成，各部分占工程总造价的比例不尽相同，因此对于采集到的样本工程，需考虑不同结构类型对造价的影响，结构差异较大，导致无法对样本工程进行合理调整时，则不得应用该样本工程数据。

（3）建造规模

同等类型的项目，单项工程的开发与多个单项工程形成的建设项目开发对于投标单位的吸引力不同。因此在样本工程分析时，需要考虑因规模效应而导致的利润差异，从而引起竞争时报价的差异。

（4）工程项目难度

不同工程项目本身的建筑设计大多不完全相同，而不同的设计会直接影响项目的施工方法及效率。若工程项目的工艺要求高及施工难度较大，一般造价相应会提高。即使是同一项目，不同施工部位的作业难度也有一定差异，同样会导致工程造价或清单单价偏高一些。

（5）建设工期

一般来说，如果工程项目的建设工期比较短，对于现场作业人数、管理都增加了要求，因此造价也会相应提高，在对标样本工程数据时候需要综合考虑。

（6）工程场地及周边环境

工程场地大小，场内是否有足够的作业面，机械设备进出场，物料间、仓库等布置，场外交通便利情况等，会导致施工时物料加工、运输及施工方法增加难度，同样会对造价有一定的影响。

基于以上因素，在采集保障房样本工程时，应综合各项目多方面因素，对样本工程进行适当调整，从而在投标价格指数计算时才能切实反映投标价格走势。

3. 样本工程采集资料用途说明

（1）核心采集资料用途说明（表6-24）

样本工程核心采集资料用途说明　　　　　　　　表 6-24

序号	核心采集资料	用途
1	投标计价文件	明确投标计价文件编制范围
		输出基本清单
		明确基本清单单价
		明确措施费占比
		明确其他项目费占比
2	合同文件	明确该工期信息，分析其对投标的影响
		明确规模（地上面积、地下面积、合同范围）
		明确合同类型：总价合同、单价合同，对投标策略影响
		明确合同调差计算：不同价差条款约定，对投标企业影响其投标策略

（2）配套采集资料用途说明（表 6-25）

样本工程配套采集资料用途说明　　　　　　　　表 6-25

序号	配套资料	用途
1	计量文件（钢筋、土建、安装）	辅助确定清单工程量
2	施工图纸	辅助确定清单项目描述信息

4. 基本清单确定 （表 6-26）

基本清单要求说明　　　　　　　　表 6-26

序号	基本要求		要求说明
1	项目组成范围	不包含室外附属工程、改造工程、室外排水系统、安装工程中设备	主要考虑三方面原因： ① 室外工程其范围不可控； ② 室外工程多属于公共属性的工程，且对于一个建设项目，若存在不同功能的单体，室外工程造价难以分摊； ③ 相对于主要工程项目而言，室外配套工程造价占比相对较低
2	基本清单	2.1 在项目组成范围内正常施工条件下的合并相同清单后的分部分项工程项目清单中，取清单综合合价占比前 80% 的清单项目	主要考虑两方面原因： ① 无法也没有必要对每一个项目的每一个分部分项工程都进行分析，但是对于那些主要的分部分项工程则必须进行分析； ② 指数核心是通过选取最具有代表性、能够反映实际数据变化对造价影响的内容，从而实现用 20% 的投入达到 80% 甚至更多的产出，并在取得最佳效果的同时减少资源损耗。因此结合关键少数法则（Vital Few Rule），在基本清单编制时，选择样本工程综合合价占比前 80% 的清单项目进行分析，形成基本清单

5. 保障房基本清单选择说明

（1）说明一

1）条文要求，见表 6-27。

基本清单确定条文说明　　　　　　　　表 6-27

序号	要求说明
2.1	在项目组成范围内正常施工条件下的合并相同清单后的分部分项工程项目清单中，取清单综合合价占比前 80% 的清单项目

2）编制说明：合并 A.1 地下房屋建筑与装饰工程、A.2 地下安装工程、B.1 地上房屋建筑与装饰工程、B.2 地上安装工程，形成清单汇总表，在汇总表的基础上对相同清单进行合并工程量，再通过倒序排序，取其分部分项工程合价占比近 80% 额度所对应的清单。

3）清单倒序列表示意，见表 6-28。

基本清单倒序列表示意 表 6-28

项目编码	项目名称	项目特征描述	计量单位	工程量	综合单价	综合合价
010515001007	现浇构件钢筋	（1）钢筋种类、规格：Ⅲ级螺纹钢 φ25 以内 （2）其他	t	849.96	4627.35	3933062.41
010501004001	筏板基础	（1）混凝土种类：防水混凝土 （2）混凝土强度等级：C35，P8 （3）采用泵送混凝土	m³	3109.58	599.11	1862980.47
010302001001	旋挖桩	（1）桩径：D800 （2）成孔方法：旋挖钻孔桩 （3）混凝土种类、强度等级：水下 C30 商品混凝土 （4）其他	m³	1839.79	971.76	1787834.33
010515004001	钢筋笼	（1）钢筋种类、规格：螺纹钢 （2）钢筋制作、绑扎、安装、其他	t	286.305	5312.88	1521104.108
…	…	…				

（2）说明二

1）条文要求，见表 6-29。

基本清单确定条文说明 表 6-29

序号	要求说明
2.3	若已选清单综合合价占比前 80% 的清单中，存在清单描述相似且单价也趋于一致的清单时，经过专业判定，属于同一清单的，可进行清单合并，以合并后的清单为基准，形成基本清单

2）编制说明：如下基本清单确定过程中，对于相同清单合并，合并后满足基本清单确定。

3）清单列表示意见表 6-30。

基本清单列表示意 表 6-30

项目编码	项目名称	项目特征描述	计量单位	工程量	综合单价	综合合价	备注
030404017052	配电箱	（1）名称：配电箱 AL1 （2）内容：成套配电箱安装 （3）安装方式：悬挂嵌入式	台	176	1290.28	227089.28	
030404017053	配电箱	（1）名称：配电箱 AL2 （2）内容：成套配电箱安装 （3）安装方式：悬挂嵌入式	台	44	1290.28	56772.32	
030404017054	配电箱	（1）名称：配电箱 AL3 （2）内容：成套配电箱安装 （3）安装方式：悬挂嵌入式	台	22	1290.28	28386.16	

（3）说明三

1）条文要求，见表 6-31。

基本清单确定条文说明　　　　　　　　　　　　　　　表 6-31

序号	要求说明
2.5	若已选清单综合合价占比前 80% 的清单中，存在清单描述相近，但单价不同的清单时，且开工时间相近，则所有清单都应作为基本清单

2）清单列表示意，见表 6-32。

基本清单列表示意　　　　　　　　　　　　　　　　　表 6-32

项目编码	项目名称	项目特征描述	计量单位	工程量	综合单价	综合合价	
011204003003	块料墙面	（1）做法：内 1（适用于门厅、大堂、前室、走廊） （2）面砖贴至板底（对缝横贴，600×600，具体样式及颜色另定） （3）5mm 厚 1：2.5 水泥砂浆（砂浆等级 DPM5） （4）15mm 厚 2：1：8 混合砂浆（砂浆等级 DPM10）分两次抹灰 （5）刷素水泥浆一遍 （6）其他	m²	3548.72	154.5	548277.24	
011201001005	墙面一般抹灰	（1）做法：内 4a：面砖内墙面（适用于住宅卫生间及厨房） （2）4mm 厚强力胶粉泥粘结层，揉挤压实 （3）1.5mm 厚聚合物水泥基复合防水涂料防水层（JS-Ⅱ型） （4）9mm 厚 1：3 水泥砂浆分层压实抹平（砂浆等级 DSM15） （5）其他	m²	11275.88	47.32	533574.64	

6. 基本清单价格确定案例

案例背景：以下为本计算期所采集的保障房项目总承包工程 A、B、C，每个工程包含评标成绩前三名投标报价数据，其中 A1、B1、C1 为已中标工程单价，A2、A3、B2、B3、C2、C3 为未中标单价，以此数据（表 6-33～表 6-35）来计算本期【挖一般土方】报告期综合单价。

样本工程 A 综合单价　　　　　　　　　　　　　　　表 6-33

基本清单					样本工程 A 综合单价		
项目编码	项目名称	项目特征描述	计量单位	工程量	A1（中标）	A2	A3
010101002	挖一般土方	（1）土壤类别：综合考虑 （2）挖土深度：10m 内 （3）其他	m³	40271.05	5.36	5.60	6.11

样本工程 B 综合单价   表 6-34

基本清单					样本工程 B 综合单价		
项目编码	项目名称	项目特征描述	计量单位	工程量	B1（中标）	B2	B3
010101002	挖一般土方	（1）土壤类别：综合考虑 （2）挖土深度：10m 内 （3）其他	m³	40271.05	5.26	5.20	6.01

样本工程 C 综合单价   表 6-35

基本清单					样本工程 C 综合单价		
项目编码	项目名称	项目特征描述	计量单位	工程量	C1（中标）	C2	C3
010101002	挖一般土方	（1）土壤类别：综合考虑 （2）挖土深度：10m 内 （3）其他	m³	40271.05	5.16	5.50	5.91

基本规定解读：

（1）已中标样本工程对比基本清单，按照基本清单编码（前 9 位）、名称、项目特征、计量单位为基准，在该样本工程中有与基本清单相同的清单综合单价。

解：【挖一般土方】报告期综合单价 $= \dfrac{A1 + B1 + C1 + \cdots + N1}{n}$，求各中标清单均价。

（2）当已中标样本工程中没有与基本清单相同的清单时，采用该样本工程中合适的或相近的清单，分析其价格差异原因且适当调整后用作基本清单综合单价。

解：【挖一般土方】报告期综合单价 $= \dfrac{A1 + B0 + C1 + \cdots + N1}{n}$，求各中标清单均价，其中 B0 为 B1 调整后单价。

（3）已中标样本工程对比基本清单，若该样本工程中出现已中标单价不合理、明显错误以及样本工程中没有合适的或者相近的清单等情况，则以未中标单价来确定其基本清单价格。详见 1.4.1、1.4.2、1.4.3。

解：【挖一般土方】报告期综合单价 $= \dfrac{A1 + Bx + C1 + \cdots + N1}{n}$，求各中标清单均价，其中 Bx 为 B2、B3 合理报价的均价。

附件：

附件 6-1 保障房投标价格指数编制常见问题

附件 6-2 保障房投标价格指数应用分析

附件 6-3 投标价格指数作业文件

附件 6-1 保障房投标价格指数编制常见问题

1. 编制人主观因素

如上所述，当计算投标价格指数时，有些手机得来的资料要做适当调整，而调整的依据则很难量化，需要专业工程师基于造价管控的经验进行分析，不可避免会涉及人为主观因素，若做出这些调整时出现偏差，则投标指数的准确性会直接受到影响。因此，建议在投标价格指数编制过程中，不仅需要专业工程人主导，同时需要配合信息化的工具手段进行，通过大数据技术手段，以弥补主观因素导致的偏差情况的出现。

2. 样本数据或配套资料不足

若每一发布周期内可采集 5 个或以上的保障房项目，则计算出来的投标价格指数将较具有代表性。但是每一发布周期的项目招标投标，都会受市场需求、经济、地区规划等因素影响，导致投标价格指数原始数据或者采集过程中配套的合同文件、计量文件、施工图纸不齐全，对待关键项目价格判定不足，从而影响投标指数的准确度。

对于现实中确实缺少可采集项目的情况下，当不满足最少样本数量要求时，可以考虑采用典型工程法测算其投标价格指数。以编制基本清单所对应的样本工程为典型工程，通过工料机价格更新将典型工程各构成数据调整至当前计算期市场价格平均水平后，计算出各基本清单造价，逐级汇总形成报告期工程造价，从而计算其投标价格指数。同时，当应用典型工程法测算建设工程造价指标投标价格指数时，结果数据应用字母"D"来标识。

3. 投标策略

部分投标人在工程项目投标环节，为赢得项目会使用投标策略，而相应投标策略则并非一般性按市场经济因素来决定，有时候会按其企业本身的特殊情况而作出，故其投标价格未必能代表市场走势。因此，当分析中标的计价文件时，应该与评标结果的另外两个未中标投标价做比较，分析中标文件的投标价格是否合理，从而有针对性地进行调整。

4. 不同材料及施工方法

建造材料及施工方法日新月异，尤其是现在计价依据中，发现部分用料及施工方法如今已经不再被广泛使用。因此，在基本清单编制以及基本清单套价过程中需要考虑此部分内容对清单单价的影响，同时遇到此情况时适当对样本工程对应清单报价进行合理调整。

5. 制作时间

因计算投标价格指数时需要在一个测算周期内动态采集样本工程数据、分析资料后，才能做出总体测算，而在缺乏信息化工具辅助的情况下，测算效率和质量难以保障，初步估算每一季度的指数通常会集中在下个季度的第一个月才能完成计算，所以投标价格指数的发布一般都会有一定的时差。

附件 6-2 保障房投标价格指数应用分析

本办法主要应用于设计深度不足，拟建建设项目与类似建设项目的项目基本情况相似，行业内相关数据等基础资料完备的情况下，对拟建项目建筑安装工程费造价计算的编制。具体方法是：

第一步：查找合适的历史建设项目；

第二步：明确历史项目对应时点的投标价格指数；

第三步：明确估算期的上一期投标价格指数（因为本时点的投标价格指数还未编制完成）；

第四步：确定投标价格指数调整系数；

第五步：将历史项目造价折算到当前时点；

第六步：确定项目调整系数；

第七步：计算拟建项目造价。

详细计算示例见附表 6-1。

投标价格指数应用示例表　　　　　　　　　　　　　　　　附表 6-1

2019 年一季度历史类似工程项目造价（元）	2019 年一季度投标价格指数	2020 年一季度投标价格指数	投标价格指数调整系数	2020 年二季度历史类似工程项目造价（元）	项目调整系数	计算得出：2020 年二季度之拟建项目造价（元）
58628089.56	100	107.21	0.9772	61422076.83	0.8433	51797237.39

说明：	计算公式： ① 2020 年二季度历史类似工程项目造价 ＝历史类似工程项目造价×$\dfrac{\text{计算期前一季度投标价格指数}}{\text{历史项目对应投标价格指数}}$×投标价格指数调整系数 ② 拟建项目造价 ＝2020 年二季度历史类似工程项目造价×项目调整系数
	调整系数： ① 投标价格指数调整系数：根据上期投标价格指数与当前估算时点的时差（一个投标价格指数发布周期）等因素造成价格差异，综合考虑人工、主要材料、机械设备价格波动后形成投标价格指数调整系数。 主要影响因素：人工、主要材料、机械设备价格差异，工料机价格或者指数一般以月度为周期发布，以最近期工料机价格数据为基准，参照历史类似工程中工料机占比，综合计算。 ② 项目调整系数：根据拟建项目与历史类似工程之间的建设规模等方面差异程度，综合考虑后形成项目调整系数。 主要影响因素：工程所在地、结构类型、建造规模、工程项目建设难度、建设工期、工程场地及周边环境差异等

附件 6-3 投标价格指数作业文件

以地下房屋建筑与装饰工程、地下安装工程、地上房屋建筑与装饰工程、地上安装工程四部分基本清单及其工程量为基准，通过套价形成模拟分部分项工程费用，以该费用为基准，模拟数据采集后的形式，在作业文件中实现数据源数据录入，投标价格指数自动计算的目的，以便于在没有信息化系统的时期，可以有效编制投标价格指数。具体见附表 6-2～附表 6-5。

1. 分部分项工程费测算表 （附表6-2）

分部分项工程费测算表

测算时，替换项目综合单价即可，综合合价模板自动计算。

附表 6-2

A.1.1　地基与基础工程

项目编码	项目名称	项目特征描述	计量单位	工程量	综合单价		
					项目 A	项目 B	项目 C
A.1.1.1	土石方工程						
010101002001	挖一般土方	（1）土壤类别：综合考虑 （2）挖土深度：10m 内 （3）其他	m³	40271.05			
010103001001	回填方	（1）密实度要求：按设计要求 （2）填方材料品种：一、二类土 （3）回填部位：区域土方	m³	4214.44			
010103002001	余方弃置	（1）废弃料品种：泥浆 （2）运距：15km （3）其他	m³	1839.79			
…	…	…	…	…	…	…	…

2. 基本清单造价汇总 （附表6-3）

基本清单造价汇总表　　　　　　　　　　　　　附表 6-3

序号	项目内容	金额（元）		
		项目 A	项目 B	项目 C
1	分部分项工程费汇总			
1.1	地下房屋建筑与装饰工程			
1.2	地下安装工程			
1.3	地上房屋建筑与装饰工程			
1.4	地上安装工程			
2	措施项目			
2.1	已中标样本工程措施费占比（%）			
3	其他项目			
3.1	已中标样本工程其他项目费占比（%）			
4	增值税（9%）			
5	含税造价			
6	调整系数			
7	调整后造价			
8	平均价			

说明：此表用于将附表6-2分部分项工程费测算表中基本清单分部分项工程费按照项目 A、B、C 分别自动汇总，然后根据相关联数据计算规则，自动计算本期保障房的平均造价。其中，【措施项目】【其他项目】【调整系数】根据课题相应说明填写，其他内容由作业模板自动计算，无需人为干预。

3. 投标价格指数计算 （附表 6-4）

投标价格指数计算表   附表 6-4

计算期	基准期金额（元）	报告期金额（元）	基期指数	报告期指数
2020 年 2 季度				
2020 年 1 季度				

说明：1. 基准期金额（元）：基于基本清单结合基期造价测算方式所计算的该时点下的工程造价。

    2. 报告期金额（元）：基于基本清单，结合本期采集到的样本工程，集合报告期造价测算方式所计算的本期下的工程造价，作业模板自动关联，无需人为干预。

    3. 报告期指数：$P = \dfrac{报告期金额（元）}{基准期金额准期金} \times 基期指数$，作业模板自动计算，无需人为干预。

4. 投标价格指数结果发布——数据表 （附表 6-5）

投标价格指数结果发布表——

××市保障房投标价格指数（××年×季度）   附表 6-5

时间	1 季度	2 季度	3 季度	4 季度
2020 年				
2019 年				

注：自动关联"附表 6-4 投标价格指数计算表"中所计算出的指数结果，无需人为干预。

5. 投标价格指数结果发布——趋势图 （附图 6-1）

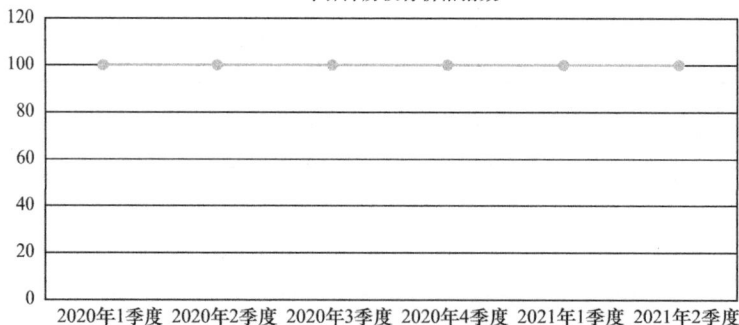

附图 6-1 投标价格指数趋势图

注：自动关联"附表 6-4 投标价格指数计算表"中所计算出的指数结果，自动生成趋势图，无需人为干预。

第七章

主要材料（砂、碎石、混凝土、水泥、钢筋）价格指数

（广联达科技股份有限公司）

第一节 编制目的及用途

（一）编制背景

为落实好党的十九大强调的"价格机制是市场机制的核心，市场决定价格是市场在资源配置中起决定性作用的关键"，逐步实现"政府宏观调控、企业自主报价、市场形成价格"的工程造价管理模式。在市场经济条件下，在新的造价管理模式下，工程造价的价格由企业依据市场情况、自身的管理水平、生产能力进行确定。

在工程造价管理中，工程材料价格指数有非常重要的作用。通过对工程材料价格指数研究，对抑制工程无序竞争，维护建设工程发承包双方的合法权益，促进建筑市场健康发展提供更有效的支撑。指数的应用有助于改变我国长期习惯的定额计价模式，探索符合市场实际的工程造价管理新模式。

（二）编制目的

编制目的有两个：第一，用价格涨跌幅度替代传统发布的具体价格，改变传统发布具体价格不准确的现状，以适应市场材料价格波动及合同价款调整；第二，通过主要材料价格综合指数调差方式，改变逐个抽料调差方法，简化规则、抓大放小，通过指数直观反映材料价格波动趋势，促进从业人员养成观大势、究其因、定决策的专业能力。

结合市场定价的基本原则，梳理通用结算过程材料调差的基本方法，确定材料价格指数的主要用途有以下三个方面：

（1）建设工程材料价格指数可供发承包双方在合同履约期间，因材料、工程设备价格波动超出合同约定风险范围时以材料品类进行价差计算。

（2）建设工程材料价格指数可供政府和建设各方掌握材料价格波动的趋势，研究分析

材料价格变化因素,有利于政府制定政策,有利于建设各方管控风险。

(3)建设工程材料价格指数的编制,可通过分析价格变动的趋势及其原因,正确引导各材料价格信息来源方参与材料价格信息的采集工作,促进其进行合理地自主报价,这对于提高造价管理水平有重要的意义。

第二节 主要材料价格指数编制方法

(一)指数项划分

砂、碎石、混凝土、水泥、钢筋 5 个品类中共计发布 8 种价格指数,见表 7-1。

砂、碎石、混凝土、水泥、钢筋指数项划分　　　　　　　　表 7-1

材料品类	指数项	备注
砂	天然砂	
	机制砂	
碎石	碎石	
混凝土	普通商品混凝土	
水泥	水泥	
钢筋	Ⅰ级圆钢	
	Ⅲ级螺纹钢	
	冷轧带肋钢筋	

(二)代表品及其采集标准

1. 代表品选择 (表 7-2)

砂、碎石、混凝土、水泥、钢筋代表品　　　　　　　　表 7-2

材料品类	材料名称	规格型号	单位	备注
砂	天然砂	中砂 3.0~2.3	m³	
	机制砂	中砂 3.0~2.3	m³	
碎石	碎石	15~25mm	m³	
混凝土	普通商品混凝土	C30	m³	不含泵送费
水泥	普通硅酸盐水泥	P·O 42.5	t	袋装
钢筋	Ⅰ级圆钢	$\phi6$ HPB300	t	
	Ⅲ级螺纹钢	$\phi16$ HRB400E	t	
	冷轧带肋钢筋	$\phi8$ CRB550	t	

2. 采集标准

(1)价格标准:除税的材料原价(不含运杂费、损耗费、采保费);

(2)来源标准:

1）材料卖方（生产厂商、经销商）：

① 材料协会为本地区同类建材市场占有率前五名的成员单位报送其销售价格；

② 广材网等材料价格信息服务公司，提供本地区优质、金牌合作供应商信息及其盖章报价单；

2）材料买方（施工企业、有持续采购行为的甲方）：选择在本地区有实际开工项目且有采购交易量的成员单位报送其采购价格；来源信息及价格信息采集表见附件 7-1（包括附表 7-1 来源信息表、附表 7-2 价格信息采集表）。

（3）样本量标准：每个材料同周期样本量不少于 6 个。

3. 采集周期

（1）一般情况下采集周期为一月一次，月中采集。

（2）当指数偏差超过±5%时，一月采集两次，月中采集一次，月末采集一次，偏差趋于稳定后，仍按照一月一次，月中采集。

（三）数据预处理

假设各数据源中采集的同种材料价格分别为 x_1，x_2，x_3，x_4，$\cdots$，x_n，不同数据来源渠道不同，获取的数据会呈现一定的离散性，因此，需对数据进行离散度描述，检测异常值，从而剔除不合理的报价，这里采用格拉布斯准则。

格拉布斯测试一次检测到一个异常值。从数据集中删除该异常值，并且迭代测试，直到没有检测到异常值。采用这种方式对数据进行处理，需重点关注两个核心问题：①计算平均值 $\bar{x}$ 和标准差 S；②计算概率密度 G_i 值：$G_i = (x_i - x)/S$。格拉布斯数据预处理流程图如图 7-1 所示。

1. 价格信息数据排序

按照材料采集明细及标准要求，从各数据源定向、定期采集价格数据。不同材料所采集返回的价格信息数据分别进行排序，按照从小到大升序排列。

2. 计算平均值和标准差

根据各组数据源返回的数据，对认价结果求算术平均值 $\bar{x}$ 及标准差 S。

（1）计算已采集数据的平均值 $\bar{x}$

$$\bar{x} = \frac{1}{n}\sum_{i=1}^{n} x_i \qquad (7\text{-}1)$$

式中：n 为同一材料采集返回价格信息的总数量。

（2）计算已采集数据的标准差 S

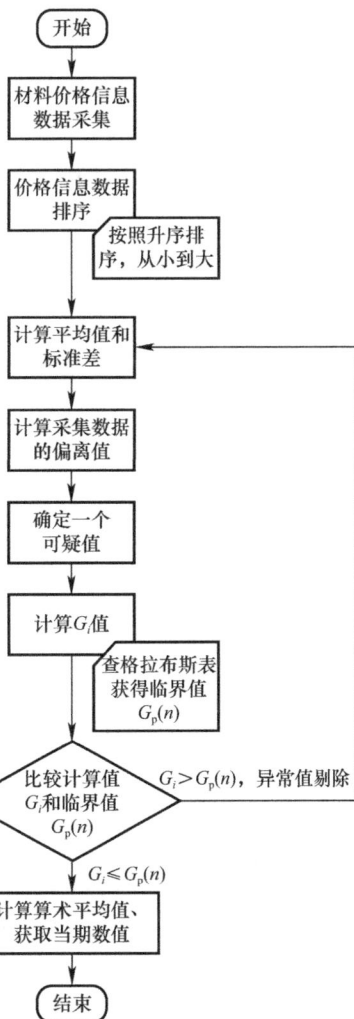

图 7-1　格拉布斯数据预处理流程图

$$S = \sqrt{\frac{1}{N}\sum_{i=1}^{N}(x_i - \bar{x})} \tag{7-2}$$

式中：N 应为 $n-1$，即自由度，意思是样本能自由选择的程度。当选到只剩一个时，它不能进行选择判断，所以自由度 N 为 $n-1$。

3. 计算偏离值，确定可疑值

在一组采集到的报价数据中，如果个别（或少数）报价偏离这组数据的中心（由平均值 $\bar{x}$ 确定）很远，而呈现出较大的离群倾向，那么可以暂时视之为该数据组中的"可疑值"（可能属于异常的报价值），通过计算分别与平均值 $\bar{x}$ 对比分析，计算出各自数据来源的报价偏差的绝对值 t，得到偏离值绝对值的最大值，最大偏离值对应的报价则判定为可疑值。

$$\max\{|t_1|, |t_2|, \cdots, |t_n|\} = |\bar{x} - x_i| \tag{7-3}$$

4. 计算概率密度 G_i，确定异常值

通过计算偏离值与标准差的比值，确定计算值 G_i，再通过与查格拉布斯表（表 7-3）所给出的临界值 $G_p(n)$ 的比较（检出水平 $\alpha=0.05$，置信概率 $P=0.95$），若 $G_i > G_p(n)$，则 G_i 对应的报价值判定为异常值，需剔除，若 $G_i \leqslant G_p(n)$，则 G_i 对应的报价值判定为有效值。

用统计方法能将该"可疑值"从报价数据中剔除，那么该"可疑值"就确实是该组数据中的"异常值"，但是剩余报价数据，可能仍然存在异常值，对此序列重新执行以上步骤 2~4，直至所有数据皆为有效值为止，那么剩余报价则作为对于该材料报价的有效值，即可作为最终价格计算的代表值。

（1）确定计算值 G_i。

$$G_i = \frac{|\bar{x} - x_i|}{S} \tag{7-4}$$

（2）剔除异常值。

$$G_i > G_p(n) \tag{7-5}$$

（3）确定有效值。

$$G_i \leqslant G_p(n) \tag{7-6}$$

其中 $G_p(n)$ 为临界值，对于材料价格数据采集量而言，检出水平 $\alpha=0.05$，置信概率 $P=0.95$ 较为适宜。详细的格拉布斯临界值见表 7-3。

格拉布斯表——临界值 $G_p(n)$ 表 7-3

n \ P	0.95	0.99	n \ P	0.95	0.99
3	1.135	1.155	11	2.234	2.485
4	1.463	1.492	12	2.285	2.550
5	1.672	1.749	13	2.331	2.607
6	1.822	1.944	14	2.371	2.659
7	1.938	2.097	15	2.409	2.705
8	2.032	2.231	16	2.443	2.747
9	2.110	2.323	17	2.475	2.785
10	2.176	2.410	18	2.504	2.821

$\frac{P}{n}$	0.95	0.99	$\frac{P}{n}$	0.95	0.99
19	2.532	2.854	25	2.663	3.009
20	2.557	2.884	30	2.745	3.103
21	2.580	2.912	35	2.811	3.178
22	2.603	2.939	40	2.866	3.240
23	2.624	2.963	45	2.914	3.292
24	2.644	2.987	50	2.956	3.336

5. 计算平均值，确定当期价格

剩余各报价计算算术平均值，作为报告期该材料的测算价格。

$$P_1 = \frac{1}{n}\sum_{i=1}^{n} x_i \tag{7-7}$$

式中：P_1 为报告期材料价格，n 为 x 的有效值个数。

6. 其他异常情况数据处理

（1）判断这组数据（整体）是否稳定，当最终测算价格计算出的指数偏差超过上期指数的 $\pm 20\%$ 时，给予警示，将结果反馈至专家审阅，确认数据合理性后，再参与到数据测算；若确认数据不合理，则该组数据（整体）需要进行重新采集。

（2）判断有效值的数量是否足够，当已选定的数据源在执行过程中出现报价数据缺失、不连续，导致数据样本量为 5 个时（相对最低样本量要求缺失 1 个），由这 5 个数据的平均值构造 1 个虚拟数据做补充数据源，参与到数据测算。

（3）当数据缺失导致报价数据小于 5 个时，需要进行补采，补采后进行测算。

（4）当无法补采时，以上期报告期价格为基准，计算各报价相对于上期报告期各数据源平均涨幅与基准价的乘积，计算公式如下：

$$P_1 = P_1' \times \left\{ 1 + \left(\frac{x_1 - x_1'}{x_1'} + \frac{x_2 - x_2'}{x_2'} + \cdots + \frac{x_n - x_n'}{x_n'} \right) \right\} \tag{7-8}$$

式中：P_1' 为当前材料上期测算价，x_1' 为 x_1 对应的上期报价，x_2' 为 x_2 对应的上期报价，x_n' 为 x_n 对应的上期报价。

（四）基期确定

基于指数调差应用及材料价格地域性差异，指数应该按地市分别测算，因此基期同理需要按照地市分别设置。按照材料采集明细表及基期确定原则，为便于指数形成及指数调差的应用数据复验，现选定广州市 2019 年 5 月为广州市主要建筑材料的基期，其对应 5 月发布的除税价为基期价格，定义砂、碎石、混凝土、水泥基期指数值（L）为 100，定义钢筋基期指数值（L）为 1000。材料基期表见表 7-4。

广州市 2019 年 5 月材料基期表　　　　　　　　　　　表 7-4

材料品类	材料名称	规格	单位	基期价格（元）	基期指数值（L）	备注
砂	天然砂	中砂 3.0～2.3	m³	278.65	100	
	机制砂	中砂 3.0～2.3	m³	267.87	100	

续表

材料品类	材料名称	规格	单位	基期价格（元）	基期指数值（L）	备注
碎石	碎石	15～25mm	m³	223.10	100	
混凝土	普通商品混凝土	C30	m³	570.00	100	
水泥	普通硅酸盐水泥	P·O 42.5 袋装	t	478.00	100	
钢筋	Ⅰ级圆钢	φ6 HPB300	t	4007.79	1000	
	Ⅲ级螺纹钢	φ16 HRB400E	t	3975.23	1000	
	冷轧带肋钢筋	φ8 CRB550	t	4453.35	1000	

指数计算计算公式如下：

$$P = \frac{\frac{1}{n} \cdot \sum(p_1)}{\frac{1}{n} \cdot \sum(p_0)} \times P_D \tag{7-9}$$

公式说明见表 7-5（n 为有效报价个数）。

公 式 说 明　　　　　　　　　　　　　　表 7-5

指数 P	p_1	p_0	P_D
$P_{砂}$ 结果保留两位小数	砂报告期价格，结果保留两位小数	砂基期价格，结果保留两位小数	砂基期指数值为100
$P_{碎石}$ 结果保留两位小数	碎石报告期价格，结果保留两位小数	碎石基期价格，结果保留两位小数	碎石基期指数值为100
$P_{混凝土}$ 结果保留两位小数	混凝土报告期价格，结果保留两位小数	混凝土基期价格，结果保留两位小数	混凝土基期指数值为100
$P_{水泥}$ 结果保留两位小数	水泥报告期价格，结果保留两位小数	水泥基期价格，结果保留两位小数	水泥基期指数值为100
$P_{钢筋}$ 结果保留两位小数	钢筋报告期价格，结果保留两位小数	钢筋基期价格，结果保留两位小数	钢筋基期指数值为1000

第三节　主要材料价格指数编制方法说明

（一）指数概述

1. 指数概念

指数是用来统计研究社会经济现象数量变化幅度和趋势的一种特有的分析方法和手段。指数有广义和狭义之分。广义的指数是指反映社会经济现象变动与差异程度的相对数，如产值指数、产量指数、出口额指数等。而从狭义上说，指数是用来综合反映社会经济现象复杂总体数量变动状况的相对数。所谓复杂总体，是指数量上不能直接加总的总体。例如，不同的产品和商品有不同的使用价值和计量单位，不同商品的价格也以不同的使用价值和计量单位为基础，都是不同度量的事物，是不能直接相加的。但通过狭义的指数就可以反映出不同度量的事物所构成的特殊总体变动或差异程度，例如物价总指数、成本总指数等。

2. 指数分类

指数分类如图 7-2 所示。

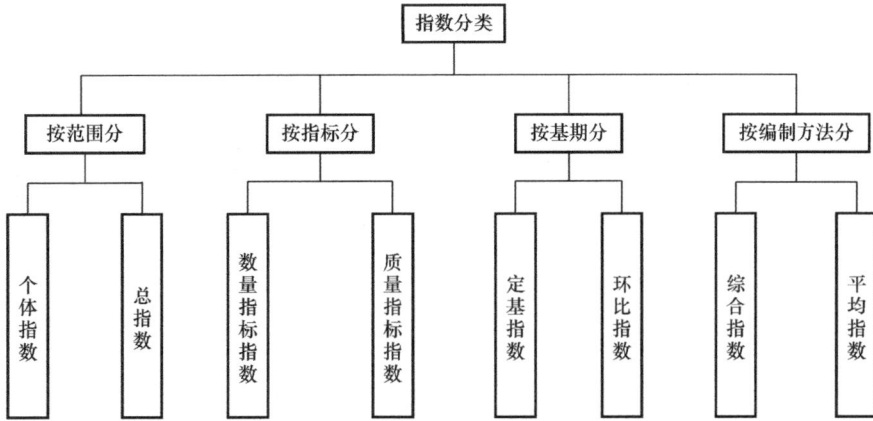

图 7-2 指数分类

指数按其所反映的现象范围的不同，分为个体指数和总指数。个体指数是反映个别现象变动情况的指数，如个别产品的产量指数、个别商品的价格指数等；总指数是综合反映不能同度量的现象动态变化的指数，如工业总产量指数、社会商品零售价格总指数等。

指数按其所反映的现象、性质不同，分为数量指标指数和质量指标指数。数量指标指数是综合反映现象总的规模和水平变动情况的指数，如商品销售量指数、工业产品产量指数、职工人数指数等。质量指标指数是综合反映现象相对水平或平均水平变动情况的指数，如产品成本指数、价格指数、平均工资水平指数等。

指数按照采用的基期不同，可分为定基指数和环比指数。当对一个时间数列进行分析时，计算动态分析指标通常用不同时间的指标值作对比。在动态对比时，作为对比的基础时期的水平，叫作基期；所要分析的时期（与基期相比较的时期）的水平，叫作报告期或计算期。定基指数是指各个时期指数都是采用同一固定时期为基期计算的，表明社会经济现象对某一固定基期的综合变动程度的指数。环比指数是以前一期为基期计算的指数，表明社会经济现象对上一期或前一期的综合变动的指数。定基指数或环比指数可以连续将许多时间的指数按时间顺序加以排列，形成指数数列。

指数按其所编制的方法不同，分为综合指数和平均数指数。综合指数是通过确定同度量因素，把不能同度量的现象过渡为可以同度量的现象，采用科学方法计算出两个时期的总量指标并进行对比而形成的指数。平均数指数是从个体指数出发，通过对个体指数加权平均计算而形成的指数。

综上所述，材料价格指数既属于质量指标指数，又属于个体指数。

（二）指数项划分

编制材料价格指数时，首先面临的一个问题就是材料指数项的划分。对于不同项目，材料品类有所不同，材料构成更是千差万别，那么编制材料价格指数时是按照材料品类划分，还是按照材料不同规格型号划分？通过实例进行合理性验证。

（1）计算方法一：按单一材料价格指数调差方法（表 7-6）

可调因子变值权重表 表 7-6

序号	材料名称	规格型号	单位	变值权重 B	基本价格指数 F_0	现行价格指数 F_1	备注
1	人工		工日	22.82%	110	110	
2	细砂		m³	0.0001%	100	108	
3	中砂		m³	0.4092%	100	108	
4	碎石	10	m³	0.0014%	100	108	
5	碎石	20	m³	0.0617%	100	108	
6	碎石	40	m³	0.1246%	100	108	
7	复合普通硅酸盐水泥	P·C 32.5	t	0.0859%	113	119	
8	复合普通硅酸盐水泥	P·O 42.5	t	0.1013%	113	119	
9	白色硅酸盐水泥	32.5	t	0.0020%	113	119	
10	白色硅酸盐水泥	32.5	kg	0.0004%	113	119	
11	普通商品混凝土 碎石粒径 20 石	C30	m³	7.1943%	120	128	
12	普通商品混凝土 碎石粒径 20 石	C40	m³	1.8550%	120	128	
13	普通商品混凝土 碎石粒径 20 石	C35	m³	0.7432%	120	128	
14	普通商品混凝土 碎石粒径 20 石	C25	m³	0.6028%	120	128	
15	普通商品混凝土 碎石粒径 20 石	C15	m³	0.4931%	120	128	
16	普通商品混凝土 碎石粒径 20 石	C20	m³	0.3654%	120	128	
17	普通商品混凝土 碎石粒径 20 石	C30 微膨胀混凝土	m³	0.2888%	120	128	
18	普通商品混凝土 碎石粒径 20 石	C30 微膨胀混凝土	m³	0.0018%	120	128	
19	商品 S6～S8 混凝土 碎石粒径 20 石	C30	m³	0.0176%	120	128	
20	商品 S6～S8 混凝土 碎石粒径 20 石	C40	m³	0.0225%	120	128	
21	陶粒混凝土	C20	m³	0.1651%	120	128	
22	Ⅲ级螺纹钢	φ10 以内	t	5.7367%	100	108	
23	Ⅲ级螺纹钢	φ10～φ25	t	4.0772%	100	108	
24	Ⅲ级螺纹钢	φ10～φ25	t	0.0012%	100	108	
25	Ⅲ级螺纹钢	φ25 外	t	0.0139%	100	108	
26	圆钢	φ10 以内	t	0.0974%	100	108	
27	圆钢	φ25 外	t	0.0002%	100	108	
28	圆钢	φ10 以内	kg	0.0055%	100	108	

续表

序号	材料名称	规格型号	单位	变值权重 B	基本价格指数 F_0	现行价格指数 F_1	备注
29	冷拉圆钢	$\phi4$	t	0.0515%	100	108	
	定值权重 A		—	54.66%			
	合计		—	1			

【解析】本计算期内承包人应得到的已完成工程量的合约金额为 200 万元。

材料价差额调整计算公式如下：

$$\Delta P = 2000000 \times \left(22.82\% \times \frac{110-110}{110} + 0.00001\% \times \frac{108-100}{100} + 0.4092\% \times \right.$$

$$\left. \frac{108-100}{100} + 0.0014\% \times \frac{108-100}{100} + \cdots + 0.0515\% \times \frac{108-100}{100} \right)$$

$$= 32796.56 \text{ 元}$$

（2）计算方法二：按材料品类价格指数调差方法（表 7-7）

举例：某单价合同中，施工阶段物价变化引起材料价差调整，以材料品类价格指数计算材料价差。

可调因子变值权重表

表 7-7

序号	名称	变值权重 B	基本价格指数 F_0	现行价格指数 F_1	备注
1	人工费	22.82%	110	110	
2	砂	0.41%	100	108	
3	碎石	0.19%	100	108	
4	水泥	0.19%	113	119	
5	混凝土	11.75%	120	128	
6	钢筋	9.98%	100	108	
	定值权重 A	54.66%	—	—	
	合计	1	—	—	

【解析】本计算期内承包人应得到的已完成工程量的合约金额为 200 万元。

材料价差额调整计算如下：

$$\Delta P = 2000000 \times \left(22.82\% \times \frac{110-110}{110} + 0.41\% \times \frac{108-100}{100} + 0.19\% \times \frac{119-113}{113} + \right.$$

$$\left. 11.75\% \times \frac{128-120}{120} + 9.98\% \times \frac{108-100}{100} \right) = 32796.56 \text{ 元}$$

（3）初步分析结果

通过对比分析这两种做法以及结合项目实际情况，一般项目常用材料不止十多个品类，每个品类下需价差调整的有十多个规格型号，累计则上百条材料。以单一材料价格指数来调差，一方面，增加了投标时期每一条可调差材料对应的变值权重的复杂程度，同时由于单一材料造价占比低，在实际工程中，需要将个别数据小数位保留到 6 位才不会被四舍五入，从而增加变值权重的精度取值，取值的小数位数太多不利于计算，小数位数少则影响准确度；另一方面，一旦有一个材料变化较大，需调整变值权重，则会影响到整体变值权重的重新测算，不便于应用；第三方面，单一材料价格指数也是通过现行价格与基期价格对比而得出的，如此一来把价格转变成指数，以指数差来反算价格，不仅没有提升调

· 237 ·

差调整的合理性和效率，同时又回到了原来的调差模式，因此单一材料价格指数对调差应用上意义不大。

而品类材料价格指数调差法通过材料费用占比的变值权重与基本价格充分竞争，有效地规避了定额模式下材料消耗量对市场定价的影响，结算时通过品类材料价格指数进行调差，实用性强。对造价主管部门，易通过综合材料价格指数掌握材料价格波动趋势和情况，利于宏观调控。因此，初步定为建设工程主要材料价格指数以编制材料品类价格指数为基本思路，结合实际材料情况具体分析。

1）砂、碎石指数

砂、碎石品类中考虑天然砂、机制砂形成方式、价格差异，以及砂子与碎石用途差异，为合理指导调价应用，故在发布调价指数时分为天然砂、机制砂、碎石三个指数。

2）混凝土指数

它是指普通商品混凝土形成的价格指数。

3）水泥指数

它是指硅酸盐水泥、普通硅酸盐水泥、复合硅酸盐水泥形成的价格指数。

4）钢筋指数

钢筋品类中考虑到热轧圆钢和带肋钢筋的价格差异，热轧钢筋与冷轧钢筋在工艺、价格、用量的差异，为合理指导调价应用，故在发布调价指数时将钢筋指数分为圆钢、螺纹钢、冷轧带肋钢筋三个指数。

（三）代表品及其采集标准

1. 代表品选择的原则

指数的编制始于物价指数的编制，在编制物价指数时，并非所有的商品都要统计，一般选择市场上能够反映总体某一属性的综合动态演变的具有代表性的商品作为统计对象，而这些从总体中挑选出的代表性强的商品就是代表品。

样本代表品选定核心考虑代表性强、数据质量高、连续可获取、数据来源稳定的基本原则。在此基础上，从应用端、供需端、管理端、价格核心影响因素、统计计算等方面综合考虑，具体原则如下：

（1）从应用角度：所选代表品就是按一定的方法抽选出来的用以综合反映价格总水平变动状况的材料，所选代表品必须消费量大、生产和供应稳定、代表性强；

（2）从生产及价格变化角度：所选代表品具备该品类的核心价格组成因素，价格变动趋势和变动程度有较强的代表性，在生产与供应环节占比高；

（3）从管理（国家规范）的角度：所选代表品需符合现行相应材料生产等执行标准，满足对应标准的基本要求，达到合格品标准；

（4）从数据统计的角度：必须保证足够的统计数量，指数的编制质量往往与代表品的样本数量成正比，在满足数据统计标准的情况下，数量越多，编制的指数质量越高。

2. 单一代表品与多规格代表品的分析

以民用建筑为例，构成项目工程造价的核心要素为人工、材料、机械，而材料占主要。材料中虽然以砂、碎石、水泥、混凝土、钢筋等材料品类成本占比为主，可不同项目中各品类以及品类中各规格品占比有较大差异。为合理确定材料价格指数代表品种的具体材料规格品，对样本中材料费用的占比情况进行分析，以确定分项工程中主要材料以及不同规格品之间的权重。连续测定 2019 年 8 月和 9 月两个月普通商品混凝土 C15～C50 同一品牌各规格的材料价格（表 7-8 和表 7-9），并给予各规格混凝土以相应权重，沿用 2019 年 5 月为基准期，分别进行单一代表品与多规格代表品的指数分析，详情如下。

（1）混凝土代表品价格

混凝土代表品 2019 年 8 月报价　　　　　　　　　　表 7-8

名称	规格型号	单位	A	B	C	D	E	F	G	H	I	J	备注
混凝土	C15	m³	510	485	475	495	500	497	438	490	490	498	2019.08
混凝土	C20	m³	520	495	485	505	510	507	448	500	500	508	2019.08
混凝土	C25	m³	530	505	495	515	520	517	458	510	510	518	2019.08
混凝土	C30	m³	540	515	505	525	530	527	468	520	520	528	2019.08
混凝土	C35	m³	505	530	520	540	545	542	478	535	535	543	2019.08
混凝土	C40	m³	520	545	536	555	560	557	488	550	550	558	2019.08
混凝土	C45	m³	535	560	553	575	580	577	498	570	570	578	2019.08
混凝土	C50	m³	550	575	580	595	600	597	520	590	590	598	2019.08

混凝土代表品 2019 年 9 月报价　　　　　　　　　　表 7-9

名称	规格型号	单位	A	B	C	D	E	F	G	H	I	J	备注
混凝土	C15	m³	470	485	479	501	495	499	439	480	400	500	2019.09
混凝土	C20	m³	480	495	489	511	505	509	448	490	410	510	2019.09
混凝土	C25	m³	490	505	499	521	515	519	459	500	420	520	2019.09
混凝土	C30	m³	500	515	510	531	525	529	468	510	430	530	2019.09
混凝土	C35	m³	465	530	525	546	540	544	478	525	445	545	2019.09
混凝土	C40	m³	480	545	540	561	555	559	488	540	460	560	2019.09
混凝土	C45	m³	495	560	557	581	570	579	498	560	480	580	2019.09
混凝土	C50	m³	510	575	584	601	595	599	520	580	500	600	2019.09

（2）多规格代表品权重设定

从价格构成角度来看，同品牌、不同强度等级间的混凝土价格差相对固定，同时从建筑材料角度分析，结合软件公司调研分析材料网站数据埋点及材料应用情况，根据应用情况、成本占比设置对应权重，见表 7-10。

混凝土代表品权重构成　　　　　　　　　　表 7-10

指数类型	子项	规格	单位	2019 年 8 月	2019 年 9 月	权重（%）
混凝土	混凝土	C15	m³	533.33	488.63	16.04
	混凝土	C20	m³	551.33	498.63	14.73
	混凝土	C25	m³	523.89	508.63	16.41
	混凝土	C30	m³	523.89	518.75	25.52
	混凝土	C35	m³	536.25	514.30	23.27
	混凝土	C40	m³	547.89	528.80	1.64
	混凝土	C45	m³	570.38	546.00	1.30
	混凝土	C50	m³	590.63	590.63	1.09

注意：以上数据为仅分析 2018～2019 年的广州地区数据埋点。

（3）基期选定

基期沿用 2019 年 5 月时间点，砂、碎石、水泥、混凝土指数值记作 100，钢筋指数值记作 1000。

（4）报告期价格测算

采集 2019 年 8 月、9 月连续两个月同品牌、同来源的价格信息数据分析，通过格拉布斯准则进行动态数据预处理，得出结果见表 7-11、表 7-12。

广州市主要材料价格指数（2019 年 8 月）　　　　表 7-11

材料品类	材料名称	规格	单位	基期价格	基期指数值	计算期（2019年 8 月）价格	计算期指数	计算值偏差	备注
混凝土（单一代表品价格指数）	普通商品混凝土	C30	m³	509.00	100	523.89	102.93		
混凝土（多材料价格指数）	混凝土	C15	m³	509.00	100	534.05	104.92	−1.94%	
	混凝土	C20	m³						
	混凝土	C25	m³						
	混凝土	C30	m³						
	混凝土	C35	m³						
	混凝土	C40	m³						
	混凝土	C45	m³						
	混凝土	C50	m³						

广州市主要材料价格指数（2019 年 9 月）　　　　表 7-12

材料品类	材料名称	规格	单位	基期价格	基期指数值	计算期（2019年 9 月）价格	计算期指数	计算值偏差	备注
混凝土（单一代表品价格指数）	普通商品混凝土	C30	m³	509.00	100	518.75	101.92		
混凝土（多材料价格指数）	混凝土	C15	m³	509.00	100	509.56	100.11	1.77%	
	混凝土	C20	m³						
	混凝土	C25	m³						
	混凝土	C30	m³						
	混凝土	C35	m³						
	混凝土	C40	m³						
	混凝土	C45	m³						
	混凝土	C50	m³						

（5）指数对比分析

通过对混凝土价格指数中单一材料价格指数法与综合取定法数据进行实测对比发现，横向对比，趋势同向，且两者之间的差异控制在 2% 以内，符合误差范围。总体上砂、碎石、水泥、混凝土、钢筋各规格品价格差异较小，且在同一品类中影响价格的核心因素对成本的影响比例相对稳定，因此采用单一代表品，既符合代表品的选择原则，同时也利于指数计算及数据采集、分析、管理。另外，不同项目中构成主要材料品种的规格品成本占比差异较大，若指数测算时同一品类材料选择多个不同的规格品，则不同规格品之间权重会随着实际项目的不同动态变化导致权重无法综合取定；同时考虑到施工技术、材料的发展，各品类材料的构成比例从长期来看会随着项目类型、施工工艺、设计规范等的不同而发生改变，而这种动态变化，应在项目招标投标阶段，依据具体项目预算测定其成本占比。因此，在指数测算过程中，选择单一代表品比多规格代表品有利于指数的测算，同时可规避不同规格品之间权重计取的准确性对指数测算合理性的影响。

3. 代表品选择

（1）砂、碎石代表品

根据代表品选取原则及《建设用卵石、碎石》GB/T 14685—2011 规定，结合砌筑使用中砂为主，混凝土使用碎石、粗砂和中砂，抹面及勾缝使用细砂，而同骨料材料规格变化引起的价格变化差异较小，天然砂受到资源存量、环境保护等影响，大多数区域限量开采，供不应求，价格差异较大。因此，结合代表品选定原则，选择符合《建设用卵石、碎石》GB/T 14685—2011 技术要求的砂、碎石类型且满足代表品规格要求，选择以下三个规格材料为代表品（表 7-13）。

砂、碎石代表品　　　　　　　　　　　表 7-13

材料品类	材料名称	规格型号	单位	备注
砂	天然砂	中砂 3.0～2.3	m³	
	机制砂	中砂 3.0～2.3	m³	
碎石	碎石	15～25mm	m³	

（2）混凝土代表品

根据代表品选取原则及《混凝土质量控制标准》GB 50164—2011 规定，以及结合混凝土不同强度等级的混凝土费用在历史项目中费用的占比（表 7-14～表 7-16）及广东省 2018 定额中各混凝土材料应用频率（表 7-17），因此选择的混凝土材料代表品见表 7-18。

某保障房 A 工程混凝土费用占比　　　　　　　表 7-14

编码	类别	名称、规格型号	单位	数量	预算价	市场价	市场价合计	占比	备注
BB9-0002	商品混凝土	预拌混凝土 C15	m³	652.6235	230	256	167071.62	6.46%	
BB9-0003	商品混凝土	预拌混凝土 C20	m³	448.0712	240	266	148551.05	5.74%	
BB9-0005	商品混凝土	预拌混凝土 C30	m³	2515.8954	260	286	719546.08	27.80%	
BB9-0006	商品混凝土	预拌混凝土 C35	m³	1678.5957	275	303	853251.85	32.98%	
BB9-0007	商品混凝土	预拌混凝土 C40	m³	491.6225	290	315	154861.09	5.99%	
BB9-0008	商品混凝土	预拌混凝土 C45	m³	135.5303	305	333	544088.62	21.03%	
	合计						2587370.31	100%	

某保障房 B 工程混凝土费用占比　　　　　　　表 7-15

编码	类别	名称、规格型号	单位	数量	预算价	市场价	市场价合计	占比	备注
BB9-0002	商品混凝土	预拌混凝土 C15	m³	1121.5623	230	256	287119.95	7.08%	
BB9-0003	商品混凝土	预拌混凝土 C20	m³	574.3648	240	266	194620.68	4.80%	
BB9-0004	商品混凝土	预拌混凝土 C25	m³	2679.8895	250	276	739649.50	18.24%	
BB9-0005	商品混凝土	预拌混凝土 C30	m³	2658.7098	260	286	760391.00	18.76%	
BB9-0006	商品混凝土	预拌混凝土 C35	m³	2025.4515	275	303	1176420.60	29.02%	

续表

编码	类别	名称、规格型号	单位	数量	预算价	市场价	市场价合计	占比	备注
BB9-0007	商品混凝土	预拌混凝土 C40	m³	1010.391	290	315	318273.17	7.85%	
BB9-0008	商品混凝土	预拌混凝土 C45	m³	1446.6654	305	333	576362.34	14.22%	
BB9-0009@1	商品混凝土	预拌混凝土 C50	m³	1.9784	320	364	1274.66	0.03%	
	合计						4054111.90	100%	

某教学楼 B 工程混凝土费用占比　　　　　　　　表 7-16

编码	类别	名称、规格型号	单位	数量	预算价	市场价	市场价合计	占比	备注
BB9-0002	商品混凝土	预拌混凝土 C15	m³	396.4748	230	265	105065.82	4.53%	
BB9-0003	商品混凝土	预拌混凝土 C20	m³	284.9017	240	275	188757.97	8.13%	
BB9-0004	商品混凝土	预拌混凝土 C25	m³	236.7436	250	285	67700.93	2.92%	
BB9-0005	商品混凝土	预拌混凝土 C30	m³	5914.5079	260	295	1810882.83	78.01%	
BB9-0006@3	商品混凝土	预拌混凝土 C35	m³	38.1953	275	310	11840.54	0.51%	
BB9-0007	商品混凝土	预拌混凝土 C40	m³	421.1123	290	325	136861.50	5.90%	
	合计						2321109.59	100%	

广东省 2018 定额中各混凝土材料应用分析　　　　　　表 7-17

定额库名称	编码	名称	规格	单位	应用次数	应用比例
广东省房屋建筑与装饰工程综合定额 2018	8021911	普通预拌混凝土	碎石粒径综合考虑 C60	m³	3895	0.46%
广东省房屋建筑与装饰工程综合定额 2018	8021910	普通预拌混凝土	碎石粒径综合考虑 C55	m³	4661	0.55%
广东省房屋建筑与装饰工程综合定额 2018	8021909	普通预拌混凝土	碎石粒径综合考虑 C50	m³	9907	1.17%
广东省房屋建筑与装饰工程综合定额 2018	8021908	普通预拌混凝土	碎石粒径综合考虑 C45	m³	11998	1.42%
广东省房屋建筑与装饰工程综合定额 2018	8021907	普通预拌混凝土	碎石粒径综合考虑 C40	m³	38446	4.55%
广东省房屋建筑与装饰工程综合定额 2018	8021906	普通预拌混凝土	碎石粒径综合考虑 C35	m³	55563	6.57%
广东省房屋建筑与装饰工程综合定额 2018	8021904	普通预拌混凝土	碎石粒径综合考虑 C25	m³	180598	21.36%
广东省房屋建筑与装饰工程综合定额 2018	8021903	普通预拌混凝土	碎石粒径综合考虑 C20	m³	183414	21.69%
广东省房屋建筑与装饰工程综合定额 2018	8021905	普通预拌混凝土	碎石粒径综合考虑 C30	m³	183614	21.71%
广东省房屋建筑与装饰工程综合定额 2018	8021902	普通预拌混凝土	碎石粒径综合考虑 C15	m³	173475	20.52%
合计					845571	100.00%

混凝土代表品　　　　　　　　表 7-18

材料品类	材料名称	规格型号	单位	备注
混凝土	普通商品混凝土	C30	m³	不含泵送费

（3）水泥代表品

根据代表品选取原则及《水泥的命名原则和术语》GB/T 4131—2014、《通用硅酸盐水泥》GB 175—2007 实施的第 2 号、第 3 号修改单（表 7-19）相继从硅酸盐水泥、普通硅酸盐水泥、复合硅酸盐水泥中去掉了强度等级为 32.5 的水泥，取而代之的是强度等级为 42.5 的水泥，同时考虑到商品混凝土中用量最大的为 P·O 42.5 水泥，因此选择的水泥材料代表品见表 7-20。

最新水泥强度等级　　　　　　　　　　　　　　　　表 7-19

品类	子项	规格	单位
水泥	硅酸盐水泥	42.5	t
		42.5R	t
		52.5	t
		52.5R	t
		62.5	t
		62.5R	t
	普通硅酸盐水泥	42.5	t
		42.5R	t
		52.5	t
		52.5R	t
	矿渣硅酸盐水泥 火山灰质硅酸盐水泥 粉煤灰硅酸盐水泥	32.5	t
		32.5R	t
		42.5	t
		42.5R	t
		52.5	t
		52.5R	t
		62.5	t
		62.5R	t
	复合硅酸盐水泥	42.5	t
		42.5R	t
		52.5	t
		52.5R	t

水泥代表品　　　　　　　　　　　　　　　　表 7-20

材料品类	材料名称	规格型号	单位	备注
水泥	普通硅酸盐水泥	P·O 42.5	t	袋装

（4）钢筋代表品

根据代表品选取原则及《钢筋混凝土用钢　第 1 部分：热轧光圆钢筋》GB/T 1499.1—2017（图 7-3）、《钢筋混凝土用钢　第 2 部分：热轧带肋钢筋》GB/T 1499.2—2018、《冷轧带肋钢筋》GB/T 13788—2017 中规定，以及结合不同牌号钢筋费用在历史项目中费用的占比（表 7-21），通过对 4 个项目不同规格钢筋成本占比进行测算，得出圆钢中 ϕ6.5 平均占比为 7.72%，相对用量最大；Ⅲ级螺纹钢中 ϕ16 HRB400E 平均占比为 19.93%，相对用量最大，同时结合不同牌号钢筋价格差异和常规合同调差方法，因此选择的钢筋指标材料代表品见表 7-22。

·　243　·

GB/T 1499《钢筋混凝土用钢》分为三个部分：
——第1部分：热轧光圆钢筋；
——第2部分：热轧带肋钢筋；
——第3部分：钢筋焊接网。

本部分为GB/T 1499的第1部分。

本部分按照GB/T 1.1—2009给出的规则起草。

本部分代替GB/T 1499.1—2008《钢筋混凝土用钢 第1部分：热轧光圆钢筋》，与GB/T 1499.1—2008相比，主要变化如下：
——增加部分规范性引用文件；
① ——删除HPB235牌号及其相关技术要求；
——将S元素含量上限调整为0.045%，删除钢中残余元素相关技术要求；
② ——删除了6.5mm规格产品及其相关技术要求；
——增加了直条钢筋每米弯曲度要求；
——加严了重量偏差；
——增加了屈服强度不明显时的测量规定；

图 7-3 GB/T 1499.1—2017 中相关规定

钢筋成本占比 表 7-21

序号	分类	名称	规格	A	B	C	D（别墅）	平均
1	圆钢	圆钢	φ4	0.20%	0.36%	0.18%	1.88%	0.65%
2		圆钢	φ6.5	9.34%	10.35%	9.55%	1.65%	7.72%
3		圆钢	φ8	9.85%	4.44%	9.47%	0.00%	5.94%
4		圆钢	φ10	0.03%	0.47%	0.03%		0.18%
5		圆钢	φ10~φ25	0.01%				0.01%
6		圆钢	φ12	0.00%		0.18%		0.09%
小计1				19.43%	15.62%	19.41%	3.53%	14.50%
7	Ⅲ级螺纹钢	螺纹钢Ⅲ级	φ6.5	9.57%	10.41%	9.30%	13.22%	10.62%
8		螺纹钢Ⅲ级	φ8	18.97%	24.74%	19.06%	15.48%	19.56%
9		螺纹钢Ⅲ级	φ10	7.97%	3.71%	6.49%	5.96%	6.03%
10		螺纹钢Ⅲ级	φ12	10.99%	11.02%	11.10%	6.10%	9.80%
11		螺纹钢Ⅲ级	φ14	4.91%	8.14%	6.22%	5.65%	6.23%
12		螺纹钢Ⅲ级	φ16	19.56%	23.19%	20.57%	16.38%	19.93%
13		螺纹钢Ⅲ级	φ20	5.53%	2.47%	5.63%	7.01%	5.16%
14		螺纹钢Ⅲ级	φ22	2.89%	0.33%	1.61%	9.72%	3.64%
15		螺纹钢Ⅲ级	φ25	0.18%	0.37%	0.61%	8.37%	2.38%
16		螺纹钢Ⅲ级	φ28				5.05%	5.05%
17		螺纹钢Ⅲ级	φ32				3.54%	3.54%
小计2				80.57%	84.38%	80.59%	96.47%	85.50%
	冷轧带肋钢筋							
小计3				0.00	0.00	0.00		0.00
合计				100%	100%	100%	100%	100.00%

钢筋代表品 表 7-22

材料品类	材料名称	规格型号	单位	备注
钢筋	Ⅰ级圆钢	φ6 HPB300	t	
	Ⅲ级螺纹钢	φ16 HRB400E	t	
	冷轧带肋钢筋	φ8 CRB550	t	

4. 采集标准

（1）价格标准

核心考虑两方面：一方面是市场供应角度，考虑市场中砂、碎石供应商，既有小规模纳税人，也有一般纳税人，以便于统一材料价格报送采集、分析、应用为原则，结合营改增税改内容，取定除税的材料原价为采集标准（不含运杂费、损耗费、采保费等）；另一方面是指数测算角度，以便于统一材料价格采集、分析、测算、应用为原则，砂、碎石、混凝土、水泥、钢筋预算价中的运杂费、损耗费、采保费则由投标时基价统一考虑，指数核心反映市场价格波动趋势。

（2）来源标准

结合应用、市场情况考虑，以实际发生买卖交易、有效的交易信息为原则，考虑到生产聚集效应，圈定核心采、供方数据，同时考虑到材料买方受到项目实施开、竣工的影响，会导致材料价格信息缺失，因此引入材料价格信息服务方的价格信息数据。

（3）样本量

考虑统计的全面性和测算的需要，因此设定每个采集周期至少要 6 个报价值。

5. 采集周期

从应用角度出发，材料价格指数发布周期以月度为适宜，那么对应不同材料，则需根据其价格波动情况，适时进行价格信息采集、跟踪。

采集周期过于密集，则过度消耗不必要的资源；采集周期过于宽泛，则不能有效、及时地预见材料涨跌的苗头，因此需设计一套材料价格采集周期、频次的量化规则。

以 2019 年广东地区某建材供应商销售的中砂 3.0～2.3 为材料的代表分析发现，当年最高价 360 元/m³，最低价 186 元/m³，平均价为 242 元/m³，以平均价为基准，经计算全年涨幅＋48.76%，跌幅−23.14%，全年涨跌幅度 71.90%，平均每月变化 5.99%。

考虑材料合同风险分摊及材料价格波动比例，设定采集周期的量化规则是：相邻周期价格指数波动小于±5%，则每个发布周期采集一次价格，每月中进行采集；超过±5%，则每个发布周期采集两次价格，月中采集一次，月末采集一次，两次结果分别进行数据预处理后计算平均值。

（四）数据预处理

1. 从结果倒推分析

按照采集标准选定在当地市场具有一定占有率的采供方，结合其他数据来源获取的数据，需要对采集到的数据进行集合、预处理、清洗等一系列处理工作，以达到数据测算所要求的规范和标准。通过数据预处理可以挑选出最合理、最有代表性、有效的报价。从统计学角度分析，数据预处理基本有三种结果：

（1）经数据预处理分析，各来源报价均真实、有效，则采用算术平均法，直接求出报告期的价格；

（2）经数据预处理分析，各来源报价均不合理，需要通过专家审查，并及时更换数据来源，加强数据源的监管；

（3）经数据预处理分析，个别来源报价不合理，则需找到后予以剔除，余值求算术平均值得出报告期的价格。

2. 数据预处理方法

那么重点就在如何得知各数据来源提供的数据是否合理？找到它，并且进行剔除。对于此常用的方法主要有以下三种：

（1）传统价格数据测定方法。一般由审核人员主观判断，对材料价格、波动趋势已有的认识、判别，由于外界干扰、人为误差等原因造成采集数据值偏离正常结果，在测算过程中随时判断，随时剔除，或者再加一些简单的数学算法，例如计算时去掉最高值、最低值再测算平均值等。

（2）通过给不同数据源赋权，设置静态或者动态的权重，而权重的判断是基于相应数据源价格、产量形成的总体价格之占比，在没有海量数据的价格、产量参考的前提下，很难找到不同数据源的权重，且在数据提供过程中数据还是不断变化的。总体来说，通过合理权重来进行信息综合处理，其可行性较差，难以持续，故不做考虑。

（3）基于统计学原理的异常数据处理方式常用的有狄克逊准则（Dixon Criterion）、拉依达准则、格拉布斯准则、肖维勒准则，目前已有众多学者在不同场景下对四种数据分析准则进行了深入的分析和数据实验，总结出了不同方法对样本量的要求以及各自的主要特点和优缺点，见表7-23、表7-24。考虑材料价格指数数据源、样本量等特点，结合四种数据分析准则的优缺点，综合选择格拉布斯准则进行数据分析验证。

四种判别准则的综合判别方法   表 7-23

样本量范围	建议使用的准则
$6 \leqslant n < 25$	狄克逊准则、格拉布斯准则
$n \geqslant 25$	拉依达准则、肖维勒准则

四种判别准则的优缺点   表 7-24

判定准则	原理	优点	缺点
狄克逊准则	狄克逊准则是一种用极差比双侧检验来判别粗大误差的准则。它从测量数据的最值入手，根据获取的样本量 n 的不同，选择不同的分析公式	对数据值中只存在一个异常值时，效果良好	当异常值不止一个且出现在同侧时，检验效果不好，尤其同侧的异常值较接近时效果更差，易遭受到屏蔽效应
格拉布斯准则	格拉布斯测试也称最大归一化残差测试或极端学生化偏差测试，其测试一次检测到一个异常值。从数据集中删除该异常值，并且迭代测试直到没有检测到异常值为止	能够给出严格的结果，应用简单，适用于样本量有限的统计分析	同狄克逊准则，当异常值比例大于有效值，且异常值出现于数据分部的同一侧时，检验效果不好
拉依达准则	先假设一组检测数据只含有随机误差，对其进行计算处理并得到标准偏差，按一定概率确定一个区间，认为凡超过这个区间的误差就不属于随机误差而是粗大误差，含有该误差的数据应予以剔除	拉依达准则的缺点在于该判断准则与测量次数无关。按统计概率来说，离群值的判断准则应该与测量次数有关。按统计概率来说，离群值的判断准则应该与测量次数有关	对样本量要求较高，实际在各地数据采集过程中，样本量很难满足计算的需要

判定准则	原理	优点	缺点
肖维勒准则	找到一个以正态分布的均值为中心的概率带，判断位于概率带之外的数据为异常值，从数据集中删除，并计算基于剩余值和新样本大小的新的均值和标准偏差，与可疑值进行比较	当数据量足够大时，通过聚集效应有效确定概率带，从而严格地进行数据分析	并没有使这种做法在科学上或方法上更合理，特别是在小型集合或无法假定正态分布的情况下删除异常值数据不适宜

3. 具体方案

根据预处理方法中的（1）、（3）两种数据分析方法，结合材料价格指数特性，进行分析。异常值的出现主要有两种情况：其一，涨跌趋势——个别报价涨跌趋势与其他值完全相反；其二，数值角度——对于同一批数据中若存在异常值，则不是最大值，就是最小值，对此提出以下三个方案进行数据验证分析。

（1）方案一：对于采集到的数据进行简易处理，去掉最高值、去掉最低值，余值求算术平均；

（2）方案二：考虑到指数的变化是涨跌幅度的变化，非单一价格的变化，因此对于采集到的数据首先测算涨跌幅度，若出现个别值与其他值涨跌趋势相反，提出预警，经审核人员确认异常，则去掉该值，余值计算算术平均值；余值与平均值对比，与算术平均值偏差超过±5%，则判定为异常值，剔除；重新计算算术平均值，重新对比分析，直到所有值趋于稳定为止。

（3）方案三：采用格拉布斯准则，对采集到的数据进行升序排列，排列后计算平均值与标准差，利用平均值计算出各采集数据偏差的偏离值的绝对值，偏离最大的是可疑值，通过计算可疑值的概率密度 G_i 值，对比格拉布斯表的临界值，判断是否为异常值，若为异常值则剔除，重新进行测算，直到结果数据趋于稳定。

4. 方案验证

（1）方案一、方案二验证见表7-25、表7-26。

现象：

1）通过价格统计表中的2019年9月数据分析，不同数据中，最高值、最低值差异幅度不好预判，也就是说，去掉最高值还是最低值，或者两者都去掉后，是否有异常值，均无法判定。

2）通过偏差统计表中的2019年9月数据分析，虽然相对8月提交的数据偏差最大，但其价格不是最高值和最低值，因此，如果单纯按照偏差涨跌幅度评价数据有效性，不够全面。

3）通过偏差统计表中的2019年9月数据分析，虽然相对8月提交的数据偏差最大，但其价格不是最高值和最低值，因此如果单纯按照偏差涨跌幅度评价数据有效性，明显对比平均偏差分析，虽然最高值偏差6.72%超过限定值5%，但材料在不同时间、供需差异大时，限定值是动态变动的，很难及时测算出当期的合理偏差区间，不够全面。

表 7-25

价 格 统 计

名称	规格型号	单位	备注	平均值	A	B	C	D	E	F	G	H	I	J	说明
圆钢	φ6.5 HPB300	t	0.72%	4360.19	4372.00	4360.00	4351.00	4410.00	4350.00	4345.00	4300.00	4416.00	4328.90	4369.00	2019 年 10 月
圆钢	φ6.5 HPB300	t	−1.83%	4328.90	4310.00	4340.00	4331.00	4310.00	4290.00	4285.00	4620.00	4165.70	4340.25	4297.00	2019 年 9 月
圆钢	φ6.5 HPB300	t		4409.65	4480.00	4480.00	4341.00	4480.00	4330.00	4360.00	4615.00	4250.71	4379.81	4380.00	2019 年 8 月
圆钢	φ6.5 HPB300	t			0.27%	0.00%	−0.21%	1.14%	−0.23%	−0.35%	−1.38%	1.28%	−0.72%	0.20%	对比平均值偏差 2019 年 10 月
圆钢	φ6.5 HPB300	t			−0.44%	0.26%	0.05%	−0.44%	−0.90%	−1.01%	6.72%	−3.77%	0.26%	−0.74%	对比平均值偏差 2019 年 9 月

表 7-26

偏 差 统 计

名称	规格型号	单位	备注	平均偏差率(%)	上期偏差	上期偏差	上期偏差	上期偏差	上期偏差	上期偏差	上期偏差	上期偏差	上期偏差	上期偏差	说明
圆钢	φ6.5 HPB300	t		0.82%	1.44%	0.46%	0.46%	2.32%	1.40%	1.40%	−6.93%	6.01%	−0.26%	1.68%	2019 年 10 月
圆钢	φ6.5 HPB300	t		−1.94%	−3.79%	−3.13%	−0.23%	−3.79%	−0.92%	−1.72%	0.11%	−2.00%	−0.90%	−1.89%	2019 年 9 月
圆钢	φ6.5 HPB300	t													2019 年 8 月

说明：价格来源为某网站于 2019 年 8,9,10 月连续三个月各数据源提供的材料报价。

结论：

结论一：涨跌幅度（偏差）最大或者最小，不能说明数据的有效性，因此方案一不合适。

结论二：涨跌幅度的趋势能反映出数据的有效性，但是应用条件有限（一个数据趋势好判断，多个数据趋势相反则无法判断），除去偏差很大、涨跌趋势明显相反的数据之外，很难判断其有效性，简单粗暴地去掉最高值、最低值，或者通过平均值为基础卡位，都有一定的局限性，难以实现指数的动态性，因此方案二不合适。

（2）方案三验证见表 7-27 和表 7-28。

利用格拉布斯准则对以上采集返回报价进行如下处理：

① 进行排序；

② 平均值测算；

③ 标准差计算；

④ 测算偏离值；

⑤ 计算概率密度 G_i 值；

⑥ 再用格拉布斯临界表进行对比分析。

测算步骤见表 7-29～表 7-31。

经过第一次检验，对检验结果进行查表分析，n 等于 11 时，$\alpha = 0.05$，$P = 1 - \alpha = 0.95$，查表临界值为 2.234，最低报价 3575 对应的计算值为 2.662，大于临界值相对不合理，予以剔除，剔除后重新排序，再次进行数据检验。

经过第二次检验，对检验结果进行查表分析，剔除第一次检验结果，当 n 等于 10 时，临界值为 2.176，最高报价对应的计算值为 2.026，小于临界值，相对合理，异常值处理完毕，对于余值计算期平均值，得到本期结果为 3790.20。

（五）基期确定

基期是相对报告期而言的，通常在价格指数中把作为对比的基础时期称为基期，把与之进行对比的时期称为报告期。在价格指数的编制过程中，基期的价格水平直接影响着价格指数的变化趋势以及价格指数的质量。在选择基期上应遵从以下原则：

① 基期所在的年份不能离当期太远，要在一定的范围内，如 1～2 年之内，基期所在年份越久远，当期市场与基期市场的差异越大，不利于做比较；

② 选定的基期应该是市场近年来在价格变化上最有代表性，要避免将基期定在非常时期（如 SARS 和金融危机、新冠肺炎疫情等时期），基期所在的时期必须具备代表性；

③ 材料价格指数应用过程中报告期是统一的，因此在考虑基期合理性的同时，要兼顾报告期数据测算、应用的便利性，同期测算的数据尽可能选择统一的基期。

结合基期选定原则且考虑数据实际应用，为便于对指数形成及指数调差的应用过程进行数据复验，经过砂、碎石、钢筋、水泥、混凝土对应的代表品材料价格调查，结果如图 7-4～图 7-9 所示。其中以图 7-4 为例，2018 年 4 月至 2020 年 4 月，两年内中砂最高价为 363 元/m³，最低价为 157 元/m³，均价为 283.65 元/m³，对应 5 月发布的含税价格为 287 元/m³，且整体前半年，价格趋于平稳，因此选定 2019 年 5 月为砂、碎石基期，除税价 278.65 元/m³ 作为基期价格，基期指数值记作 100。其他品类中，混凝土、水泥、钢筋在近两年内的价格平均分布在 2019 年 5 月及个别材料在 2019 年 4 月，结合指数基期

价格统计（2020 年 3 月广州均价）　　　　表 7-27

名称	规格型号	单位	备注	平均值	韶钢	广钢	珠海粤钢	湘钢	开盛	河钢	裕丰	冷钢	桂万钢	九江	萍钢	说明
圆钢	φ6.5 HPB300	t		3770.64	3892	3798	3815	3835	3704	3790	3769	3770	3770	3575	3759	2020 年 3 月广州均价
圆钢	φ6.5 HPB300	t		3814.09	3931	3837	3857	3857	3747	3839	3819	3809	3827	3641	3791	2020 年 2 月广州均价

偏差统计（2020 年 3 月广州均价）　　　　表 7-28

名称	规格型号	单位	备注	平均偏差率（%）	韶钢上期偏差	广钢上期偏差	珠海粤钢上期偏差	湘钢上期偏差	开盛上期偏差	河钢上期偏差	裕丰上期偏差	冷钢上期偏差	桂万钢上期偏差	九江上期偏差	萍钢上期偏差	说明
圆钢	φ6.5 HPB300	t		−1.17%	−0.99%	−1.02%	−1.09%	−0.57%	−1.15%	−1.28%	−1.31%	−1.02%	−1.49%	−1.81%	−0.84%	2020 年 3 月广州均价

说明：价格来源为某网站 2020 年 2、3 月连续两个月不同品牌各数据源提供的材料报价。

现象：以韶钢报价为例，连续两期两期报价最高，可相对于两期报价的平均偏差—1.17%分析，韶钢偏差—0.99%，趋势上保持相对一致；而九江报价连续两期价格最低，同时趋势上降幅也是最大，难以通过方案一、方案二分析得出结论，经过对统计学主要引用理论的分析，引入格拉布斯准则。

选定原则，统一选择 2019 年 5 月为这四个品类材料的基期，实际在发布指数过程中，可根据以上原则，综合考虑。

价格统计（2020 年 3 月广州均价）　　　　　　　表 7-29

第一次检验			
n	x_i①	$\|x_i-\bar{x}\|$④	$\|x_i-\bar{x}\|/S$⑤
1	3575.00	195.636	2.662
2	3704.00	66.636	0.907
3	3759.00	11.636	0.158
4	3769.00	1.636	0.022
5	3770.00	0.636	0.009
6	3770.00	0.636	0.009
7	3790.00	19.364	0.263
8	3798.00	27.364	0.372
9	3815.00	44.364	0.604
10	3835.00	64.364	0.876
11	3892.00	121.364	1.651
平均值	② $\bar{x}=3770.64$		
标准差	③ $S=73.496$		
结果值	3770.64		

（x_i 列标注：从小到大升序）

格拉布斯表——临界值 $G_p(n)$　　　　　　　表 7-30

P＼n	0.95	0.99	P＼n	0.95	0.99
3	1.135	1.155	17	2.475	2.785
4	1.463	1.492	18	2.504	2.821
5	1.672	1.749	19	2.532	2.854
6	1.822	1.944	20	2.557	2.884
7	1.938	2.097	21	2.580	2.912
8	2.032	2.231	22	2.603	2.939
9	2.110	2.323	23	2.624	2.963
10	2.176	2.410	24	2.644	2.987
11	⑥ 2.234	2.485	25	2.663	3.009
12	2.285	2.550	30	2.745	3.103
13	2.331	2.607	35	2.811	3.178
14	2.371	2.659	40	2.866	3.240
15	2.409	2.705	45	2.914	3.292
16	2.443	2.747	50	2.956	3.336

（标注：$G_p(11)$）

价 格 统 计　　　　　　　表 7-31

第二次检验			
n	x_i	$\|x_i-\bar{x}\|$	$\|x_i-\bar{x}\|/S$
1	3704.00	86.200	1.716
2	3759.00	31.200	0.621

续表

第二次检验			
n	x_i	$\|x_i - \bar{x}\|$	$\|x_i - \bar{x}\|/S$
3	3769.00	21.200	0.422
4	3770.00	20.200	0.402
5	3770.00	20.200	0.402
6	3790.00	0.200	0.004
7	3798.00	7.800	0.155
8	3815.00	24.800	0.494
9	3835.00	44.800	0.892
10	3892.00	101.800	2.026
平均值	3790.20		
标准差	50.239		
结果值	3790.20		

时间段: 2018年04月 至 2020年04月   6个月   12个月   全部

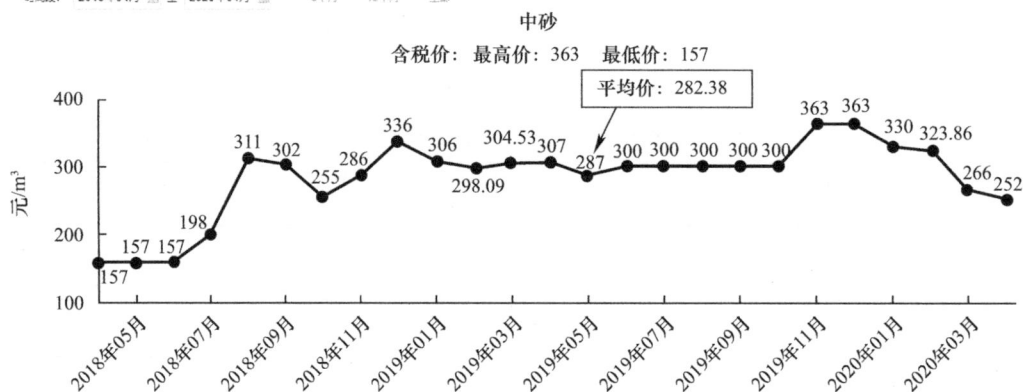

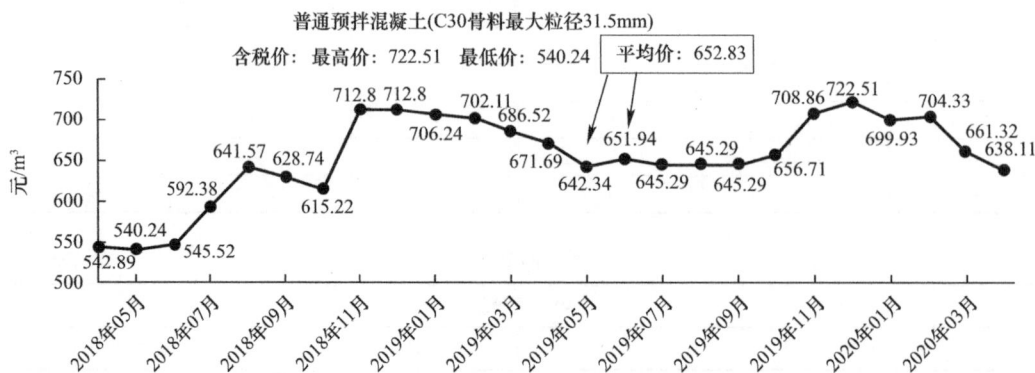

中砂

含税价: 最高价: 363   最低价: 157   平均价: 282.38

图 7-4 中砂价格走势

时间段: 2018年04月 至 2020年04月   6个月   12个月   全部

普通预拌混凝土(C30骨料最大粒径31.5mm)

含税价: 最高价: 722.51   最低价: 540.24   平均价: 652.83

图 7-5 普通商品混凝土 C30 价格走势

普通硅酸盐水泥[42.5(R)袋装]
含税价：最高价：642　最低价：559

平均价：604.84

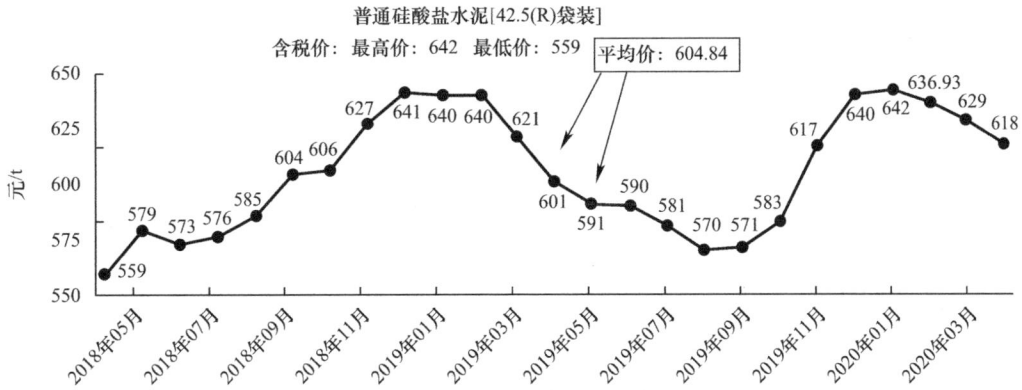

图 7-6　普通硅酸盐水泥价格走势

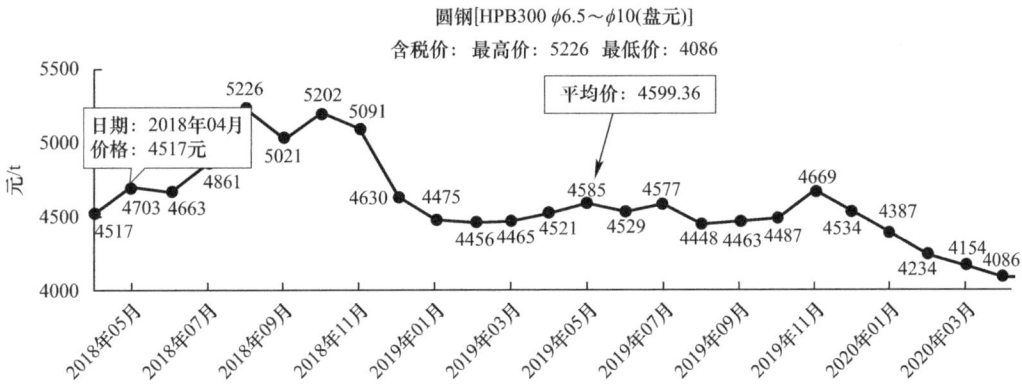

圆钢[HPB300 φ6.5～φ10(盘元)]
含税价：最高价：5226　最低价：4086

日期：2018年04月
价格：4517元

平均价：4599.36

图 7-7　圆钢 HPB300 φ6.5～φ10 价格走势

螺纹钢(HRB400 Ⅲ级 φ16～φ25)
含税价：最高价：4913　最低价：4035

平均价：4495.56

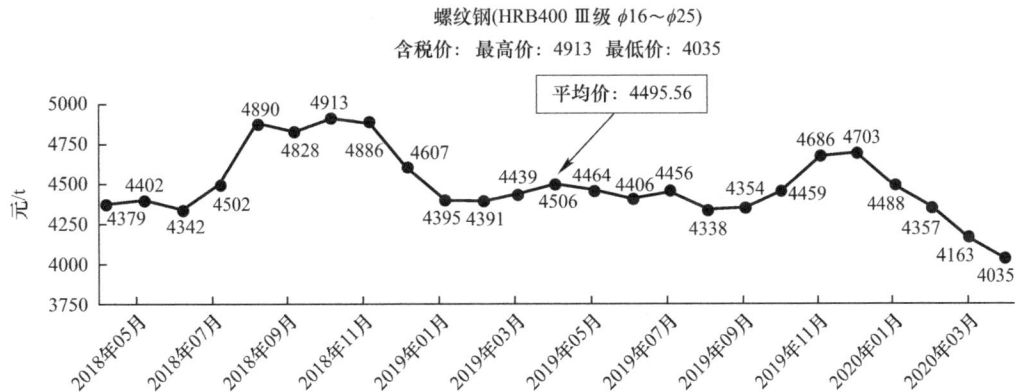

图 7-8　Ⅲ级螺纹钢 φ16～φ25 价格走势

（六）指数编制方法比选

1. 国际常用价格指数比选

从实用性角度考虑，目前国际上较为通用的计算价格指数编制模型主要有拉氏价格指数、帕氏价格指数和费雪价格指数，其他指数主要是在这些指数公式的基础上变形得来的。

时间段: 2018年04月 至 2020年04月   6个月   12个月   全部

冷轧带肋钢筋(定长12m)
含税价: 最高价: 5477 最低价: 4547

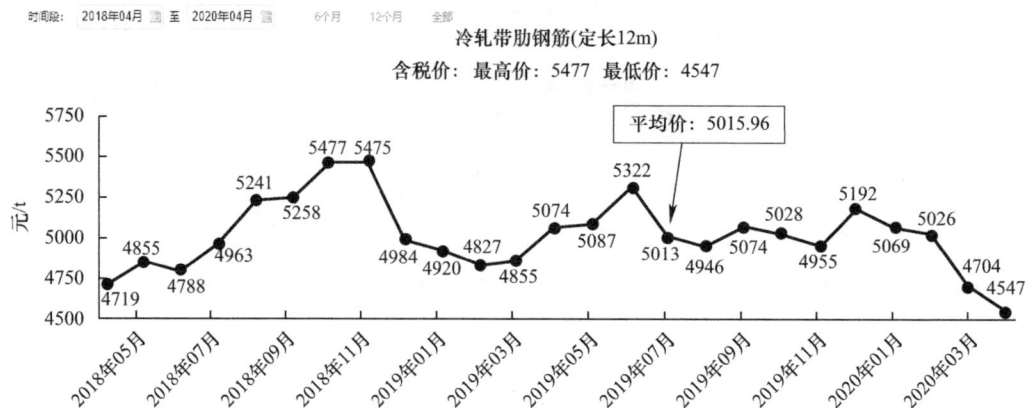

图 7-9 冷轧带肋钢筋价格走势

（1）拉氏价格指数

拉氏价格指数是 1871 年由德国经济学家 E. laspeyres 首创，以基期数量为固定因子，以报告期与基期价格为变动因子计算的一种价格指数。

（2）帕氏价格指数

帕氏价格指数是 1874 年由德国经济学家 H. Passche 首创，以报告期数量为固定因子，以报告期与基期价格为变动因子计算的一种价格指数，也被称为派氏价格指数。

（3）费雪价格指数

针对拉氏指数和帕氏指数存在的偏误问题，Fiaher 于 1921 年提出了费雪理想指数公式，即拉氏指数与帕氏指数的几何平均数。

但是，由于费雪指数计算需要基期和报告期的数据，有时资料难以获得，而费雪指数的经济意义不如帕氏指数和拉氏指数明确，因此，目前通用的很多指数，如股票价格指数、消费者价格指数，都采用拉氏公式或帕氏公式计算得到。三种最具有代表性的价格指数常用模型对比分析见表 7-32。

价格指数常用模型对比分析表   表 7-32

指数计算方法	计算公式/描述	对比分析	用途
拉氏价格指数	$$P = \frac{\sum\limits_{i=1}^{n} p_{it}q_{i0}}{\sum\limits_{i=1}^{n} p_{i0}q_{i0}}$$ （q 为数量，p 为单价）使用基期数量作权数，可以消除权数变动对指数的影响，从而使不同时期的价格指数具有可比性	优点：基期的量为同度量因素，相对固定，相对帕氏计算易获取，计算较帕式方便，能反映相对于基期长期连续的变化； 缺点：如时间过长，则脱离实际，难以反映报告期的权数变动	分析数量指标的变动时，以基期的质量指标为权重，常用于总指数的数量指数分析
帕氏价格指数	$$P = \frac{\sum\limits_{i=1}^{n} p_{it}q_{it}}{\sum\limits_{i=1}^{n} p_{i0}q_{it}}$$ 帕氏指数可以同时反映出价格和数量及其结构的变化（每次计算都是以报告期的数量作为同度量因素去分析价格的影响）	优点：能准确反映报告期的权数结构变动； 缺点：数据难以获得，计算复杂，难以反映对于初始报告期的价格变化	分析质量指标的变动时，以报告期的数量指标为权重，常用于总指数的质量指数分析

续表

指数计算方法	计算公式/描述	对比分析	用途
费雪价格指数	$P=\sqrt{\left(\sum_{i=1}^{n}\dfrac{p_{it}q_{i0}}{p_{it}q_{i0}}\right)\bigg/\left(\sum_{i=1}^{n}\dfrac{p_{it}q_{it}}{p_{i0}q_{it}}\right)}$ 指拉氏指数和派氏指数的几何平均数	优点：具有良好的统计性质；缺点：对统计数据要求高，数据连续性获得难度大，难以从现实经济意义中加以选择	主要用于对指数公式的测验，以及调和拉氏与派氏两种指数的矛盾，又被称为"费雪理想指数"

整体来说，拉氏指数、帕氏指数或者费雪价格指数是综合反映不能同度量的现象动态变化的指数，均属于总指数，不但考虑个体的价格，而且考虑销售量，而砂、碎石、混凝土、水泥、钢筋材料价格指数属于个体指数，不适应以上三种指数测算方法。

2. 上海证券综合指数研究与比选

（1）上证综合指数简介

上证综合指数的样本股是在上海证券交易所上市的全部股票，包括 A 股和 B 股，综合反映上海证券交易所上市股票价格的变动情况，自 1991 年 7 月 15 日起正式发布，基期指数值为 100。

上证系列指数实时计算和发布，当前计算频率为每秒一次，指数发布每 5 秒更新一次，计算方法为派许加权综合价格指数法。

（2）指数计算

a. 样本股选择：上证综合指数样本空间由所有上海 A 股股票和 B 股股票组成。

b. 数据采集。

（3）采集周期

上证综合指数实时采集与计算，样本股实时成交价格来自上海证券交易所交易系统。具体做法是，在每一交易日集合竞价结束，用集合竞价产生的股票开盘价（无成交者取行情系统提供的开盘参考价）计算开盘指数，以后每秒钟重新计算一次指数，直至收盘。

a. 样本股加权（分级靠档）

中证指数有限公司在计算股票指数时，采用分级靠档的方法，即根据自由流通量所占样本股总股本的比例（即自由流通比例）赋予类别股份总股本一定的加权比例，以确保计算指数的股本保持相对稳定。

• 计算自由流通比例

自由流通比例＝自由流通量/样本股总股本

• 股票指数分级靠表（加权比例，见表 7-33）

股票指数分级靠表　　　　表 7-33

自由流通比例（%）	≤15	(15, 20]	(20, 30]	(30, 40]	(40, 50]	(50, 60]	(60, 70]	(70, 80]	>80
加权比例（%）	上调至最接近的整数值	20	30	40	50	60	70	80	90

• 计算调整股本数（参与指数测算的股本数）

$$调整股本数＝样本股总股本×加权比例$$

b. 计算调整市值（报告期市值）

$$调整市值＝调整股本数×计算期价格$$

c. 计算报告期指数

$$报告期指数＝\frac{报告期样本股的调整总市值}{基期样本股的调整总市值}×基期指数值$$

（4）计算示例

1）加权比例、加权股本计算，见表 7-34。

股票 A/B/C 加权股本计算示意表 表 7-34

股票	股票 A	股票 B	股票 C
A 股总股本	100000	8000	5000
非自由流通股本	91000	4500	900
自由流通量＝A 股总股本－非自由流通股本	9000	3500	4100
自由流通比例＝自由流通量/A 股总股本	9.00%	43.80%	82.00%
加权比例	9%	50%	100%
加权股本	9000	4000	5000

2）基期及基期值设定：假定选择三个股票作为样本股计算指数，以基日股票调整市值为基值，基点指数定为 1000 点。

3）基期总调整市值计算见表 7-35。

基期总调整市值计算 表 7-35

股票	总股本	自由流通股本	自由流通比例	加权比例	调整股本	收盘价（元）	调整市值（元）
A	100000	9000	9%	9%	9000	5	45000
B	8000	3500	44%	50%	4000	9	36000
C	5000	4100	82%	100%	5000	20	100000
总调整市值							181000

4）报告期总调整市值计算见表 7-36。

报告期总调整市值计算 表 7-36

股票	总股本	自由流通股本	自由流通比例	加权比例	调整股本	收盘价（元）	调整市值（元）
A	100000	9000	9%	9%	9000	5.1	45900
B	8000	3500	44%	50%	4000	9.05	36200
C	5000	4100	82%	100%	5000	19	95000
总调整市值							177100

5）指数计算（以收盘指数为例）见表 7-37。

指数计算　　　　　　　　　　　　　　　表 7-37

报告期总调整市值（元）	基期总调整市值（元）	基期指数	收盘指数
①	②	③	③×①/②
177100	181000	1000	978.45

（5）指数比选

总体上上证综合指数是以 A 股和 B 股为样本，以自由流通股本为加权基础，通过动态计算样本股的调整市值之和与基期样本股调整市值之和的比值，从而分析、测算因股票市值和交易量变化而引起的综合指数波动。

上证综合指数与建设工程材料价格指数相比，首先，其反映的现象范围不同，材料价格指数属于个体指数，是反映个别现象变动情况的指数，如水泥的价格指数；上证综合指数属于总指数，覆盖面最广，包含了在上交所上市的所有公司，在总盘子固定的前提下，通过动态计算流通值变化对总体变化的影响，从而计算出两个时期的总量指标并进行对比而形成指数，是反映上交所所有上市公司股票的综合表现。其次，其指数的用途不同，材料价格指数属于质量指数，核心用途是用以指导某一具体的主要建设工程材料物价波动后的调价，是相对具体的价格指数；而上证综合指数代表了大、中、小盘股股票的综合表现，不是用以反映或者指导某一具体股票的波动情况。最后，其数据及数据获取方法不同，上证指数所有数据变化都时刻反映在交易平台，皆为有效值，而每笔交易引起的量、价变化可时时获取；材料价格指数因缺乏统一的交易平台支撑，一方面难以时时获取数据，另一方面数据需要考虑去伪存真，有效数据清洗后方可参与指数测算。

因此，上证指数所采用的派许加权综合价格指数计算法不适用于材料价格指数的计算。

3. 基本价格指数比选

基本价格指数法又称不加权价格指数或简单价格指数法，只比较两个时期的价格，其实质是排除所反映对象的代表品规格、型号等差异，以及其差异对于商品价格本身的重要性和影响力，而单独研究其某一特性变化的方法。它们不利用数量或权数，因为只有一种或几种产品价格影响因素，足够集中。基本价格指数检验通过情况见表 7-38。

基本价格指数的检验通过情况　　　　　　　　　　　　　表 7-38

指数计算方法	计算公式/描述	对比分析	用途
Carli 指数法	$P_c = \frac{1}{n} \cdot \sum \left(\frac{p_t}{p_0} \right)$ Carli 指数又称简单算术平均法指数，反映的是固定货物和服务的平均价格变化，而且两期的支出都是实际支出，是可以观测、采集的，因而可以直接计算出来	固定篮子指数假设产品数量与产品的价格无关，因而固定篮子指数比较的是同一个产品篮子，这是固定篮子指数的最大缺陷	适用于数据采集点稳定、每期的样本量完全固定

指数计算方法	计算公式/描述	对比分析	用途
迪图（Dutot）指数法	$P_D = \dfrac{\dfrac{1}{n} \cdot \sum(p_t)}{\dfrac{1}{n} \cdot \sum(p_0)} = \dfrac{\sum(p_t)}{\sum(p_0)}$ 迪图（Dutot）指数法又称简单综合法，是将指数化因素报告期的取值汇总，求平均值，与其基期取值汇总后的平均值进行对比	优点：计算简单，数据易获取；缺点：①计算结果受计量单位的影响，计算物价指数时需保持计量单位相同；②计算结果受代表品商品的价值高的商品价格影响	美国的高琼斯指数就是以此方法为基本编制个体指数，再将个体指数分别加权后测算总指数。 适用于个体指数及统计物品单位统计、价值量相当的总指数
简单众数法	$P = \left(\dfrac{p_1}{p_0}\right)_{M_0}$ 公式中，M_0 表示众数	在个体指数项较少时，计算的指数数值相差较大，缺乏代表性	科学性较差，不足以计算总体指数，当个体指数样本量不足时，可以做参考用

（1）Carli 指数

Carli 指数是由意大利经济学家 Carli 在 1764 年提出的，是在时期 t 和时期 0 期间相对价格的算术平均值。

$$P_c = \frac{1}{n} \cdot \sum\left(\frac{p_t}{p_0}\right)$$

（2）迪图（Dutot）指数法

1738 年，法国经济学家 Dutot 提议用一个指数，此种指数是 t 时期的平均价格与 0 时期的平均价格之间的比例。

$$P_D = \frac{\dfrac{1}{n} \cdot \sum(p_t)}{\dfrac{1}{n} \cdot \sum(p_0)} = \frac{\sum(p_t)}{\sum(p_0)}$$

（3）简单众数法

简单众数法是选取指数化因素各自指数数列中的众数作为总指数的方法。

$$P = \left(\frac{p_1}{p_0}\right)_{M_0}$$

基本价格指数（Elementary Price Index）被 CPI 用作最底层的指数，是对相同代表品构造出的价格指数。基本价格指数有不同的计算公式，最常用的是上面介绍的 Carli 指数公式、迪图（Dutot）指数公式等。

4. 建设工程主要材料价格指数计算方法选定

个体指数反映单一事物的变化，通常将两个同一经济内容的指标相对比即可。如果将两个同一经济内容的质量指标相对比即为质量指标指数。而选择的经济内容统一在数据预处理环节，通过预处理剔除数据来源导致的影响，因此，在指数计算环节，不再考虑反映数据来源的影响力，单独研究价格这一特性的变化，将价格这一指数化因素报告期的取值加总求平均值，与其基期的取值加总求的平均值进行对比。

因此，砂、碎石、水泥、混凝土、钢筋指数计算选用迪图（Dutot）指数法。

附件：

附件 7-1　来源信息及价格信息采集表

来源信息表
附表 7-1

序号	来源编号	报价员姓名	联系电话	所属地市	企业名称	企业类型	市场占有率	企业负责人	负责人电话	采集材料类型	备注
1	440100001			广州市							
2	440200001			韶关市							
3	440300001			深圳市							
4	440400001			珠海市							
5	440500001			汕头市							
…											

说明：信息来源编号前六位为固定码，沿用国家行政区域代码，后三位为流水码，根据先后顺序 001~999 编码。

价格信息采集表
附表 7-2

序号	材料编码	材料名称	规格型号	单位	除税价（元）	材料说明	材料分类	来源编号	备注
1	01010001	Ⅰ级圆钢	ϕ6 HPB300	t			钢筋	440100001	
2	01010125	Ⅲ级螺纹钢	ϕ16 HRB400E	t			钢筋	440100001	
3	01010150	冷轧带肋钢筋	ϕ8 CRB550	t			钢筋	440100001	
4	04030015	天然砂	中砂 3.0~2.3	m³			砂石	440100001	
5	04030020	机制砂	中砂 3.0~2.3	m³			砂石	440100001	
6	04050030	碎石	15~25mm	m³			砂石	440100001	
7	04010005	普通硅酸盐水泥	P·O 42.5 袋装	t			水泥	440100001	
8	80210220	普通商品混凝土	C30 不含泵送费	m³			混凝土	…	

说明：材料编码依据《建设工程人工材料设备机械数据标准》GB/T 50851—2013 编码规则。

附件 7-2　格拉布斯临界值

格拉布斯临界值检验表
附表 7-3

n	90.00%	95.00%	97.50%	99.00%	99.50%
3	1.148	1.453	1.155	1.155	1.155
4	1.425	1.463	1.481	1.492	1.496
5	1.602	1.672	1.715	1.749	1.764
6	1.729	1.822	1.887	1.944	1.973
7	1.828	1.938	2.020	2.097	2.139
8	1.909	2.032	2.126	2.221	2.274
9	1.977	2.110	2.215	2.323	2.387
10	2.036	2.176	2.290	2.410	2.482
11	2.088	2.234	2.355	2.485	2.564

n	90.00%	95.00%	97.50%	99.00%	99.50%
12	2.134	2.285	2.412	2.550	2.636
13	2.175	2.331	2.462	2.607	2.699
14	2.213	2.371	2.507	2.659	2.755
15	2.247	2.409	2.549	2.705	2.806
16	2.279	2.443	2.585	2.747	2.852
17	2.309	2.475	2.620	2.785	2.894
18	2.335	2.501	2.651	2.821	2.932
19	2.361	2.532	2.681	2.954	2.968
20	2.385	2.557	2.709	2.884	3.001
21	2.408	2.580	2.733	2.912	3.031
22	2.429	2.603	2.758	2.939	3.060
23	2.448	2.624	2.781	2.963	3.087
24	2.467	2.644	2.802	2.987	3.112
25	2.486	2.663	2.822	3.009	3.135
26	2.502	2.681	2.841	3.029	3.157
27	2.519	2.698	2.859	3.049	3.178
28	2.534	2.714	2.876	3.068	3.199
29	2.549	2.730	2.893	3.085	3.218
30	2.583	2.745	2.908	3.103	3.236
31	2.577	2.759	2.924	3.119	3.253
32	2.591	2.773	2.938	3.135	3.270
33	2.604	2.786	2.952	3.150	3.286
34	2.616	2.799	2.965	3.164	3.301
35	2.628	2.811	2.979	3.178	3.316
36	2.639	2.823	2.991	3.191	3.330
37	2.650	2.835	3.003	3.204	3.343
38	2.661	2.846	3.014	3.216	3.356
39	2.671	2.857	3.025	3.228	3.369
40	2.682	2.866	3.036	3.240	3.381
41	2.692	2.877	3.046	3.251	3.393
42	2.700	2.887	3.057	3.261	3.404
43	2.710	2.896	3.067	3.271	3.415
44	2.719	2.905	3.075	3.282	3.425
45	2.727	2.914	3.085	3.292	3.435
46	2.736	2.923	3.094	3.302	3.445
47	2.744	2.931	3.103	3.310	3.455
48	2.753	2.940	3.111	3.319	3.464
49	2.760	2.948	3.120	3.329	3.474
50	2.768	2.956	3.128	3.336	3.483
51	2.775	2.943	3.136	3.345	3.491
52	2.783	2.971	3.143	3.353	3.500
53	2.790	2.978	3.151	3.361	3.507
54	2.798	2.986	3.158	3.388	3.516
55	2.804	2.992	3.166	3.376	3.574
56	2.811	3.000	3.172	3.383	3.531

n	90.00%	95.00%	97.50%	99.00%	99.50%
57	2.818	3.006	3.180	3.391	3.539
58	2.824	3.013	3.186	3.397	3.546
59	2.831	3.019	3.193	3.405	3.553
60	2.837	3.025	3.199	3.411	3.560
61	2.842	3.032	3.205	3.418	3.566
62	2.849	3.037	3.212	3.424	3.573
63	2.854	3.044	3.218	3.430	3.579
64	2.860	3.049	3.224	3.437	3.586
65	2.866	3.055	3.230	3.442	3.592
66	2.871	3.061	3.235	3.449	3.598
67	2.877	3.066	3.241	3.454	3.605
68	2.883	3.071	3.246	3.460	3.610
69	2.888	3.076	3.252	3.466	3.617
70	2.893	3.082	3.257	3.471	3.622
71	2.897	3.087	3.262	3.476	3.627
72	2.903	3.092	3.267	3.482	3.633
73	2.908	3.098	3.272	3.487	3.638
74	2.912	3.102	3.278	3.492	3.643
75	2.917	3.107	3.282	3.496	3.648
76	2.922	3.111	3.287	3.502	3.654
77	2.927	3.117	3.291	3.507	3.658
78	2.931	3.121	3.297	3.511	3.663
79	2.935	3.125	3.301	3.516	3.669
80	2.940	3.130	3.305	3.521	3.673
81	2.945	3.134	3.309	3.525	3.677
82	2.949	3.139	3.315	3.529	3.682
83	2.953	3.143	3.319	3.534	3.687
84	2.957	3.147	3.323	3.539	3.691
85	2.961	3.151	3.327	3.543	3.695
86	2.966	3.155	3.331	3.547	3.699
87	2.970	3.160	3.335	3.551	3.704
88	2.973	3.163	3.339	3.555	3.708
89	2.977	3.167	3.343	3.559	3.712
90	2.981	3.171	3.347	3.563	3.716
91	2.984	3.174	3.350	3.567	3.720
92	2.989	3.179	3.355	3.570	3.725
93	2.993	3.182	3.358	3.575	3.728
94	2.996	3.186	3.362	3.579	3.732
95	3.000	3.189	3.365	3.582	3.736
96	3.003	3.193	3.369	3.086	3.739
97	3.006	3.196	3.372	3.589	3.744
98	3.011	3.201	3.377	3.593	3.747
99	3.014	3.204	3.380	3.597	3.750
100	3.017	3.207	3.383	3.600	3.754

附件 7-3 材料价格指数调差应用分析

1. 常用调差方法简介

国际通用的价差调整方法主要有三种，第一种是按照价格指数调差法进行人工或材料的价差调整；第二种是按照实际价格法进行人工或材料的价差调整；第三种是按照约定价格法对人工或材料的价差调整。

价格指数调差法是按照合同中指定的标准或指数进行价差调整的。价格指数调差法能否正确有效地进行价差调整，首先需要得到的价格指数正确齐全。而价格指数一般是要根据合同中约定的可调因子、定值和变值权重，以及基本价格指数及其来源确定，这是价格指数调差法进行价差调整的基础。

实际价格法，即凭证法，是在履约期间根据承包商提供的实际的人工或材料成本进行价差调整的一种方法。实际价格法中，承包商提供实际支付原始凭证，基本价格审核由负责管理合同的咨询工程师负责，经审核对其比较后予以调价。

价格信息调差法，又称约定价格法，是根据已颁布或约定的价格信息水平进行相应的增减的方法。实际上，约定价格法是价格指数调差法的一种特殊方法，同时也是实际价格法的一种特殊方法。

价差调整方法在不同的工程项目中针对具体特点选取具体的方法。价格指数法是以价差计算公式为基础，经过多次计算进行价差调整；实际价格法是以材料的采购凭证来确定的，但是凭证搜集和价差调整计算复杂；较为简便的方法就是约定价格法，但需要合同双方的约定或协商是一致的。FDIC 合同条款明确规定了建议采用的方法是价格指数调差法和实际价格法。

2. 价格指数调差法的基本思路

价格指数调差法根据材料价格指数和材料造价权重进行材料调差计算，前期需要完成两项基本工作：一项是构建材料体系，明确可调因子；另一项是确定各可调因子在项目造价中的权重。

3. 价格指数调差法的计算公式

$$\Delta P = P_0\left[A + \left(B_1 \times \frac{F_{t1}}{F_{01}} + B_2 \times \frac{F_{t2}}{F_{02}} + B_3 \times \frac{F_{t3}}{F_{03}} + \cdots + B_n \times \frac{F_{tn}}{F_{0n}}\right) - 1\right]$$

式中　　　　　　　　ΔP——需调整的价格差额；

P_0——约定的付款证书中承包人应得到的已完成工程量的金额。此项金额不应包括价格调整、不计质量保证金的扣留和支付、预付款的支付和扣回。约定的变更及其他金额已按现行价格计价的，也不计算在内；

A——定值权重（即不调部分的权重）；

B_1、B_2、B_3、$\cdots$、B_n——各可调因子的变值权重（即可调部分的权重），为各可调因子在投标函投标总报价中所占的比例；

F_{t1}、F_{t2}、F_{t3}、$\cdots$、F_{tn}——各可调因子的现行价格指数，指约定的付款证书相关周期最后一天的前 42 天的各可调因子的价格指数；

F_{01}、F_{02}、F_{03}、$\cdots$、F_{0n}——各可调因子的基本价格指数，指基准日期的各可调因子的价
格指数。如合同约定允许价格波动幅度的，基本价格指数应
予以考虑此波动幅度系数。

以上价格指数调差公式中的各可调因子、定值和变值权重，以及基本价格指数及其来
源由发包人根据工程情况测算确定其范围，并在投标函附录价格指数和权重表中约定，承
包人有异议的，应在投标前提请发包人澄清或修正。价格指数应首先采用工程造价管理机
构提供的价格指数，缺乏上述价格指数时，可采用经发承包双方确认的市场价格或工程造
价管理机构提供的价格代替。

4. 价格指数调差应用案例

（1）测算说明

为验证材料价格指数调差法在实际应用中的平稳性和适用性，以多个已完工程为样本
进行测算，并将计算结果与工程实施中应用价格信息调差法计算的结果进行对比，由于调
差管理工作的复杂性，对比结果仅能说明两种方法在计算中存在的差异性，并不作为方法
准确性评价的唯一标准。考虑建设方在调差系数的选取上存在一定的自主空间，本次主要
采用价差金额进行对比分析。

计算的基础数据包括样本项目材料权重、基期价格指数、计量当期价格指数（各项目
独立计算）。

为便于对比分析以及减少因为不同专业所用材料成本占比差异，当前参与测算选择土
建工程为计算口径，计量金额为已标价工程量清单施工当期因物价波动而进行价差调整，
其中因变更等新增计量金额、临时台账金额等不在测算范围内。其中，以广州市 2019 年 5
月批复的清单预算中材料单价作为计算材料的基期价格指数以及材料价格信息的数据来
源，以计量当期广州市 2019 年 10 月的材料预算价格作为计算期的价格及指数来源。

（2）测算项目人工、砂、碎石、混凝土、水泥、钢筋造价权重

设置广州市的 A、B、C、D 四个项目投标基准期皆为 2019 年 5 月，以此时间的材料
单价为基期价格指数，风险幅度范围暂不考虑，以土建工程为对象，分别测算各自项目中
人工、砂、碎石、水泥、混凝土、钢筋的变值权重及项目的定值权重，见附表 7-4。

人工及主要材料变值权重表　　　　　　　　　　　　　　　　附表 7-4

项目/工料权重	A（办公楼）	B（宿舍）	C（厂房）	D（办公楼）
人工	18.12％	12.28％	19.83％	14.04％
中砂	0.07％	0.22％	0.91％	0.10％
碎石	0.07％	——	0.29％	0.17％
水泥	0.22％	1.17％	0.21％	0.75％
混凝土	15.73％	23.14％	16.22％	10.32％
圆钢	0.21％	3.26％	0.15％	0.83％
Ⅲ级螺纹钢	16.35％	16.53％	13.50％	9.58％
冷轧钢筋	0.06％	——	0.04％	0.06％
定值部分	49.17％	43.40％	48.85％	64.14％
求和	1	1	1	1

（3）价格信息及对应期的价格指数（附表 7-5、附表 7-6）

广州市 2019 年第 5、10 期信息价 附表 7-5

序号	编码	名称	规格型号	单位	2019 年 5 月除税价格（元）	2019 年 10 月除税价格（元）	备注
1		人工	综合工日	工日	110.00	110.00	
2		中砂	细度模数 3～2.3	m³	249.72	281.07	
3		细砂	细度模数 2.2～1.6	m³	267.87	299.09	
4		碎石	5～10	m³	211.19	219.39	
5		碎石	10～20（10～30）	m³	223.10	231.33	
6		碎石	20～40	m³	223.85	232.05	
7		碎石	30～50	m³	224.91	233.07	
8		复合普通硅酸盐水泥	P·C 32.5（R）	t	451.28	469.00	
9		普通硅酸盐水泥	P·O 42.5（R）	t	478.00	490.00	
10		硅酸盐水泥	P·Ⅱ 42.5（R）	t	500.6	547.56	
11		白水泥	32.5	t	820.81	826.93	
12		普通混凝土	C15	m³	520.00	525.00	
13		普通混凝土	C20	m³	536.00	541.00	
14		普通混凝土	C25	m³	555.00	560.00	
15		普通混凝土	C30	m³	570.00	575.00	
16		普通混凝土	C35	m³	590.00	595.00	
17		普通混凝土	C40	m³	615.00	621.00	
18		普通混凝土	C45	m³	638.00	644.00	
19		普通混凝土	C45	m³	665.00	671.00	
20		普通混凝土	C50	m³	692.00	698.00	
21		圆钢	φ10 以内 HPB300	t	4007.79	3979.79	
22		圆钢	φ10 外 HPB300	t	4036.29	4027.17	
23		圆钢	φ12～φ25 HPB300	t	4015.33	3960.73	
24		圆钢	φ25 外 HPB300	t	4100.13	4048.23	
25		螺纹钢	HRB400（Ⅲ级钢）φ10 以内	t	4056.97	3999.07	
26		螺纹钢	HRB400（Ⅲ级钢）φ10 外	t	4039.87	3971.27	
27		螺纹钢	HRB400（Ⅲ级钢）φ12～φ25	t	3975.23	3897.03	
28		螺纹钢	HRB400（Ⅲ级钢）φ25 外	t	4113.90	4022.40	
29		冷轧带肋钢筋	定长 12m	t	5087.00	5028.00	

广州市主要工料价格指数 附表 7-6

材料品类	指数项	规格	单位	2019 年 5 月投标期价格指数	2019 年 10 月计算期价格指数	备注
人工	综合人工		工日	100	100	
砂	天然砂		m³	100	112.55	
	机制砂		m³	100	—	

续表

材料品类	指数项	规格	单位	2019 年 5 月 投标期价格指数	2019 年 10 月 计算期价格指数	备注
碎石	碎石		m³	100	103.66	
混凝土	普通商品混凝土		m³	100	100.88	
水泥	普通硅酸盐水泥		t	100	102.51	
钢筋	Ⅰ级圆钢		t	1000	993.01	
	Ⅲ级螺纹钢		t	1000	980.33	
	冷轧带肋钢筋		t	1000	—	

（4）计算结果对比分析（以消耗量为基准）

一种是根据附表 7-5 广州市 2019 年第 5、10 期信息价的传统材料价格信息调差方法，先计算材料价差额，再乘以相应工程量，汇总后得出价格调整金额；另一种是根据附表 7-6 广州市主要工料价格指数，用材料投标价格乘以相应材料工程量再乘以价格指数波动值，汇总后得出其调整金额，两种价差计算方法下的结果对比见附表 7-7。

价差计算对比　　　　　　　　　　　　　　　附表 7-7

项目名称	本期完成合同价款（元）	价格调整金额（指数法）	价格调整金额（信息价）	差额（元）	偏差率（%）	备注
A	5521611.32	−10209.97	−10337.36	127.39	1.23%	
B	1368870.70	−6722.94	−7283.94	560.99	7.70%	
C	13903503.38	6228.30	6667.60	−439.30	7.10%	
D	2612813.18	2337.04	2599.96	−262.92	10.11%	

其中，项目 A 为按照价格信息和价格指数值在相同材料消耗量的基础上测算完成，两种算法偏差控制在 2% 以内，满足对于数据测算的要求；项目 B、C、D 是在相同消耗量基础上测算完成，偏差率较大的主要原因是此三个项目本期完成合同价款主要集中在地下基础、边坡支护的部分，材料中采用混凝土，如防水混凝土、水下混凝土等，不同防水等级强度的混凝土在指数测算中未考虑，实际应用中，需将添加剂在具体材料中成本占比综合考虑。

（5）计算结果对比分析（无消耗量）

同时考虑对于未来计价过程中市场化环境下，若没有统一的定额，结算过程中按照附表 7-4 人工及主要材料变值权重表中合同约定的主要可调因子权重占比来进行，合同价款调整结果对比见附表 7-8～附表 7-12。

案例 A 调差结果　　　　　　　　　　　　　　附表 7-8

序号	名称	规格型号	单位	变值权重 B	基本价格指数 F_0	现行价格指数 F_1	本期完成合同价款	材料价差金额（元）
1	人工		工日	18.12%	100	100		0.00
2	Ⅲ级螺纹钢		t	16.35%	1000	980.33		−17757.75
3	Ⅰ级圆钢		t	0.21%	1000	993.01	5521611.32	−81.05
4	冷轧带肋钢筋		t	0.06%	1000	988.40		−38.43
5	水泥			0.22%	100	102.51		304.90
6	中砂		m³	0.07%	100	112.55		485.07

序号	名称	规格型号	单位	变值权重 B	基本价格指数 F_0	现行价格指数 F_1	本期完成合同价款	材料价差金额（元）
7	碎石		m³	0.07%	100	103.66	5521611.32	141.46
8	混凝土		m³	15.73%	100	100.88		7643.24
定值权重 A				49.17%				
合计				1	—			—9302.56

案例 B 调差结果   附表 7-9

序号	名称	规格型号	单位	变值权重 B	基本价格指数 F_0	现行价格指数 F_1	本期完成合同金额（元）	材料价差金额（元）
1	人工		工日	12.28%	100	100	1368870.7	0.00
2	Ⅲ级螺纹钢		t	16.53%	1000	980.33		—4450.82
3	Ⅰ级圆钢		t	3.26%	1000	993.01		—311.93
4	水泥		t	1.17%	100	102.51		402.00
5	中砂		m³	0.22%	100	112.55		377.95
6	混凝土		m³	23.14%	100	100.88		2787.46
定值权重 A				43.40%	—		—	
合计				1	—		—	—1195.35

案例 C 调差结果   附表 7-10

序号	名称	规格型号	单位	变值权重 B	基本价格指数 F_0	现行价格指数 F_1	本期完成合同金额（元）	材料价差金额（元）
1	人工		工日	19.83%	100	100	13903503.38	0.00
2	Ⅲ级螺纹钢		t	13.50%	1000	985.73		—26784.40
3	Ⅰ级圆钢		t	0.15%	1000	993.01		—145.78
4	水泥		t	0.21%	100	102.51		732.85
5	中砂		m³	0.21%	100	112.55		3664.27
6	碎石		m³	0.91%	100	103.66		4630.70
7	普通商品混凝土		m³	16.22%	100	100.88		19845.30
定值权重 A				48.97%				
合计				1	—			1942.95

案例 D 调差结果   附表 7-11

序号	名称	规格型号	变值权重 B	基本价格指数 F_0	现行价格指数 F_1	本期完成合同金额（元）	材料价差金额（元）
1	人工		14.04%	100	100	2612813.18	0.00
2	中砂		0.10%	100	112.55		327.91
3	碎石		0.17%	100	103.66		162.57
4	水泥		0.75%	100	102.51		491.86
5	混凝土		10.32%	100	100.88		2372.85
6	Ⅰ级圆钢		0.83%	1000	993.01		—151.59
7	Ⅲ级螺纹钢		9.58%	1000	980.33		—4923.55
8	冷轧钢筋		0.06%	1000	1000		0.00

续表

序号	名称	规格型号	变值权重 B	基本价格指数 F_0	现行价格指数 F_1	本期完成合同金额（元）	材料价差金额（元）
	定值权重 A		64.15%	—	—	—	
	合计		1	—	—		−1719.94

价差计算对比　　　　　　　　　　　　　　附表 7-12

项目名称	本期完成合同价款（元）	价格调整金额（指数法）	价格调整金额（信息价）	差额（元）	偏差率（%）	备注
A	5521611.32	−9302.56	−10337.36	−1034.80	11.12	
B	1368870.7	−1195.35	−7283.94	−6088.59	83.59	
C	13903503.38	1942.95	6667.60	4724.65	70.86	
D	2612813.18	−1719.94	2599.96	4319.90	166.15	

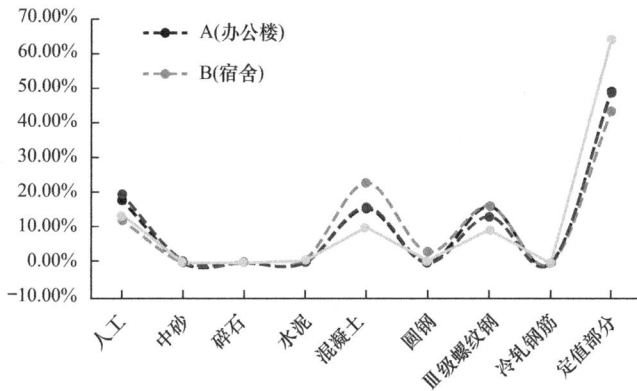

附图 7-1　各项目可调因子占比

通过数据对比发现，一方面，项目 A 价差最小，项目 B、C、D 逐渐增大；另一方面，通过指数法测算到的数据结果远小于通过价格信息法测算的结果，这与可调因子的权重及项目结算部位有直接关系。例如 B、C、D 项目结算主要集中在地下，而地下工程中主要钢筋、混凝土等材料用量大，导致通过价格信息法测算到的调差金额偏大；而指数测算中所用到的权重为合同中约定好的，主要材料占项目整体的权重占比，是一种设定各可调因子随着工程进度均衡投入，因此在通过指数计算偏差时，结果和具体的结算、施工部位无关，而是与本期完成合同金额及投标时确定的可调因子占比直接相关。但从项目整体的角度看，两者之间在调差上相对一致，有利于减少价格争议，提升过程结算效率，符合材料价格调差的应用。

附件 7-4　材料价格指数编制作业文件

以砂、碎石、混凝土、水泥、钢筋五个品类以及对应品类下价格指数计算的代表品为基准，模拟数据采集后的形式，进行数据预处理模拟，在作业文件中实现各数据源录入、价格指数自动计算的目的，以便在没有信息化系统的时期，可以有效编制材料价格指数。具体见附表 7-13～附表 7-17。

附表 7-13

主要建筑材料价格信息汇总表

市 年 月主要建筑材料价格信息汇总表

价格类型：除税出厂价

数据来源

名称	规格型号	单位	备注	A	B	C	D	E	F	G	H	I	J	K	L	M	N	…	时间
天然砂	中砂 3.0~2.3	m³																	××××年××月
机制砂	中砂 3.0~2.3	m³																	××××年××月
碎石	15~25mm	t																	××××年××月
普通硅酸盐水泥	P·O 42.5 袋装	t																	××××年××月
普通商品混凝土	C30	m³																	××××年××月
Ⅰ级圆钢	φ6 HPB300	t																	××××年××月
Ⅲ级螺纹钢	φ16 HRB400	t																	××××年××月
冷轧带肋钢筋	φ8 CRB550	t																	××××年××月

××月数据预处理表 附表 7-14

第一次检验

n	x_i	$\|x_i-\bar{x}\|$	$\|x_i-\bar{x}\|/S$
1			
2			
3			
4			
5			
6			
7			
8			
9			
10			
11			
12			
13			
14			
...			
平均值 $\bar{x}$			
标准差 S			
结果值			

注：此表用于将附表 7-13 主要建筑材料价格信息汇总表中汇总的材料报价，按照材料分类分别进行数据预处理。其中：

1. n 指同一材料数据，报价个数。

2. x_i 指同一材料数据，报价的升序排列结果。

3. $\bar{x}$ 指 n 个 x_i 的平均值，$\bar{x}=\dfrac{1}{n}\sum\limits_{i=1}^{n}x_i$。

4. S 指报价的标准差，$S=\sqrt{\dfrac{1}{n}\sum\limits_{i=1}^{n}(x_i-\bar{x})}$。

5. $\|x_i-\bar{x}\|$ 指各报价的偏差值，$\max\{\ \|t_1\|,\ \|t_2\|,\ \cdots,\ \|t_n\|\ \}=\|\bar{x}-x_i\|$。

6. $\|x_i-\bar{x}\|/S$ 指偏差值相对于标准差的概率密度，$G_i=\dfrac{\|\bar{x}-x_i\|}{S}$。

7. 查附录二格拉布斯临界值表获取 n 对应的 $G_p(n)$。若：$G_i>G_p(n)$，G_i 对应的 x_i 为异常值，予以剔除，剔除后余值进行第二次数据检验，直到 $G_i\leqslant G_p(n)$ 则判定所有 x_i 为有效值。

建设工程主要材料基期 附表 7-15

材料品类	材料名称	规格	单位	基期价格	基期指数值	备注
砂	天然砂	中砂 3.0～2.3	m³		100	
	机制砂	中砂 3.0～2.3	m³		100	
碎石	碎石	15～25mm	m³		100	
混凝土	普通商品混凝土	C30	m³		100	
水泥	普通硅酸盐水泥	P·O 42.5（R）袋装	t		100	
钢筋	Ⅰ级圆钢	ϕ6 HPB300	t		1000	
	Ⅲ级螺纹钢	ϕ16 HRB400E	t		1000	
	冷轧带肋钢筋	ϕ8 CRB550	t		1000	

注：根据基期选定原则，请录入当地材料基期价格。

指数测算结果 附表 7-16

材料品类	材料名称	规格	单位	计算期价格	计算期指数	备注
砂	天然砂	中砂 3.0～2.3	m³			
	机制砂	中砂 3.0～2.3	m³			
碎石	碎石	15～25mm	m³			
混凝土	普通商品混凝土	C30	m³			
水泥	普通硅酸盐水泥	P·O 42.5（R）袋装	t			
钢筋	Ⅰ级圆钢	φ6 HPB300	t			
	Ⅲ级螺纹钢	φ16 HRB400E	t			
	冷轧带肋钢筋	φ8 CRB550	t			

注： $计算期指数 = \dfrac{计算期价格}{基期价格} \times 基期价格指数值$

指数结果发布 附表 7-17

××市主要材料价格指数（××××年××月）

材料品类	指数项	单位	价格指数	备注
砂	天然砂	m³		
	机制砂	m³		
碎石	碎石	m³		
混凝土	普通商品混凝土	m³		袋装
水泥	普通硅酸盐水泥	t		
钢筋	Ⅰ级圆钢	t		
	Ⅲ级螺纹钢	t		
	冷轧带肋钢筋	t		

三、造价管控篇

第八章

粤港政府投资项目全过程造价管理模式研究

（永道工程咨询有限公司、广东建伟工程咨询有限公司、广州尚晋工程咨询有限公司、深圳市中建达工程项目管理有限公司）

第一节 课题研究的背景、目的和意义

（一）课题研究的背景

改革开放以来，我国经济体制已逐步实现从高度集中的计划经济体制向社会主义市场经济体制的转变。随着投资体制改革的不断深化，已逐步形成了投资主体多元化、资金来源多渠道、投资方式多样化、项目建设市场化的新格局。

经济全球化、区域一体化已成为当今世界经济的重要特征或发展趋势。共建"一带一路"倡议的核心内容，就是坚持共商、共建、共享原则，促进基础设施建设和互联互通，加强经济政策协调和发展战略对接，促进协调联动发展，实现共同繁荣，共同构建人类命运共同体。

粤港澳大湾区建设是国家的战略部署之一。广东省与香港、澳门两个特别行政区接壤，涉及一个国家、两种制度、三个自贸区、三个经济特区及三种货币、四个中心城市，经济制度方面的差异比较大。因此，粤港澳大湾区的建筑市场迫切需要政策创新，构建新秩序。

近年来，国家不断制定或调整建筑业发展规划，出台相关政策鼓励国内建筑企业和工程咨询企业走出国门，走向世界，参与国际竞争。广东省也正积极推进政策创新，发挥粤港澳综合优势，深化内地与港澳合作，加快推进一些重大项目建设。

建筑业的发展对促进国民经济的发展、满足人民日益增长的物质文化需求具有极其重要的作用，建设项目的建设成本和投资效益越来越受到政府、企业和社会公众的普遍关注。工程造价是工程建设管理的核心要素之一，关系到投资主体和承包商的经济利益，关系到建筑市场环境的优化，关系到建筑业的科技进步与劳动生产率的提高。自我国加入WTO以来，我国的工程造价管理坚持市场化改革方向，全面推行工程量清单计价方式，

逐步建立和完善了建筑工程造价管理体系，促进了建筑业的发展。

目前，我国的建筑工程造价管理体系还存在一些深层次的问题，例如：存在以政府发布的定额为统一标准的行政式管理，未充分发挥市场在资源配置中的决定性作用；工程量清单计价体系还未完全与国际接轨；造价工程师的法律地位和责任不够明确，未真正发挥专业作用等。这些问题的存在，不利于提升相关企业的市场竞争力和国际竞争力，不利于提高政府投资项目的投资效益，影响了我国建筑业的转型升级。

（二）课题研究的目的

通过本课题研究，了解香港特别行政区政府（以下简称香港特区政府）投资项目的工程造价管理模式和方法，对比分析粤港两地工程造价管理的异同，并借鉴香港地区工程造价管理的市场化、国际化思路，提出建立粤港澳大湾区政府投资项目全过程造价管理模式的新思路，为广东省制定或完善政府投资项目的工程造价管理办法等相关政策提供参考，以提高政府投资项目的经济效益和社会效益，推动粤港澳大湾区建设。

（三）课题研究的意义

深入开展工程造价管理活动的调研分析，研究新情况，解决新问题，深化工程造价改革，提高工程造价管理水平，是时代发展的需要，是经济发展的客观要求。本课题研究具有非常重要的意义。

（1）有利于规范建筑市场秩序，维护各方权益，推动粤港澳大湾区的建设。

粤港澳大湾区是"一国两制"政策的理论创新和重要实践。工程造价关系到来自不同地区的参建各方主体利益，各地区经济制度差异较大，建筑市场迫切需要建立统一规范的新秩序。通过本课题研究为政府制定或完善相关政策提供参考，有利于规范大湾区的建筑市场秩序、维护各方主体权益，对推动大湾区建设具有重大意义。

（2）有利于充分发挥市场在资源配置中的决定性作用，提高政府项目的投资效益。

通过本课题研究，结合我国国情并借鉴香港市场化的思路和做法，改变目前最高投标限价和投标报价以定额为依据的做法，进一步完善工程造价市场形成机制，真正实现企业自主报价、竞争定价，提高政府投资项目的经济效益。

（3）有利于提升建筑业的劳动生产率和企业管理水平，促进广东省建筑业转型升级。

通过本课题研究，借鉴香港国际通行的做法和经验，完善工程造价管理模式和方法，有利于优化建筑市场环境、规范从业人员行为，有利于内地企业参与国际竞争，有利于提升建筑业的劳动生产率和企业管理水平，促进建筑业转型升级和高质量发展。

第二节　广东省政府投资项目的工程造价管理

我国于 1950 年引进了苏联的概预算定额管理模式，建立了基于计划经济体制的概预算定额管理体系，在新中国成立初期和计划经济年代发挥了重要作用。改革开放以来，随着我国经济体制由计划经济体制向市场经济体制的转变，投资体制改革逐步深入，概预算定额管理制度也逐步得到完善，同时建立了工程量清单计价体系，建设项目的工程造价管理也逐步由单一的估、概、预、结算评审管理向全过程造价管理模式转变。

作为中国改革开放最前沿、经济最活跃地区的广东省，遵循国家的战略部署和建筑业发展规划，执行国家标准《建设工程工程量清单计价规范》GB 50500—2013 及相关规范，并结合广东省的实际情况编制适用于本省的系列定额，不断探索建设项目全过程造价管理的新模式，积累了丰富的实践经验。

（一）工程造价管理机构和职能

1. 政府职能部门

根据行政区划和政府机构设置要求，我国建立了从上到下的各级造价管理职能部门。

（1）标准定额司

标准定额司隶属于国家住房和城乡建设部，其主要职能是：组织编制工程建设国家标准、工期定额、劳动定额、全国统一预算定额和造价指标指数等；制定工程造价管理的规章制度和行业监管要求、计量计价规则和造价咨询成果质量标准；指导监督各类工程建设标准定额的实施；发布工程造价咨询单位的资质标准和注册造价工程师执业资格管理规定并监督执行。

目前标准定额司已陆续组织编制并颁布执行的工程造价管理国家标准及规范主要有：《建设工程工程量清单计价规范》GB 50500—2013、《房屋建筑与装饰工程工程量计算规范》GB 50854—2013 等各专业工程量计算规范、《建筑工程建筑面积计算规范》GB/T 50353—2013、《建设工程造价鉴定规范》GB/T 51262—2017 等。

（2）广东省建设工程标准定额站

广东省建设工程标准定额站隶属于广东省住房和城乡建设厅，其主要职能是：宣传贯彻国家、省工程建设技术标准与定额相关的法规、政策和技术标准、规范；开展工程建设技术标准与定额的研究和推广应用工作，承担工程建设技术标准与定额的编制等具体工作；收集、监测、整理、发布建设工程造价市场信息；负责建设工程造价行业诚信管理体系建设。

近年来，广东省标准定额站已组织编制并颁布执行的工程造价定额、标准、规范主要有：《广东省建设工程计价依据 2018》（含房屋建筑与装饰工程、通用安装工程、市政工程、园林绿化工程、轨道交通工程等专业定额）、《广东省传统建筑保护修复工程综合定额（试行）（2018）》等；《建设工程政府投资项目造价数据标准》DBJ/T 15—145—2018、《广东省建设项目全过程造价管理规范》DBJ/T 15—153—2019。另外，还构建了广东省建设工程定额动态管理系统、广东省建设工程造价纠纷处理系统等。

（3）地（市）级造价管理站

省以下各地（市）一般设置造价管理站，隶属于地（市）住房和城乡建设局。以广州市建设工程造价管理站为例，其主要职能是：负责本市工程造价和工程发承包计价管理的具体工作；负责建设单位和施工单位未能共同认定的竣工工程结算的调解工作；指导各区建设工程造价业务工作；辅助机关做好工程造价监督事项的技术性、事务性工作，对本市工程造价咨询企业从事工程造价咨询活动和有编制资格单位从事最高投标限价（招标控制价）编审活动实施监督检查。

地（市）级造价管理站一般每季度（或每月度）发布当地人材机信息指导价；每年度房屋建筑工程和市政工程技术经济指标或造价指数；相关技术规程、操作指引等。

（4）区（县）级造价管理站

广东省地（市）以下各区（县）一般不单设造价管理站，以广州市增城区为例，由区（县）住房和城乡建设局建筑业管理科行使造价管理职能：负责本区工程造价和工程发承包计价管理的工作；对本区工程造价咨询成果文件的质量检查；发布建设工程造价信息；调解建设工程造价纠纷；对造价人员从业活动的监督管理；对本区施工招标控制价的备案和抽查。

2. 发展改革委（局）、财政厅（局）、审计厅（局）等政府主管或监督部门

广东省及各地（市）、区（县）等发展改革委（局）、财政厅（局）、审计厅（局）等政府主管或监督部门，分别负责本级政府投资项目的投资估算评审［发展改革委（局）］、概（预）评审［发展改革委（局）或财政厅（局）或住房和城乡建设厅（局）］、竣工结算评审［财政厅（局）］及工程审计［审计厅（局）］等管理或监督工作。各地招标管理部门负责组织招标投标活动的管理和监督，保证公平交易，维护建筑市场秩序。

国家颁布的相关法律和制度主要有：《中华人民共和国招标投标法》《中华人民共和国招标投标法实施条例》《政府投资条例》（国务院令 712 号）等。部分地（市）发展改革委（局）根据当地实际情况不定期组织编制并发布当地政府投资项目（房屋建筑或市政工程）的投资估算指引或投资估算指标。

3. 造价行业协会

国家、省、地（市）等造价行业协会，属于非营利性社会组织。其主要工作一般是：协助政府制定工程造价咨询行业的规章制度、国家标准；维护会员的合法权益，向政府提供建议及诉求；规范工程造价执业行为，推动行业信用建设；开展行业人才培训、业务交流；发挥行业协会在工程造价纠纷调解中的专业优势，维护建筑市场秩序等。

为加强行业自律，指导工程造价咨询活动，提高造价咨询成果质量，提高工程投资效益，中国建设工程造价管理协会陆续编制并颁布了工程造价相关操作规程，如《建设项目投资估算编审规程》CECA/GC 1—2015、《建设项目设计概算编审规程》CECA/GC 2—2015、《建设工程招标控制价编审规序》CECA/GC 6—2011 等。

4. 建设单位 （代建单位）

建设单位作为政府投资项目的实际使用人或项目法人，其功能需求、建设标准等具体要求对工程造价影响较大，其投资管理行为受《政府投资条例》及发展改革委（局）、财政厅（局）、审计厅（局）等政府主管部门的管理约束。

以广东省本级的政府投资公共建筑项目为例，一般采取项目代建制，由省代建项目管理局根据政府相关规定及代建委托合同约定，对工程造价负有管控责任，项目建成后移交建设单位使用和管理。

5. 造价咨询企业

造价咨询企业属于中介服务机构，受政府主管部门或建设相关方等委托，参与政府投资项目的估（或概、预、结）算编审、最高投标限价编（审）或全过程造价咨询服务。目前其主要是负责工程计量、计价等技术工作，暂未能在投资目标确定、设计方案比选、合同管理等方面充分发挥主导作用。

（二）工程造价管理现状

根据行政区域划分及财政投资主体，广东的政府投资项目分别由各级发展改革委（局）、财政厅（局）、审计厅（局）、建设单位等参与管理和监督，其工程造价管理现状主要体现如下：

1. 投资目标的确定与控制

项目建议书阶段，由工程咨询单位根据建设单位需求编制项目建议书及投资估算，报发展改革委（局）组织评审并批准立项后作为开展可行性研究的依据；可行性研究阶段，由工程咨询单位编制可行性研究报告及投资估算，报发展改革委（局）组织评审并批准后作为开展初步设计的依据；初步设计阶段，由设计单位进行初步设计并编制初步设计概算，报发展改革委（局）[或财政厅（局）、住房和城乡建设厅（局）等]主管部门组织评审并批准后作为施工图设计的依据；施工图设计阶段，由设计单位完成施工图设计并经施工图审查批准后作为施工总承包招标发包的依据，目前一般不要求编制施工图预算；施工招标发包阶段，由造价咨询单位根据施工图和招标范围编制最高投标限价，报送市造价管理站。

原则上，初步设计概算一般不得突破批准的投资估算，最高投标限价一般不得突破批准的初步设计概算中的相应金额；施工合同一般为固定单价合同，竣工结算时按中标价中的综合单价执行，工程量按实计算，一般不得突破批准的初步设计概算中的相应金额。

2. 工程量清单计价方式

项目建议书或可行性研究阶段，由工程咨询单位根据发展改革委（局）发布的估算编制指引、估算指标，结合自己掌握的经验数据或根据定额测算编制投资估算。

设计阶段和招标发包阶段，设计图纸一般都要求达到施工图深度。编制初步设计概算、最高投标限价时，执行《建设工程工程量清单计价规范》GB 50500—2013 及相关工程量计算规范，并以《广东省建设工程计价依据 2018》（含房屋建筑与装饰工程、通用安装工程、市政工程、园林绿化工程、轨道交通工程等定额）和工程所在地造价站公布的人材机信息指导价作为计价依据。招标工程量清单的准确性和完整性由招标人负责。

通过公开招标或邀请招标方式等确定中标价，中标价相比最高投标限价都有一定的下浮；施工过程中，依据定额、人材机信息指导价和中标下浮率，确定新增的清单项目的综合单价；实行综合单价包干，工程量按实计算。

3. 施工总承包模式的造价管理

广东省各级政府投资项目的工程造价一般实行分段管理，各管一段：以广州市本级财政投资项目为例，发展改革委（局）负责立项阶段的投资估算审批；住房和城乡建设厅（局）负责初步设计概算审批；建设单位（或代建单位）负责最高投标限价、过程结算、竣工结算和工程款支付；招标办负责组织招标投标、评标及承发包活动的管理和监督；财政局负责财政拨款和竣工结算评审；审计局负责建设项目的工程审计。

4. 工程总承包模式（EPC）的造价管理

近年来，广东省各级政府都非常重视工程总承包模式的推广，以解决传统施工总承包模式下设计、采购或施工之间协调不畅、责任推诿带来的矛盾，提高投资效益。但是，由于各级政府、发包人、承包人、咨询服务单位等参建各方对 EPC 模式的认识不足，合同文本与计价方式不匹配，法律不健全等原因，经济纠纷时有发生，尚未完全真正发挥 EPC 模式的优势。

5. 造价工程师的地位和作用

造价咨询企业受政府部门或建设单位的委托开展造价咨询服务时，由于造价工程师的法律地位不明确，存在专业能力不足或责任意识不强的现象，其执业行为的独立性也存在受到相关政府部门、建设单位等干预的情况，相当部分造价咨询企业业务仅局限于看图算量套价，未真正发挥造价工程师的作用。

第三节　香港特区政府投资项目的工程造价管理

香港回归祖国后作为特别行政区，保留其原有的经济和社会制度。香港特区政府对各种经济活动的管理施行"积极不干预"政策，政府投资项目与私人投资项目分别实行不同的管理模式。

政府投资项目又叫"工务工程"，工务工程的组织管理由工务局及下属各署负责，工程造价管理沿用英国的管理模式，并根据自身特点进行调整，形成了较为成熟的国际化、市场化的管理制度和流程，值得借鉴。

（一）工程造价管理机构和职能

1. 工务局及各专业工程署

工务局是香港财政司下属的政策局，主要负责政府工程建设的有关政策、计划的制订与监督落实。

工务局按专业分工设置建筑署、土木工程署、机电工程署等七个署，分别作为政府投资项目的法人或业主，具体负责各个领域的政府投资项目的组织管理，包括可行性研究、设计委托、顾问公司的选聘、招标投标及竣工后的维护。

工务局及下属各署等都有完善的工务工程管理制度，对承建商实行严格的牌照制度，对从业人员实行严格的认可人士制度。一旦出现事故，追究相关建筑师、工料测量师等的责任。

2. 测量师学会

香港测量师学会是由香港测量师组成的法定专业团体。其主要工作有：制定专业服务的标准，包括制定专业守则、厘定加入专业测量师行列的要求；鼓励会员通过持续专业进修以增进专业技能；在政府制定政策方面担当重要的咨询角色；推广测量专业知识，促进香港与内地及国外的测量师资格互认，提高香港测量专业服务水平等。

3. 工料测量师行

香港工料测量师行（事务所）等咨询企业大多是合伙人性质的工料测量师行，没有严格的资质等级制度，是完全独立、专业的市场服务中介。工料测量师行受雇于业主，直接参与工程造价管理，业务范围涉及各类工程初步费用估算、成本规划、合同管理、招标代理、造价控制、工程结算及项目管理等方面。在概念设计、初步设计至竣工的各个阶段，参与工程造价控制活动，实现对工程造价的一体化管理。

（二）工程造价管理现状

香港特区政府投资项目由工务局及各专业工程署负责，其工程造价管理现状主要体现如下：

1. 投资目标的确定与控制

在项目立项前，业主委托工料测量师行承担该项工程的造价控制任务。概念设计阶段，依据业主所提供的项目概念描述和项目基本特征，采用已完工程造价信息数据库中的综合估算指标，结合当前市场价及预留项目实施期的涨价因素，并适度考虑各种不利因素的风险，计算得出项目的初步投资估算，作为投资控制的目标成本。

工料测量师对项目建造全过程进行造价跟踪和控制。方案设计阶段、施工图设计阶段，均以目标成本控制项目设计、建造标准；实施阶段，编制动态目标成本，确定合同价格、工程变更价格、过程结算和竣工结算等。

2. 工程量清单计价方式

香港特区政府投资工程都要求采用工程量清单计价方式，执行香港建筑工程标准计量规则（SMM7）。香港特区政府没有公布统一的定额，由工料测量师参考已完成同类项目的工程数据，结合当前市场材料价格与劳工工资水平的变化调整而定，编制招标工程量清单和标底价格，标底价格并不作为评标的依据。区分不同承包方式，招标工程量清单的准确性和完整性由招标人或投标人负责。

招标投标价格一般都采取市场价格，测量师行或承包商都有自己的经验数据，根据以往同类型的项目单价，结合当前市场材料价格与劳工工资水平的变化调整而定。一般采用招标方式确定中标人和合同价格。

3. 施工总承包模式的造价管理

首先，所有承建商必须先被纳入政府认可的承建商名册内，才有资格竞投政府工程合约。工务局负责对参与工务工程的承建商进行注册和管理。

其次，遵循一定的招标程序，按合理低价中标的原则，承包合同给予最低标价者；对于最低价中标者，有一套完善的制度约束建设过程的每个细节，承包商一旦违规或出现其他问题，均受到法律制度严格的制约。

最后，业主在项目启动前委托一家工料测量行承担该项工程的造价控制任务，以工料测量师为核心对项目建造全过程各个环节的工期、质量、安全、资金等进行实时的跟踪和控制。

4. 工程总承包模式（EPC）的造价管理

香港特区政府投资项目较多采用设计-施工总承包模式，由设计团队和承建商合作共同投标。该模式下，除遵守香港特区政府相关工程管理的法律制度外，业主更加关注总承建商提供的设计方案是否满足要求，或选择有特色、有意义的方案，而非完全注重低价中标。

5. 工料测量师的地位和作用

工料测量师行受政府委托开展全过程造价咨询服务，工料测量师的专业能力、责任意识强，诚信度高，业务可渗透到项目建设的每个环节，在投资目标的确定和控制中处于核心地位。

第四节 粤港政府投资项目全过程造价管理模式的对比分析

广东省和香港特别行政区分别实行不同的经济制度，政府投资项目的全过程造价管理模式也不同。通过对比分析其差异，取长补短，对于探索粤港澳大湾区政府投资项目的全过程造价管理新模式、促进内地与港澳融合发展，是非常必要的。本章主要从以下七个方面进行对比：

（一）工程造价管理主体

广东省政府投资项目的全过程造价管理，以发展改革委（局）、财政厅（局）、住房和城乡建设厅（局）、审计厅（局）等多个政府主管部门分段管理、各管一段，而且各自委托工程咨询或造价咨询单位从事编审工作，属于行政管理模式。投资控制各阶段、各方之间信息不对称，建设单位、造价咨询单位实际处于被动和从属的地位。建设单位作为项目法人，未真正实施自己的权利和承担相应责任；造价工程师的执业行为也受到不同程度的制约，业务范围大多局限于看图、算量、套价等技术工作，难以真正发挥造价工程师在投资控制中的作用。

香港特区政府投资项目的全过程造价管理，工务局作为财政司下属的政策局，主要负责宏观管理和监督；工务局下属的建筑署等各专业工程署分别作为项目法人或业主具体负责实施，以工料测量师为核心实施全过程投资控制，属于市场化管理模式。

通过两者对比发现，广东省各级政府主管部门对项目的工程造价管理干预较多，参与政府投资项目的工程造价管理的部门或单位较多，而且分段管理、各管一段，容易因信息不对称造成投资失控，项目法人或建设单位的责任不明确，未充分发挥造价工程师的作用。香港特区政府对项目的工程造价管理干预较少，项目法人或业主责任明确，管理流程较为简洁高效，主要通过认可人士制度，维护工料测量师执业行为的独立性和公正性，充分发挥工料测量师在投资控制中的作用。

（二）建筑安装工程费用组成

根据《住房和城乡建设部 财政部关于印发〈建筑安装工程费用组成〉的通知》（建标〔2013〕44 号），广东的建筑安装工程费用分类和组成，按工程造价形成由分部分项工程费、措施项目费、其他项目费、规费和税金组成，分部分项工程费、措施项目费、其他项目费包含人工费、材料费、施工机具使用费、企业管理费和利润。

根据《香港建筑工程工程量标准计算规则》，香港的建筑安装工程费用由总则、开办项目、拆卸和改建工程、打桩和沉箱工程、土方工程、混凝土工程等共 19 章费用组成，其中开办项目费包含临时设施、脚手架、保险费等数十项费用。清单项目单价为包含税金在内的全费用单价。

通过两者相比发现，从形式上看两者费用种类名称各不相同，但实质上可以划分为实体项目费（分部分项工程费）和非实体项目费（广东为措施项目费、其他项目费等，香港为总则、开办费等）两大类。香港的费用组成和分类属于国际通用的做法，广东的费用分类和组成是我国财税体制下的做法。

（三）工程量清单计价规则

广东省政府投资项目执行《建设工程工程量清单计价规范》GB 50500—2013。清单项目是按专业和范围来划分的，有统一的项目编码；项目特征按规范规定的项目特征结合拟建工程项目的实际予以描述；工程量计算执行《房屋建筑与装饰工程工程量计算规范》GB 50854—2013 等工程量计算规范；综合单价以《广东省建设工程计价依据 2018》各专业工程定额和工程所在地公布的人材机信息指导价作为计价依据。

香港特区政府投资项目执行《香港建筑工程工程量标准计算规则》，清单项目是按工种分工序来划分的，没有统一编码；项目特征描述没有统一的规定，通常按照尽量简要、全面的原则描述清楚即可；工程量计算执行《香港建筑工程工程量标准计算规则》；没有统一的定额作为计价依据，但香港统计处和建筑署每月向社会发布权威性的人工、材料价格和指数，各工料测量师行和承建商都有自己的经验数据积累，各自参考已完成项目的工程数据和实施期市场行情、物价上涨等因素编制估算、概算或标底。

通过两者相比发现，广东和香港采用的工程量清单计价规范或工程量计算规则不同；香港没有统一的定额作为计价依据，但工程价格体现了市场规律；广东将定额作为统一的计价依据，便于参与造价管理的各部门、各单位、甚至承包人等之间的有效沟通，但工程价格未真正反映市场规律，不能真正发挥市场在资源配置中的作用。

（四）工程量清单的准确性和完整性

广东省政府投资项目的招标工程量清单，其准确性和完整性由招标人负责，不允许投标单位自行修改。施工合同一般为固定单价合同，结算时按合同单价执行，工程量按实计算。

香港特区政府投资项目的招标工程量清单，一般业主提供的工程量仅供投标单位参考，投标单位应仔细阅读招标合同条件、图纸及规范，并复核及计算工程量和项目，投标单位必须承担工程单价表内所有数量及项目准确性的责任。为了保证招标清单的准确性及完整性，业主一般会在招标文件中单独设置一项空白格，便于投标单位列出按合同及技术规范要求完成本工程所必须发生的、但没有包含在招标工程量清单内的清单项目及工程量。施工合同一般为固定总价合同，如无设计变更等允许调整事项发生，合同价款不予调整。

相对来说，香港的做法更有利于投资目标的控制，减少结算时工程量方面的争议，加快结算进度。

广东的工程量清单，其综合单价是由人工费、材料费、机械费、企业管理费、利润、一定风险这六项内容组成的，并要求所有实体项目清单编制相应的综合单价分析表。当工程发生变更时，可根据综合单价分析表，对类似项目的单价进行换算或对允许调价材料计算差价。

香港的工程量清单，在招标文件中对综合单价进行特别说明，并把每一个工程的单价所应包括的内容详予列明，但不要求对实体项目清单编制综合单价分析。

相对来说，香港的合同中缺少综合单价分析表，不利于工程发生变更时的价格调整。

（五）评标定标

广东省政府投资项目遵照招标投标法规定，通过公开招标或邀请招标方式，按照规定的招标程序，由随机抽选的评标专家在封闭的公共资源交易中心内完成评标程序，确定综合评分高低排序前三名为中标候选人，由业主确定中标人，中标价不得超过最高投标限价。

香港特区政府的招标投标制度规定，所有承建商必须先被纳入政府认可的承建商名册内，才有资格竞投政府工程合约。招标工作由各工务部门具体负责，通过公开招标或选择性招标方式按规定的程序进行，按低价中标原则，详细审核选择报价最低的3家承建商的投标书，并编写审核报告上报投标遴选委员会，由委员会最终决定中标人并批出合约。

通过两者相比发现，主要有两个不同之处：①广东省政府投资项目由交易中心统一组织招标，在统一的公共资源交易中心进行，香港特区政府投资项目则由工务部门组织。②广东省政府投资项目由随机抽取的评标专家进行评标，由业主定标；香港特区政府投资项目由工务部门的工程师进行评标，由投标遴选委员会定标。

（六）工程造价咨询企业与工料测量师行

广东的造价咨询企业有甲、乙资质等级之分，多数政府投资项目要求具有甲级资质的造价咨询企业才有资格投标取得咨询服务合同。

香港的工料测量师行没有资质等级之分。政府投资工程对工料测量师行没有资质等级要求，对认可人士有严格的要求。

相对来说，香港更加注重工料测量师的综合素质和专业能力。

（七）造价工程师与工料测量师

内地造价工程师与香港工料测量师的简要对比，详见表8-1。

内地造价工程师与香港工料测量师的对比　　　　　　表 8-1

内容	造价工程师	工料测量师
来源	中国	中国香港、英国
资格	中华人民共和国造价工程师注册执业证书和执业证章（经全国统一考试）	香港测量师学会 英国皇家特许测量师学会（RICS）成员
取得路径	工程造价专业本科毕业，从事工程造价业务工作满4年；工程或工程类本科毕业，从事工程造价业务工作满5年	10年以上的行业经验（大学本科以上的学历）RICS 入会培训
供职范围	国企/民营/政府	部分大型企业/外企/中外合资企业
工作流程上没有太大的区别		

相对来说，香港工料测量师的法律地位和责任比较明确，执业行为独立，业务范围较广，在投资控制中的作用更大；广东造价工程师的法律地位和责任比较模糊，执业行为独立性较差，业务大多局限于看图、算量、套价等技术工作，在投资控制中的作用较小。

第五节 粤港澳大湾区政府投资项目全过程造价管理模式的新思路

广东与香港、澳门接壤，是中国经济最活跃的地区。粤港澳大湾区建设是新时代推动形成全面开放格局的新举措，是推动"一国两制"事业发展的新实践。为推动政策创新，促进粤港澳三地合作交流、融合发展，通过对比分析粤港两地政府投资项目的工程造价管理模式，借鉴香港市场化、国际化工程造价管理的做法与经验，本书提出关于粤港澳大湾区政府投资项目全过程造价管理模式的新思路，供政府有关部门和同行参考。

（一）完善政府投资项目的工程造价管理体制，减少政府干预

借鉴香港特区政府对经济活动的"积极不干预"政策，加强发展改革委（局）、财政厅（局）、住房和城乡建设厅（局）、审计厅（局）等相关政府部门之间的沟通联系，完善政府投资项目的工程造价管理体制，减少政府干预，政府以宏观决策、监督为主，项目法人具体负责实施。

（1）各级政府相关部门共同研究制定本级政府投资项目的工程造价管理制度、流程和监督措施。

（2）建立或完善项目决策阶段联合评审制度，政府相关部门共同确定投资估算，作为项目实施阶段（勘察、设计、采购、施工、竣工验收等）的投资控制总目标。

（3）建立或完善项目法人责任制，明确政府投资项目的项目法人（建设单位或代建单位）的工程造价管理目标、权限和责任，由其具体负责项目实施。

（4）项目启动前，由项目法人委托工程咨询单位编制项目建议书或可行性研究报告（含投资估算）；项目启动后，委托造价咨询单位参与决策、设计、施工、竣工验收等所有阶段的全过程工程造价管理（编制、审核、合同管理、评标等），解决项目建设各阶段、参建各单位之间信息不对称产生的矛盾。

（5）明确造价工程师的法律地位和风险责任，维护造价工程师执业行为的独立、客观、公正，真正发挥造价工程师的作用。

（6）研究粤港两地的相关建设法规，制定或完善适合于粤港澳大湾区的相关法规，明确参建各方的法律责任，做到有法可依、依法办事，维护建筑市场秩序。

（二）调研粤港澳三地财税政策，统一费用分类和组成

工程费用的分类和组成是工程量清单计价的基础。粤港澳三地经济制度不同，财税政策差异较大。广东省联合港澳两地相关政府部门，共同调研三地财税政策异同，统一费用分类和组成，便于造价工程师或工料测量师的业务操作和成果文件的规范性。

（三）统一工程量清单计价规范或工程量计算规则

由广东省住房和城乡建设厅联合港澳两地相关政府部门，在两地现有相关规范或规则的基础上，共同研究编制统一的工程量清单计价规范或工程量计算规则，并注意以下三点：

（1）注意修订现有工程量清单计价规范、工程量计算规范中与市场定价机制不一致的条款，例如：以定额和政府指导价作为招标控制价的编制依据；综合单价分析表由定额子

目名称、编号、单位等组成。

（2）项目立项审批、勘察设计、施工、竣工等各环节的清单项目层级关系应明晰、项目特征描述应简要清晰，计量计价规则应一致，便于投资估算、设计概算、最高投标限价之间对比和汇总。

（3）招标文件对项目详细定义，包括功能需求、建设标准、技术规格说明书、招标图纸、工程量清单等。

（四）统一资格预审制度（承建商牌照制度）和招标投标管理办法

在招标投标法和广东招标投标实施办法的基础上，联合港澳地区相关政府部门，共同研究制定适合于大湾区的招标投标管理办法，包括统一资格预审制度（承建商牌照制度）、注册执业管理制度（认可人士制度）、评标细则等，便于内地企业与港澳企业之间的公平竞争，建立适合于粤港澳大湾区的建筑市场新秩序。

（五）创新市场价格信息发布机制

由广东省住房和城乡建设厅联合港澳两地政府主管部门，共同研究制定统一造价指标、造价指数、人材机市场价格等的发布标准，建立市场化的信息发布平台，政府、业主、企业等都可以自主将所掌握的造价信息发布在信息平台上，供政府投资项目的参建各方（政府、发包人、承包人、造价咨询单位等）参考。

（六）建立或完善造价工程师和工料测量师的互认制度，促进粤港澳三地执业人士的交流合作

造价工程师和工料测量师都是工程造价执业人士，内地和香港都有各自严格的考试、注册管理、继续教育和诚信评价等制度。建立和完善造价工程师与工料测量师的互认制度，有利于粤港澳三地执业人士的交流合作，为政府投资项目的建设提供更好的服务。

（七）编制合同示范文本，严格履约管理

在遵守内地与港澳两地相关法律的基础上，根据国家现行相关示范文本，结合港澳两地的示范文本，共同编制适合于粤港澳大湾区的示范文本（招标文件、勘察设计合同、施工总承包合同、工程总承包合同和造价咨询合同等），严格履约管理，参建各方应行使合同赋予的权利并承担相应的违约责任。

（八）推行工程造价咨询成果质量终身责任制和职业责任保险制度

借鉴香港的认可人士制度，探索建立工程造价咨询企业信用与执业人员信用挂钩制度，推行工程造价咨询成果质量终身责任制，完善监管数据共享、多元共建共治、互为联动支撑的协同监管机制。

政府投资项目的投资金额一般较大，项目的个别性、差异性也很突出，如果工程造价咨询企业和从业人员的工作失误或能力不足，都可能给投资主体或承包人带来重大损失而被巨额索赔。建立职业责任保险制度，可以增强工程造价咨询企业及从业人员的风险责任意识和抗风险能力，也能更好地预防和减少政府项目的投资风险。

第九章

建设工程造价纠纷调解机制如何建立研究报告

（广东飞腾工程咨询有限公司、广东省国际工程咨询有限公司、广东明润工程咨询有限公司、广东建伟工程咨询有限公司）

第一节 项目背景

（一）目前工程纠纷解决途径

目前我国建设工程造价纠纷的主要解决途径有协商、调解、仲裁或诉讼。

1. 协商

按照法律和商业惯例，一旦出现商业纠纷，双方应首先在自愿、平等的基础上进行友好协商，寻求解决的可能性。最常见的方式是由监理工程师或造价工程师参照依据双方签订的施工合同或协议，遵照有关的法规和通常的商业惯例，本着互谅互让、实事求是的精神，提出公平合理的解决方案，即提出可达成和解协议的专业意见，将纠纷化解于萌芽状态，但是这种方式无法律约束力，需要双方认可才能生效。

2. 调解

调解是指争议事件当事人以外的第三者，在查明基本事实的基础上，通过说服、劝导、协商，促使当事人双方消除争议，自愿达成协议、解决纠纷的活动。调解分为诉前调解和诉后调解，诉前调解包括人民调解、行政调解、商事调解、行业调解；诉后调解包括法院、仲裁调解。

经过协商不能达成协议时，双方可申请业务主管部门（如工程造价管理部门或行业协会的专家委员会等）出面进行调解。他们比较清楚本行业的情况，较全面地把握产生纠纷的关键之处，由其出面调解，既能权威性地做纠纷双方的思想工作，又能准确运用法规，提出合理和中肯的解决方案。

管理机构书面解释或认定是指业务主管部门等机构对于争议问题的回复，最高人民法院发布的《关于适用〈中华人民共和国民事诉讼法〉的解释》（法〔2015〕31号）第141

条规定："国家机关或者其他依法具有社会管理职能的组织，在其职权范围内制作的文书所记载的事项推定为真实，但有相反证据足以推翻的除外"。

此外，主管部门还可以运用法律和制度答应的方式，给纠纷双方以必要的帮助、照顾和支持。假如协商一致，纠纷双方也可以共同委托所信赖的第三者（调解专家或团体）出面调解。由第三者进行调解，有较高的灵活性、中立性、专业性和权威性，比较超脱和公正，不致因某种利害关系而偏袒一方或损害另一方的利益，第三者会充分听取双方的意见，耐心细致说服双方，以自己专业和人格上的感召力促使双方互相让步而达成和解。

3. 仲裁

如争议双方不愿协商和调解，或者协商、调解不成时，就只能在仲裁和诉讼两种方式中作一选择。仲裁作为解决商业纠纷的重要方式，具有与法院诉讼同等的法律地位和强制执行效力。目前，更多的商家宁愿选择仲裁而不愿到法院诉讼，这是因为：

第一，仲裁机构比法院更独立、专业。如工程造价仲裁委员会，它不隶属于任何行政、党务机构，在审理案件中，能完全排除外界的干扰，做到依法、独立。此外，审理案件的仲裁员大多是在海内、外有相应影响力的法律、经贸、科技方面的知名专家。专家审理案件，更专业，更公正。

第二，仲裁程序更简便，审理期限更短，效率更高。仲裁实行"一裁终局"制度，其本身没有上诉或再审程序，仲裁确定后纠纷不能再到法院申诉，仲裁一经裁决即具有法律约束力和强制执行力。

第三，仲裁实行"一裁终局"制度，没有上诉程序，因而仲裁费用更低。此外，仲裁实行不公开审理，第三人不可旁听案件审理，媒体也不得报道仲裁程序及裁决，因此，仲裁更能保守商业秘密。

4. 诉讼

毫无疑问，诉讼是解决商业纠纷最严肃的手段，同时也是最终的手段，在万不得已之下才予以采用。目前社会上普遍反映走诉讼程序存在立案难、程序繁琐、耗时漫长，诉讼费，律师费高等问题，不可猜测的因素（如法官专业性、行政干预、地方保护等）较多，诉讼成本高。

（二）我国目前纠纷调解现状

目前我国的调解制度分为诉前调解和诉后调解，诉前调解包括人民调解、行政调解、商事调解、行业调解。诉后调解包括法院调解、仲裁调解。

我国行政调解由于没有法律支撑，并受行政机关工作人员专业水平的影响，操作性差。行业调解由于没有现行法律法规的支撑，长期缺位。由于相关法律法规制度不完善我国商事调解还未开展。

因此，目前我国的工程合同纠纷调解主要存在于诉后的法院或仲裁调解。虽然调解方式有所应用，但多以造价管理机构为调解主体，本质上属于行政调解范畴，与国外的非诉讼调解还有很大的差距。

这种现状导致诉讼量的激增和积案问题，法院压力加大，不断增加法官人数，而法官的专业性不能同步提高，造成司法权威的公信力在下降。

诉讼费用昂贵，当事人双方的诉讼成本都极高。诉讼的延迟和程序的复杂性同时增加了当事人双方的时间成本。

另外，法院解决工程造价纠纷专业案件具有局限性，由于法官对专业知识不熟悉，往往把专业问题委托专业机构进行造价鉴定，并在鉴定报告的基础上作出裁决。近年来，诉讼双方为提高诉讼案件的胜算，一般会聘请专业人员全程参与诉讼，就是所谓的"专家辅助人"，也增加了诉讼成本。

鉴于这种现状，我国进行调解机制改革。2020 年 1 月 7 日，最高人民法院、国家发展和改革委员会、司法部联合印发《关于深入开展价格争议纠纷调解工作的意见》（法发〔2019〕32 号）（以下简称《意见》）。

《意见》认为深入开展价格争议纠纷调解工作，应当不断畅通调解渠道，建立形式多样、层次分明的调解网络。发生价格争议纠纷的，可以通过价格主管部门所属的价格认定机构、相关人民调解组织、依法设立的其他调解组织三种方式开展调解，充分发挥行政主管部门、人民调解组织、行业协会专业调解组织（中心）等在价格争议纠纷调解方面的作用。

根据上述情况，在工程纠纷调解方面，行业协会应发挥其专业性和中立性的优势，适时地开展该项工作，提高行业协会在社会上的影响力。具体要做好以下工作：

1. 创新调解方式

认真总结实践中行之有效的价格争议纠纷调解方式方法，引导当事人优先选择调解方式化解价格争议纠纷。积极探索在线调解等工作，满足人民群众多元、及时、便捷化解价格争议纠纷的新要求。

2. 建立和健全调解对接机制

采取联合调解、协助调解、委托移交调解等方式，建立价格争议纠纷行政调解、人民调解、行业性专业性调解、司法调解衔接联动的工作机制。完善诉调对接机制，探索在仲裁委员会设置调解室，对适宜调解的造价争议的纠纷，引导当事人选择先行调解。健全委派、委托、诉中协助调解机制，促进纠纷的合理分流。规范纠纷流程管理，对调解不成功的纠纷，依法转入诉讼、审判程序，切实维护当事人权益。

3. 完善工作制度

（1）对重大疑难事项建立专家会诊商议制度。加强与本地纠纷调解中心、专业性纠纷化解平台的协调对接，及时协调解决重大典型价格争议纠纷。

（2）鼓励建立联席会议等制度。加强对造价争议纠纷调解工作的组织领导和统筹协调，建立造价争议纠纷案件研判制度，通过业务交流、发布典型案例、司法建议等方式，推动依法解决造价争议纠纷。

具体操作办法可以参考 2019 年 5 月中国建设工程造价管理协会行业出台的《工程造价纠纷调解中心调解规则（试行）》《中国建设工程造价管理协会工程造价纠纷调解中心管理办法（试行）》《工程造价纠纷调解收费管理办法（试行）》等相关规定和要求。

第二节　工程造价纠纷调解机制研究

通过对中国建设工程造价管理协会出台的一系列文件的研究，结合广州市的实际情况，对造价纠纷调解工作的组织构架进行了探讨研究。

（一）调解专家库的建立

根据《中国建设工程造价管理协会工程造价纠纷调解中心调解员聘任和管理办法（试行）》及相关法律、法规，结合广州市实际，形成如下调解员选择办法。

1. 调解专家应当具备以下四项基本条件

（1）具有良好的职业道德，诚实守信，作风正派，理论水平高；

（2）身体健康，年龄在 70 周岁以下，从事工程造价等相关专业工作 10 年以上，具备坚实的专业基础知识，有较丰富的工程实践经验；

（3）具有工程或工程经济类中、高级专业技术职称且持有注册造价工程师执业资格；

（4）法律专业（合同方面）人员需要具备律师资格证，并对施工合同方面的法律有一定的研究和实际经验。

2. 调解专家可按下列专业进行分类登记

设立建筑（含装饰）专业、市政专业、城市轨道交通、安装专业、园林绿化专业、仿古建筑专业、法律专业（合同方面）专家库，符合上述多个专业条件的专家可同时兼任（最多三个）。

3. 调解专家聘任程序

（1）申请人如实填写《广州市工程造价行业协会调解专家申请表》；

（2）单位推荐材料一份（推荐材料不超过 500 字，包括该专家的专业特长、技术水平和实践经验）；

（3）申请人向广州市工程造价行业协会提交申报材料，包括申请表、学历证书、注册造价师执业资格证、专业技术职称证书、律师资格证、本人身份证等有效证件的原件及复印件，以及本人从事工程造价管理、律师工作业绩材料及所获奖励情况；

（4）广州市工程造价行业协会初步审查后，报仲裁机构备案并对申请人的基本条件和专业条件进行资格审查认定，符合条件的话则正式入选调解专家库，颁发调解专家聘书。

（二）调解中心调解程序

仲裁调解中心工作流程图如图 9-1 所示。

1. 当事人双方共同申请程序

当事人双方委托调解中心进行调解的，经调解中心复核后符合受理条件的双方缴纳调解费。调解中心发《受理通知书》，双方当事人可以在专家库中各自选定调解员，如收到调解通知之日起 10 日内未能选定调解员，由调解中心指定调解员，原则上每个项目调解员不多于 3 名。调解成功后签署调解协议。

2. 法院、 仲裁机构、 行政机关、 其他调解组织委托申请程序

法院、仲裁机构、行政机关、其他调解组织委托调解中心进行调解的，经调解中心审核后符合受理条件的联系双方当事人，当事人同意调解后缴纳调解费。调解中心发《受理通知书》，双方当事人可以在专家库中各自选定调解员，如收到调解通知之日起 10 日内未能选定调解员，由调解中心指定调解员，原则上每个项目调解员不多于3名。调解成功后签署调解协议。调解协议可申请司法确认，法院、仲裁机构审查符合裁决条件的出具裁定书，否则履行调解协议。

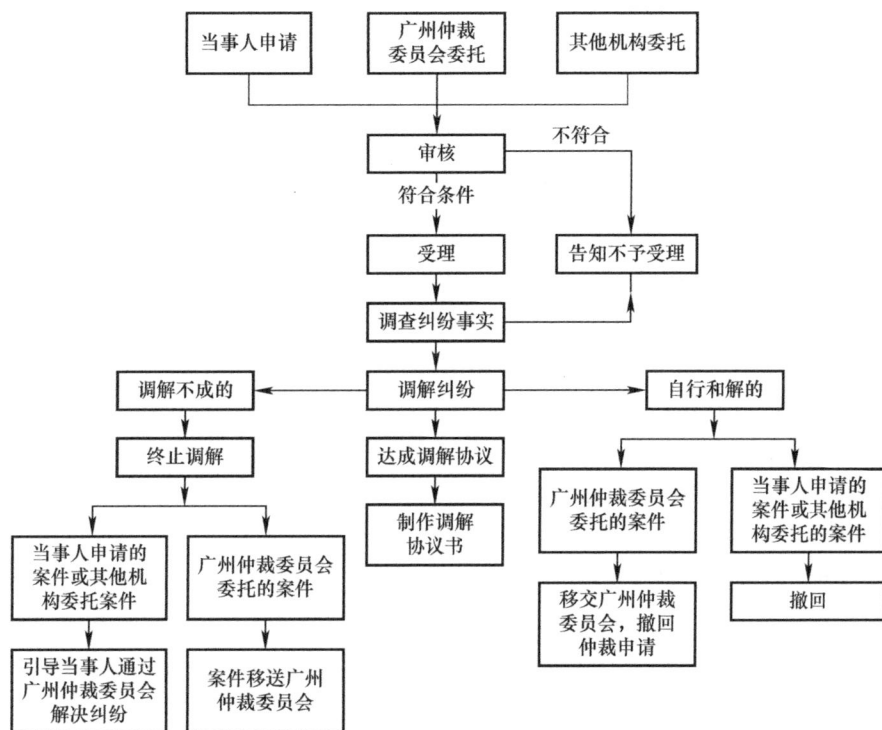

图 9-1　仲裁调解中心工作流程图

(三) 调解方式

当事人应自收到预受理通知书后，提交《调解申请书》及相应的技术资料至调解中心，技术资料包括但不限于图纸、合同、招标投标文件、中标通知书、图纸答疑、变更、签证、开工报告、竣工验收报告、工程结算书等。

调解开始前，调解员应对调解申请书以及各方当事人提交的相关证据材料进行研究分析，了解产生造价纠纷的原因和双方当事人的意见和理由，查询与造价纠纷事项有关的法律、法规等相关规定，为调解做好资料准备工作。

各方当事人应同时到广州市工程造价行业协会会议室（或各方约定的会议地点），全面地陈述争议问题及各自的意见。具体流程如下：一方申请人发言，提出主张；另一方申请人发言，提出意见。调解员听取情况反映后，就证据材料询问当事人有关情况后总结双方观点，提出专业意见或建议并征询双方意见，并提出初步调解意见且填写《调解记录》，由当事人、调解员签字确认。

调解过程中必要时去案件现场勘察、核实；当事人提供的资料不足的，调解员可以向当事人发出《调解资料补充表》，要求当事人进一步提供相关补充资料。

调解员将调解情况形成书面《调解协议书或调解技术咨询报告书》，报协会负责人审批并加盖公章。如认为不可调解的纠纷，将及时书面告知当事人，并建议提请仲裁等司法程序解决，调解失败的，其前期如形成的调解意见随之作废，且不作为任何有效证明。

（四）调解成果文件

1. 调解记录

《调解记录》经当事人签字或者盖章确认后作为调解成果文件的依据。《调解记录》的内容应当包括但不限于：

（1）调解的时间、地点、当事人、调解员、记录员等基本信息；

（2）调解人员对当事人的权利义务的告知；

（3）调解人员对调解原则、方式和方法以及参与调解人员身份的告知；

（4）当事人双方对争议事实的陈述；

（5）调查情况的核实和质证；

（6）调解结果的风险告知；

（7）调解协议内容或调解不成的原因，以及不能达成调解协议，解决纠纷的途径告知，或是依法起诉、申请仲裁或作出行政处理决定；

（8）调解员、参加人员、当事人各方都要在调解记录上签字。

2. 调解协议书或调解技术咨询报告书

《调解协议书》（或《调解技术咨询报告书》）经各方当事人及调解员签字，并加盖公章。《调解协议书》（或《调解技术咨询报告书》）的内容应当包括但不限于：

（1）申请人的纠纷调解申请事项和各方当事人的主张；

（2）调解意见以及所依据的事实及理由；

（3）调解时间、调解地点以及参与调解的人员；

（4）协议的权利义务，履行方式、期限、违约责任等；

（5）《调解协议书》（或《调解技术咨询报告书》）的签订日期；

《调解协议书》（或《调解技术咨询报告书》）只对造价纠纷案件给出解决问题的原则性意见，不负责具体工程价款的计算和组价，如需计算具体工程价款，由双方当事人根据《调解协议书》（或《调解技术咨询报告书》）确定的计价原则另行委托相关的造价咨询单位完成工程价款的计算。

（五）调解收费

（1）调解中心收取的调解的相关费用包括案件注册费、案件调解费，用于支付调解员报酬和维持调解中心的正常运转。

（2）案件注册费按照争议金额交纳。争议金额在 100 万元以下的，注册费为 2000 元；争议金额在 100 万元以上（含 100 万元）的，注册费为 4000 元。

（3）案件调解费按照争议金额分段计算交纳。当事人自行申请的案件，争议金额在 100 万元以下的部分，调解费为 7000 元；案件争议金额在 100 万元以上（含 100 万元）的部分，参照人民法院诉讼收费标准减半收取。人民法院、仲裁机构委派调解的案件，按照委派人民法院诉讼收费标准或仲裁机构相应收费标准减半收取。

当事人自行申请案件调解费的收费标准参见表 9-1。

工程造价纠纷调解收费标准参考表 表 9-1

争议标的额度	法院诉讼收费标准	工程造价纠纷调解收费标准	
		法院委派	自行申请
不超过 1 万元的部分	每件交纳 50 元	每件 25 元	每件 7000 元
1 万元至 10 万元的部分	按照 2.5% 交纳	按照 1.25% 交纳	
10 万元至 20 万元的部分	按照 2% 交纳	按照 1% 交纳	
20 万元至 50 万元的部分	按照 1.5% 交纳	按照 0.75% 交纳	
50 万元至 100 万元的部分	按照 1% 交纳	按照 0.5% 交纳	
100 万元至 200 万元的部分	按照 0.9% 交纳	按照 0.45% 交纳	按照 0.45% 交纳
200 万元至 500 万元的部分	按照 0.8% 交纳	按照 0.4% 交纳	按照 0.4% 交纳
500 万元至 1000 万元的部分	按照 0.7% 交纳	按照 0.35% 交纳	按照 0.35% 交纳
1000 万元至 2000 万元的部分	按照 0.6% 交纳	按照 0.3% 交纳	按照 0.3% 交纳
超过 2000 万元的部分	按照 0.5% 交纳	按照 0.25% 交纳	按照 0.25% 交纳

（财产案件收费根据诉讼请求的金额或者价额，按照右侧按比例分段累计交纳）

注：法院诉讼收费标准按照《人民法院诉讼费用交纳办法》（国务院令 481 号）的规定。

第三节　纠纷调解案件的新技术应用思路与设想

工程造价纠纷调解是一项专业性很强和因果关系复杂的工作。调解得成功与否，除需要调解员的专业技术水平和沟通能力外，还需要借助以往的实际案例（如法院、仲裁或者是主管部门对类似案例的裁决、回复等）作为参考或引用。为方便调解工作更加公平公正地进行，就需要对历史案例进行总结归类和数字化的分析，通过案例大数据检索，帮助和提醒调解员准确把握调解的原则和理据，避免同类争议问题出现几种不同的评判结果。

从广东省建设工程标准定额站（以下简称标准定额站）的《广东省工程造价信息化平台》（http://www.gdcost.com）中"争议处理"选取了 34 个纠纷处理案例，进行数字化整理、分类和分析，找涉及定额、清单、合约方面的问题进行数据化统计，并将纠纷类型分为 6 个类型：

（1）法律法规调整；

（2）施工条件变化；

（3）计价争议；

（4）材料调差；

（5）工程索赔；

（6）变更纠纷。

通过分析所收集的 34 个纠纷案例资料，"计价争议"相关复函 25 份，"法律法规调整"争议复函 3 份，"材料调差"争议复函 2 份，"工程索赔"造成的争议复函为 2 份，"变更纠纷"争议复函 1 份，"施工条件变化"争议复函 1 份。

34 个工程纠纷处理案例归类汇总情况见表 9-2。

表 9-2

工程纠纷案例汇总表

序号	造价纠纷文件名称	所属类型	主要争议问题
1	翠湖香山国际花园地块五（一期）精装修工程项目涉及工程计价争议的复函	计价争议	对装修部分的超高降效费是否属于措施费包干的争议
2	关于 60 万吨年航煤加氢改造及配套工程项目设计工程计价争议的复函二	计价争议	对安全生产费 1.5% 的争议
3	关于东莞恒大绿洲花园（1# ～12# 综合楼及配套商业）主体及配套建设工程项目涉及工程计价争议的复函	计价争议	1. 对润内脚手架搭设人工费是否应考虑降效的争议； 2. 对地下室底板套用 A4－2 与 A4－3 定额问题以及计算的争议； 3. 对固定双层钢筋的铁马凳是否按钢筋以质量计算的争议
4	关于佛山市领地.广东海纳龙庭建设工程项目涉及工程计价争议的复函	材料调差	对列入可调价范围的材料的结算价格如何确定的争议
5	关于广东石油化工学院学生宿舍二区 C 栋工程项目涉及工程材料调差计算方式计算及争议的复函	材料调差	对结算材料调差计算方式的争议
6	关于阳江市直属粮库第五期工程项目计价争议的复函	法律法规调整	1. 对按照人社规[2015]5 号文规定购买的工伤保险是否可以拔发票结算的争议； 2. 对分部分项工程人材机价格调整是否可以调整安全文明施工措施费的争议
7	关于怡翠尊堤观观总包项目涉及工程计价争议的复函	计价争议	三个争议均为外墙脚手架计算规则理解上的争议
8	关于御江苑二期工程项目计价争议的复函	计价争议	1. 对基坑支护支撑梁拆除争议； 2. 对基坑支护垂直运输的争议
9	关于云浮市郁南县江滨路路面升级改造工程项目计价争议的复函	法律法规调整	对税金调整计算小法产生的争议
10	关于珠海市香洲区问题河涌（含黑臭水体）管养提升项目计价争议的复函	计价争议	1. 对黄金叶等植物数种工程量计算及套用定额子目的争议； 2. 对支护工程打拔拉森Ⅲ型钢板桩拉森工程计入分部分项工程项目还是措施项目的争议； 3. 对支护工程打拔拉森Ⅲ型钢板桩拆除钢板桩安装套用定额子目的争议
11	广东省怀集监狱十二五基础设施建设项目（一标段）施工总承包项目涉及计价设计的复函	计价争议	1. 对管改增后安全文明施工措施费调整方法争议； 2. 对电线配管暗敷墙面开凿与修复工程量计算的争议； 3. 对拼长工程量计算的争议

续表

序号	造价纠纷统计文件名称	所属类型	主要争议问题
12	国通外贸产业城一期A区工程项目涉及计价争议复函	计价争议	1. 对降水排水的争议； 2. 对湿土划分的争议； 3. 对流沙划分的争议； 4. 对挖淤泥、流沙计量的争议； 5. 对地下室模板超高计价的争议； 6. 对脚手架计价的争议； 7. 对计算酱槽、刨沟的争议； 8. 对管材及管件含量的争议； 9. 对土方开挖混凝土保护层的争议； 10. 对细石混凝土调整工日的争议； 11. 对空桩计算的争议
13	惠州光明学校项目设计工程计价争议复函	计价争议	对宿舍楼阳台建筑面积计算方式的争议
14	惠州市金龙大道改造项目涉及工程计价争议复函	计价争议	对综合管廊拉森钢板桩引孔计价的争议
15	汕头市潮南区生活垃圾焚烧发电厂项目涉及计价争议复函	计价争议	1. 对钢筋长度规则计价的争议； 2. 对预算包干费是否包含因场内场地受限而产生土方转运费的争议； 3. 对回填土松散系数的争议； 4. 对选择商品混凝土碎石粒径的争议； 5. 对建筑墙面添刷聚合物防水砂浆选用定额依据的争议； 6. 对3.6m以下重满堂红脚手架费用计取的争议
16	韶关监狱十二五基础设施建设项目场地平整及施工监管围墙工程项目计价争议复函	工程索赔	1. 对钢筋拆除回收综合单价的争议； 2. 对工期延期处罚计价的争议
17	双滩藏坡湾施工总承包工程计价设计工程计价争议复函	施工条件变化	对旋挖成孔灌注桩遇见孤石、破除孤石费用是采用定额子目计算还是市场价格计算的争议
18	肇庆5#6#楼及2#地下室土建计价争议复函	计价争议	对劳务固定单价的工程量按照建筑面积计算、标准层所有阳台是否计入建筑面积引起的争议
19	肇庆恒大世纪梦幻城二期A21主体及配套建设工程项目涉及工程计价争议复函	变更纠纷	对地下室大开挖后再挖槽、挖坑，其深度为大开挖后到坑底面计算，增加垂直运输计取土石方垂直运输与水平运输产生争议
20	珠海博物馆布展设计与施工承包项目涉及工程计价争议复函	计价争议	1. 对搭设高度13~16m满堂脚手架计价的争议； 2. 对双排脚手架执行定额的争议； 3. 对定额计价结果与市场价格相差悬殊的调整方法的争议

续表

序号	造价纠纷统计文件名称	所属类型	主要争议问题
21	关于东莞市供热管网项目涉及工程拆除计价争议的复函	计价争议	对管道保温层保护性拆除费用在套用相应定额子目时，适用的拆除系数如何确定的争议
22	关于阳江市合山通用机场改扩建项目工程计价争议的复函	计价争议	对招标工程量清单中"型材屋面"与"R-5 双层压型钢板复合保温屋面"设计图纸是否属于合同条款"项目特征描述不符事件"的争议
23	关于广州能源站土建及配套基坑支护计价争议的复函	计价争议	对发承包双方就三轴搅拌桩施工时产生余土（或泥浆）的外运工作内容，是否已包含在定额子目内的争议
24	关于中新广州知识城分布式能源站电力工程项目计价争议的复函	计价争议	1. 对电机检查接线和电气调试费用计价的争议； 2. 对变更、签证的项目内容计取措施费的争议
25	关于惠州市大亚湾美悦湾项目工程计价争议问题的复函	计价争议	1. 对旋挖桩泥浆外运费用计价的争议； 2. 对钢筋调直费用计价的争议； 3. 对泥浆池措施费计价的争议； 4. 对旋挖桩成孔长度计算的争议； 5. 对人岩增加费计价的争议； 6. 对采用钢护筒扩大部分增加费用有争议
26	关于肇庆保利商务中心一期工程项目计价争议的复函	计价争议	1. 对悬挑工字钢，槽钢等费用计算的争议； 2. 对高支模工程中模板支架计价的争议
27	关于珠海市香洲区问题河涌管养提升项目计价争议的复函	计价争议	对不同规格围挡材料的计价方式的争议
28	关于珠山居商住小区工程计价争议的复函	计价争议	1. 对砌块砌体是否可以根据砌筑形状划分为墙、柱，其他零星砌体计价的争议； 2. 对砌块柱、零星砌块是否可以参考砖体及其他零星砌体定额子目计价的争议； 3. 对预制过梁运输从首层运输到安装楼层的运输费是否计价的争议； 4. 对混凝土楼板表面磨光机处理费用能否计价的争议； 5. 对内墙抹灰从水泥石灰砂浆一层粉面完成，如何套取定额子目的争议； 6. 对内墙抹灰压入纤维网是否按照抹灰子目以乘以系数 1.30 计价的争议； 7. 对外墙抹灰压入钢丝网能否按照抹灰子目人工乘以系数 1.30 计价的争议； 8. 对外墙饰面砖（包括墙面，柱面）零星面工程量计算的争议； 9. 对"争议 1"砌体子目划分为出柱、零星子目，则该部位的饰面砖能否同样划分为柱、零星子目计价的争议； 10. 对外墙综合脚手架、垂直运输、建筑物超高增加的饰面砖抹灰机械的步距计算起点的争议

续表

序号	造价纠纷统计文件名称	所属类型	主要争议问题
12	国通外贸产业城一期A区工程项目涉及计价争议复函	计价争议	1. 对降水排水的争议； 2. 对湿土划分的争议； 3. 对流沙划分的争议； 4. 对挖淤泥、流沙计量的争议； 5. 对地下室模板超高计价的争议； 6. 对模板手架计价的争议； 7. 对计算凿槽、刨沟的争议； 8. 对管材及管件含量的争议； 9. 对土方开挖调整工目的争议； 10. 对细石混凝土保护层的争议； 11. 对空桩计算的争议
13	惠州光明学校项目设计工程计价争议复函	计价争议	对宿舍楼阳台建筑面积计算方式的争议
14	惠州市金龙大道改造项目涉及工程计价争议复函	计价争议	对综合管廊拉森钢板桩引孔计价的争议
15	汕头市潮南区生活垃圾焚烧发电厂项目涉及计价争议复函	计价争议	1. 对钢筋长度规则计价的争议； 2. 对预算包干费是否含因场内场地受限而产生土方转运费的争议； 3. 对回填土松散系数的争议； 4. 对选择商品混凝土碎石粒径的争议； 5. 对建筑墙面涂刷聚合物防水砂浆造成防水脚手架费用计取的争议； 6. 对3.6m以下承重满堂红脚手架费用计算的争议
16	韶关监狱十二五基础设施建设项目场地平整及施工监管围墙工程项目计价争议复函	工程索赔	1. 对钢筋拆除回收综合单价的争议； 2. 对工期延期处罚计算的争议
17	双瑞藏玻湾花园建筑施工总承包工程设计工程计价争议复函	施工条件变化	对旋挖成孔灌注桩遇见孤石、破除孤石费用是采用定额子目计算还是市场价格计算的争议
18	肇庆5#6#楼及2#地下室土建计价争议复函	计价争议	对劳务固定单价的工程量按照建筑面积计算，标准层所有阳台是否计入建筑面积计算的争议
19	肇庆恒大世纪梦幻城二期A21主体及配套建设工程计价争议复函	变更纠纷	对地下室大开挖后再挖槽，挖坑，其深度为大开挖后土面到槽坑底标高计算，增加垂直运输与水平运输取土石方垂直运输的争议
20	珠海博物馆有展设计与施工承包项目涉及工程计价争议函	计价争议	1. 对搭设高度13~16m满堂红脚手架计价的争议； 2. 对双排脚手架执行定额计价的争议； 3. 对定额计价结果与市场价格相差悬殊基础差价的调整方法的争议

续表

序号	造价纠纷统计文件名称	所属类型	主要争议问题
21	关于东莞市供热管网项目涉及工程计价争议的复函	计价争议	对管道保温层护性拆除费用在套用相应定额子目时，适用的拆除系数如何确定的争议
22	关于阳江市台山通用机场改扩建项目计价计价争议的复函	计价争议	对招标工程量清单中"型材屋面"与"R-5双层压型钢板复合保温屋面"设计图纸是否属于合同条款"项目特征描述不符事件"的争议
23	关于广州能源站土建及配套基坑支护计价争议的复函	计价争议	对发承包双方就三轴搅拌桩施工时产生余土（或泥浆）的外运工作内容，是否包含在定额子目内的争议
24	关于中新广州知识城分布式能源站电力工程项目计价争议的复函	计价争议	1. 对电机检查接线和电气调试费用计价的争议； 2. 对变更、签证计价内容计取措施费的争议
25	关于惠州市大亚湾美悦湾项目工程计价争议问题的复函	计价争议	1. 对旋挖桩泥浆外运费计价的争议； 2. 对钢筋直费用计价的争议； 3. 对泥浆池措施费的争议； 4. 对旋挖桩成孔长度计价的争议； 5. 对入岩增加费计价的争议； 6. 对采用钢护筒扩大部分增加费用有争议
26	关于肇庆保利商务中心一期工程项目计价争议的复函	计价争议	1. 对悬挑工字钢、槽钢等费用计算的争议； 2. 对高支模工程中模板支架计价的争议
27	关于珠海市香洲区问题河涌河管养提升项目计价争议的复函	计价争议	对不同规格围挡材料的计价方式的争议
28	关于珑山居南住小区工程计价争议的复函	计价争议	1. 对砌块砌体是否可以根据砌筑形状划分为墙、柱，其他零星砌体计价的争议； 2. 对砌块柱、零星砌柱是否可以参考柱及其他零星砌体定额子目计价的争议； 3. 对预制过梁从首层运输到装修楼层的运输是否能计价的争议； 4. 对混凝土楼板表面磨光处理费用能否计价的争议； 5. 对内墙抹灰为水泥石灰砂浆一层粗面子目的争议； 6. 对内墙抹灰压入纤维网是否按照抹灰子目的人工乘以系数1.30计价的争议； 7. 对补墙灰压入钢丝网能否按照抹灰子目人工乘以系数1.30计价的争议； 8. 对外墙饰面砖（包括墙面、柱面）工程量计算的争议； 9. 对"争议1"砌体工程划分出柱、零星柱、零星子目计价的争议； 10. 对外墙综合合脚手架、垂直运输、建筑物超高增加人工机械的步距计算起点的争议

续表

序号	造价纠纷统计文件名称	所属类型	主要争议问题
29	关于惠州市中洲江山美苑四期工程计价争议的复函	计价争议	对剪力墙的边缘约束构件、暗柱、暗梁和短肢剪力墙的混凝土及模板计量和计价的争议
30	中山市某文体中心改造项目误期赔偿费计价争议案例	工程索赔	对项目误期赔偿费计算的争议
31	佛山某开发项目工程利润率和泵送机械费计价争议案例	计价争议	1. 对采用定额计价的工程利润率计算的争议； 2. 对商品混凝土的泵送机械费用计算的争议
32	清远市某工程建筑面积计价争议案例	计价争议	对建筑面积的计算方式的争议
33	广州市某学院工程电缆预留长度与开挖工作面土方计量争议案例	计价争议	1. 对电缆敷设工程量是否需要计算预留长度的争议； 2. 对电缆排管沟土方是否需要计算开挖工作面土方工程量的争议
34	中山市某工程材料见证取样送检费用计价争议案例	法律法规调整	1. 对材料见证取样的送检费用是否包含在合同总价内的争议； 2. 对材料见证取样的检验试验费用是否包含在合同总价内的争议

经过工程纠纷处理案例归类和分析，造成工程造价纠纷的 6 种情况的原因如下：

（一）法律法规调整方面

法律法规政策的调整可能引起造价纠纷，主要表现在工程项目在实施过程中，经常遇到双方签订的建设工程承发包合同约定的计价办法，在合同执行期间遇到建设主管部门〔如造价管理部门（造价站）〕的人工、机械、材料取费等调整文件。由于相关文件对调价文件的描述不清或不全面，造成承发包双方按照对自己有利的方式进行计价和取费，必然会产生纠纷。预防此类纠纷发生的方法是在合同中明确：如果遇到法律政策调整是按照之前合同中的约定继续履行，还是按照调整后的政策，只计取调整之后剩下的工程量，同时主管部门在发文时要充分考虑文字描述的严谨性。

（二）施工条件（环境）变化方面

施工条件或环境变化可能引起造价纠纷的因素可以分为人为因素和非人为因素两种。非人为因素包括自然因素、不可抗力、地质原因、天气原因，致使施工环境发生变化，周围建筑物影响施工，合同的履行环境与合同订立时约定不符等，如果合同约定不明确或者处理不好，都可能引起造价纠纷。

例如，施工单位对基础进行施工时，往往会出现新的地质情况，而这种地质情况并没有在合同中说明。例如，施工单位开挖过程中发现土中有瓦砾、卵石等，这增加了开挖的难度，但是合同或工程量清单中只注明是湿陷性黄土。所以，施工单位就以更换施工机械为由，向业主提出新的土方开挖报价。业主因无法确定新报价的合理性，就会与施工单位讨价还价，施工单位如不作让步，就会引发造价纠纷。

对于施工过程中可能出现的"不可抗力"解释比较笼统，目前国内和国外对"不可抗力"并无统一的明确的解释。哪些意外事故应视作"不可抗力"，可由合同双方在"不可抗力"条款中约定。因此，在施工合同中对于"不可抗力"条款规定不明确则容易引起纠纷，反映在造价上，就是双方都不愿意承担因此造成的经济损失，所以引起造价纠纷。

"不可抗力"事件中人为因素是影响工程项目施工的主要因素，且可能导致造价纠纷的发生具有随机性。技术方案不合理，导致技术方案调整。当项目涉及居民拆迁问题时，如果拆迁问题处理不当，周围村民对项目建设的骚扰对工程进度尤为明显，例如，施工过程中可能出现当地农民阻挠、干涉施工或破坏施工现场水、电、道路设施等事件。这些事件可能造成工期延误和财产损失，如果责任归属不明确或没有约定此类事件由谁承担，则会引起造价纠纷。

（三）计价争议方面

采用定额计价时，有时同一个项目在采用不同的定额和取费标准时，结算结果大相径庭，承发包双方在理解时会按照对自己有利的计价方法进行计价，因此就会产生较大的分歧，引发计价纠纷。

计价方面的争议内容十分复杂，目前计价规则无论从工程量计算规则还是定额或清单组价方法都十分复杂和烦琐，文字描述漏洞众多，特别是定额子目划分与实际施工不符，例如在施工工艺、施工机械、用工制度方面，特别是材料消耗水平都相距甚远，极容易产生计价方面的纠纷，计价规则对建设单位非造价的专业人士而言，难以理解其计价办法，将定额视作"天书"。

要解决工程纠纷中最突出的计价争议问题，必须要对现有的计价模式进行彻底的改革，包括简化工程量计算规则，优化定额子目的项目划分，根据现有的施工技术、施工工艺和施工班组的工作模式等对定额子目进行归并和划分，简化定额消耗量的组成方式，优化工程量清单的描述方法，用归纳法作为工程量清单的表现形式，采用全费用综合单价等，最终目标是使非造价专业人士都基本能看得懂最终的造价成果文件。

（四）材料调差方面

工程建设项目材料的供应形式一般有两种，即甲方提供、乙方采购。其中乙方采购又包括乙方自行采购和乙方采购、甲方进行认质认价（甲控乙供）两种。

在甲供材的施工项目中，采用工程量清单计价时，清单中的暂估价与工程量和实际施工过程中发生的不一致，即产生价差和量差，均可能产生造价纠纷。例如，当工程施工过程中发生价格和工程量的变动，即实际价格≠暂定价、实际数量≠暂定量。对于由此引起的价款的变动，有两种方法在实际项目中进行处理。一种方法是合同价不变，甲供材的部分计算进度款的比例时也不作扣除，发生调整的部分结算时再进行核算；另一种方法是合同价不变，甲供材的金额根据实际发生的费用扣除，因价格和工程量发生的价款的变化在工程结算时一并进行结算。由于发包方的强势地位，国内普遍出现的是第二种调整方式。这样，当工程量增量较大或材料价格上涨过多时，承包方则相应承担较多的费用，发包方支付给承包方的工程款就会和扣除的材料费用呈现此消彼长的关系。扣除金额达到一定程度，在合同价不变的基础上，承包方拿到很少的进度款或者根本拿不到进度款，超出了承包方所承担的财务支付能力时，则会因此引发纠纷。

要预防工程项目实施过程中出现此类情况，可以在合同中说明如果发包方提供的材料价款超过一定的百分比时，建设方应对材料的扣除金额作出调整。

对乙方包工包料的工程项目，招标投标时一般会对主要的建筑材料的品质有要求。当所用材料价格上涨时，施工成本增加，固定总价合同中，利润相应会减少。承包方通常可能采取两种途径来回避或转移这部分利润损失，一种途径是通过要求对上涨部分的材料进行价差调整的方式，将利润损失转移给发包方，发包方往往以双方签订的是固定总价合同拒绝调整，从而引发造价纠纷。另一种途径是使用与招标文件和合同中规定不符的材料，擅自更改材料品牌、种类，可能引发工程质量问题和建筑材料品质导致的造价纠纷。例如，2003年上半年，由于国内市场的剧烈变动，建筑材料如钢材价格大幅度上涨，有的涨幅高达40%。而承包方进行建设工程投标时一般只考虑了5%的价格上涨幅度，最多不会超过10%。面对40%的涨幅。如果发包方与承包方未能达成一致意见（提高工程款或者工程延期等待建材市场价格回落），承包方就只能寻找低品质的替代品，引发工程质量问题和违反合同条款等纠纷。

实际建设项目中，常用的材料价格都可以在当地造价站发布的材料价格信息文件中找到。但是，如项目采用的材料规格不同、非标准件或属于新型材料时，就查不到价格，使建设单位对施工单位提供的采购价的真实性和合理性产生怀疑，而咨询公司的材料询价渠道的合理性也不一定能说服施工单位，从而引发纠纷，所以在编制施工合同条款时应明确说明材料市场价的处理方法。

（五）工程索赔方面

建设工程索赔通常是指在工程合同履行过程中，合同当事人一方因对方不履行或未能正确履行合同或者由于其他非自身因素而受到经济损失或权利损害。主要争议包括发包人不认可索赔、索赔依据或手续不规范、合同条款约定不明确、双方索赔意识薄弱等。

1. 发包人不认可索赔

例如，项目建设过程中因发包人未能提供施工进场的条件［如施工现场未能达到"三通"（通水、通电、通路等）要求］、中期擅改设计、未按工程进度支付进度款、甲供材料不能及时供应从而造成停工、窝工等情形，而导致承包方的工程造价增加或者其他损失的，承包人最终都以工程索赔的形式列入工程结算书中，而发包人往往对有关款项不予认定，从而产生造价纠纷，这种造价纠纷在建设工程结算中比较常见。发包人要及时对现场签证、工程索赔妥善处理，不推诿、不扯皮，减少因此产生的造价纠纷。

2. 索赔依据或手续不规范

双方因签证发生造价纠纷的原因很多，如零星工程忘记签证，不按合同约定索赔时间进行索赔，不保留索赔证据原件，甚至对什么事应该签证，应该如何签证，索赔报告如何撰写等不清楚。

工程索赔的依据主要包括：

（1）招标文件、施工合同文本及附件、补充协议，施工现场的各类签认记录，经认可的施工进度计划书，工程图纸及技术规范等；

（2）双方往来的信件及各种会议、会谈纪要。

（3）施工进度计划和实际施工进度记录、施工现场的有关文件（施工记录、备忘录、施工月报、施工日志等）及工程照片。

（4）气象资料、工程检查验收报告和各种技术鉴定报告、工程中送停电、送停水、道路开通和封闭的记录和证明。

（5）国家有关法律法规等政策性文件。当索赔事件发生后，要将上述文件一并提交。

3. 合同条款约定不明确

签订的合同条款中没有对索赔方式之后文件送达方式、办理时限、文件内容等作出约定，就可能引起造价纠纷的产生。

4. 双方索赔意识薄弱

承发包双方在索赔意识上的偏差，是引起造价纠纷的主要原因。一方面，发包方不愿意正视索赔，索赔和反索赔意识淡薄，采用费用补偿的方式替代索赔，这些行为是有意识地压抑或回避索赔，最终造成纠纷。另一方面，承包方的索赔意识不强，对工程索赔不够重视，而且怕提出索赔会激化与发包方和监理工程师的矛盾。迫于发包方在工程项目建设过程中的强势地位，当索赔事件发生时，有的承包商不敢向发包方提出合理的签证索赔，将索赔停留在口头上，错过签证索赔的最佳时机，造成工程索赔不成。当需要索赔的数额较大，超出承包方能承受的范围之外时，就会因此引发造价纠纷。

(六) 变更纠纷方面

变更是指承包人根据监理签发设计文件及监理变更指令进行的、在合同工作范围内各种类型的变更。项目建设过程中变更的发生具有不确定性，变更的形式一般包括：现场条件变化、设计变更、进度计划变更、施工条件变更和增减工程项目的变更。几乎每个工程项目在实施过程中都会有变更发生，变更发生后会直接或间接地反映在造价上，一般工程变更对造价的影响表现为变更项目增加的工程费、对其他项目间接影响而增加的费用，如赶工费等。如果对变更处理不善，就会容易引起造价纠纷。可能导致造价纠纷产生的因素主要包括计价方式不确定、变更程序不规范、合同约定不明确和变更责任归属问题。

1. 变更计价方式

在工程项目变更发生之后，如果工程变更价格计算方法约定不明，合同中未约定工程变更、增加或减少工程量引起的价款变动如何计价时，承发包双方对变更部分的计价方式产生争议，就会引起造价纠纷。双方会各自提出按照对自己一方有利的计价方式，例如，可能导致一方主张按市场价或造价部门市场信息计价，另一方则坚持按承包人投标时的单价进行计价的情形。工程合同价款的计价方式与工程追加合同价款的计价方式并非一定相同，而且工程追加合同款的约定往往明确程度不够，所以就会产生工程造价纠纷。对于双方约定不明确时，按《最高人民法院关于审理建设工程施工合同纠纷案件适用法律问题的解释》第十六条规定："当事人对建设工程的计价标准或者计价方法有约定的，按照约定结算工程价款。因设计变更导致建设工程的工程量或者质量标准发生变化，当事人对该部分工程价款不能协商一致的，可以参照签订建设工程施工合同时当地建设行政主管部门发布的计价方法或计价标准结算工程价款"进行处理。

2. 变更程序不规范

实际工作中，有很多工程变更没有按照合同规定的时间进行或提出，导致产生造价纠纷。根据《建设工程施工合同》第31.2款规定："承包人在双方确定变更后14天内不向工程师提出变更工程价款的报告时，视为该项变更不涉及合同价款的变更。"而实践中，承包人认为既然变更已经实实在在地发生，发包人就应该按照实际的工作量支付这部分工程款，所以对提出变更的时间不重视，没有在确定变更后的14天内向工程师提出变更工程价款的报告。因此，在要求发包人按时支付工程款时，发包人根据这条法律条款拒绝对合同价款进行变更，从而导致造价纠纷的产生。

另外，项目实施过程中发生的变更，程序不规范，手续不完善，签证资料不完整或丢失，这都会导致变更的失败，发包人不予支付相应的工程款。例如，发生设计变更的程序是，由原设计单位提供变更的施工图和设计变更通知单，设计师签字，并经设计院盖章。其他变更的签证，需经发包人的现场代表、承包方项目经理、监理方现场代表签字，并加盖建设单位的印章。凡不符合以上要求者，变更一律不认可。施工过程中承包人对变更部分付出了成本，当变更不被认可时，往往引起纠纷。

3. 合同约定不明确

签订合同时约定的计价标准或者计价方式是对应投标期建筑市场的政策和材料价格因素为前提条件，而项目实施过程中会发生政策因素或材料价格的变化引起的工程造价的增减则以合同价款的调整来体现的。签订合同时，如果不能对可能发生的变更的计价方法作出约定，一旦在双方协商时出现意见不一致的情况，就容易引起纠纷。所以，在合同中应确定变更价款方法：

（1）合同中已有使用于变更工程的价格，按合同已有的价格变更合同价款；

（2）合同中只有类似于变更工程的价格，可以参照类似价格变更合同价款；

（3）合同中没有适用或类似于变更工程的价格，由承包人提出适当的变更价格，经工程师确认后执行。

当出现合同中规定的第三种情况时，如果发包人认为承包人提出的变更价格不合理，不予认可时，也有可能导致纠纷的产生。

4. 变更责任归属

设计和施工分离的情况下，较容易出现设计变更，有时很难分清是哪一方的原因造成的，从而使变更责任归属不明确。并不是所有的工程变更都能够得到相应的工程款支付，这涉及发生变更责任归属问题。变更责任归属较为复杂，因为引起工程变更的因素很多，例如，现场条件的变化、设计变更、质量和技术标准的变化都可能引起变更。而这些变更责任，有的归属于发包人，有的归属于承包商，有的是双方共同引起的。如果变更责任归属不明确，就会出现双方都不愿承担因变更发生的费用，导致造价纠纷的出现。

第四节　纠纷调解工作的总结与建议

从上述情况可以看出，产生工程造价纠纷的原因众多，但大部分纠纷可以通过协商解决。行业协会以造价行业的组织和协调者身份参与工程造价纠纷的调解工作，完全是可以胜任的；一方面，行业协会其工作性质决定了具备有公正性和协解人的角色，另一方面会员单位中有大量经验丰富的行业专家作为调解员，他们的资历和经验完全可以被纠纷双方所接受。行业协会应该积极探索开展工程造价纠纷调解业务。

同时计价争议造成的工程造价纠纷虽然只是工程纠纷其中的一个方面，但所有的纠纷最终都反映在工程造价上，建议由协会组织专家对已经处理的工程造价纠纷案例（如广东省定额站《广东省工程造价信息化平台"争议处理"处理情况案例》）进行数字化分析，形成"已处理案例调解参考数据库"，帮助参与调解工作的专家查阅已有案件的处理结果和意见，提高调解工作效率和判案准确度，同时扩大已处理案例的收集范围，如收集各级法院或仲裁机构的相关案例的判决书，将司法部门的判决结果也通过数字化形式加入"已处理案例调解参考数据库"，最终实现由计算机智能化进行工程造价纠纷案件调解分析。